insel taschenbuch 4678
Hermann Hesse
Wir nehmen die Welt nur zu ernst

Oft ist behauptet worden, daß Hermann Hesse bei der Schwermut seiner Lyrik und der Problemfühligkeit seiner zeitkritischen und erzählenden Schriften ein resignativer Melancholiker sei, humorlos und ohne Sinn für Schalk und Ironie. Die Geschichten, Verse und Anekdoten dieses Bandes beweisen das Gegenteil.

Ob er am Beispiel des Ritters Knorz von Knörzelfingen die akademische Vergangenheitsbewältigung parodiert, ob er über »Eduards des Zeitgenossen zeitgemäßen Zeitgenuß« berichtet, ob er uns über olympische Disziplinen wie das Kleinkinderschwimmen von Gibraltar nach Afrika auf dem laufenden hält und auch die »Wunder der Technik« nicht zu kurz kommen läßt, zu deren Errungenschaften die Erfindung des Atomnuß-Knackers und Sonntagsausflüge auf den Saturn zählen, an originellen Einfällen fehlt es ihm ebensowenig wie an pointierten Versen. Denn so heißt es im *Steppenwolf*: »Aller höhere Humor fängt damit an, daß man die eigene Person nicht mehr ernst nimmt.«

Hermann Hesse, geboren am 2.7.1877 in Calw/Württemberg als Sohn eines baltendeutschen Missionars und der Tochter eines württembergischen Indologen, starb am 9.8.1962 in Montagnola bei Lugano. Er wurde 1946 mit dem Nobelpreis für Literatur, 1955 mit dem Friedenspreis des Deutschen Buchhandels ausgezeichnet. Nach einer Buchhändlerlehre war er seit 1904 freier Schriftsteller, zunächst in Gaienhofen am Bodensee, später in Bern und im Tessin. Er ist einer der bekanntesten deutschen Autoren des 20. Jahrhunderts.

HERMANN HESSE

Wir nehmen die Welt nur zu ernst

Heitere Erzählungen, Gedichte und Anekdoten

Herausgegeben und mit einem Nachwort
von Volker Michels

Insel Verlag

2. Auflage 2019

Erste Auflage 2019
insel taschenbuch 4678
Originalausgabe
© Insel Verlag Berlin 2019
Alle Rechte vorbehalten, insbesondere das der Übersetzung,
des öffentlichen Vortrags sowie der Übertragung
durch Rundfunk und Fernsehen, auch einzelner Teile.
Kein Teil des Werkes darf in irgendeiner Form
(durch Fotografie, Mikrofilm oder andere Verfahren)
ohne schriftliche Genehmigung des Verlages reproduziert
oder unter Verwendung elektronischer Systeme
verarbeitet, vervielfältigt oder verbreitet werden.
Vertrieb durch den Suhrkamp Taschenbuch Verlag
Umschlaggestaltung: Rothfos & Gabler, Hamburg
Umschlagfoto: Deutsches Literaturarchiv Marbach
Satz: Satz-Offizin Hümmer GmbH, Waldbüttelbrunn
Druck: CPI – Ebner & Spiegel, Ulm
Printed in Germany
ISBN 978-3-458-36378-1

Inhalt

Erzählende Texte

Hermann Hesse, 1948

Autoren-Abend

Als ich gegen Mittag in dem Städtchen Querburg ankam, empfing mich am Bahnhof ein Mann mit einem breiten grauen Backenbart.

»Mein Name ist Schievelbein«, sagte er, »ich bin der Vorstand des Vereins.«

»Freut mich«, sagte ich. »Es ist großartig, daß es hier in dem kleinen Querburg einen Verein gibt, der literarische Abende veranstaltet.«

»Na, wir leisten uns hier allerlei«, bestätigte Herr Schievelbein. »Im Oktober war zum Beispiel ein Konzert, und im Karneval geht es schon ganz toll zu. – Und Sie wollen uns also heut abend durch Vorträge unterhalten?«

»Ja, ich lese ein paar von meinen Sachen vor, kürzere Prosastücke und Gedichte, wissen Sie.«

»Ja, sehr schön. Sehr schön. Wollen wir einen Wagen nehmen?«

»Wie Sie meinen. Ich bin hier ganz fremd; vielleicht zeigen Sie mir ein Hotel, wo ich absteigen kann.«

Der Vereinsvorstand musterte jetzt den Koffer, den der Träger hinter mir herbrachte. Dann ging sein Blick prüfend über mein Gesicht, über meinen Mantel, meine Schuhe, meine Hände, ein ruhig prüfender Blick, so wie man etwa einen Reisenden ansieht, mit dem man eine Nacht das Coupé teilen soll.

Seine Prüfung fing eben an, mir aufzufallen und peinlich zu werden, da verbreitete sich wieder Wohlwollen und Höflichkeit über seine Züge.

»Wollen Sie bei mir wohnen?« fragte er lächelnd. »So gut wie im Gasthaus finden Sie es da auch und sparen die Hotelkosten.«

Er begann mich zu interessieren; seine Patronatsmiene

und wohlhabende Würde waren drollig und lieb, und hinter dem etwas herrischen Wesen schien viel Gutmütigkeit verborgen. Ich nahm also die Einladung an; wir setzten uns in einen offenen Wagen, und nun konnte ich wohl sehen, neben wem ich saß, denn in den Straßen von Querburg war beinahe kein Mensch, der meinen Patron nicht mit Ergebenheit gegrüßt hätte. Ich mußte beständig die Hand am Hute haben und bekam eine Vorstellung davon, wie es Fürsten zumute ist, wenn sie sich durch ihr Volk hindurch salutieren müssen.

Um ein Gespräch zu beginnen, fragte ich: »Wieviel Plätze hat wohl der Saal, in dem ich sprechen soll?«

Schievelbein sah mich beinahe vorwurfsvoll an: »Das weiß ich wirklich nicht, lieber Herr; ich habe mit diesen Sachen gar nichts zu tun.«

»Ich dachte nur, weil Sie ja doch Vorstand –«

»Gewiß; aber das ist nur so ein Ehrenamt, wissen Sie. Das Geschäftliche besorgt alles unser Sekretär.«

»Das ist wohl der Herr Giesebrecht, mit dem ich korrespondiert habe?«

»Ja, der ist's. Jetzt passen Sie auf, da kommt das Kriegerdenkmal, und dort links, das ist das neue Postgebäude. Fein, nicht?«

»Sie scheinen hier in der Gegend keinen eigenen Stein zu haben«, sagte ich, »da sie alles aus Backstein machen?«

Herr Schievelbein sah mich mit runden Augen an, dann brach er in ein Gelächter aus und schlug mir kräftig aufs Knie.

»Aber Mann, das ist ja eben unser Stein! Haben Sie nie vom Querburger Backstein gehört? Ist ja berühmt. Von dem leben wir hier alle.«

Da waren wir schon vor seinem Hause. Es war mindestens ebenso schön wie das Postgebäude. Wir stiegen aus, und über uns ging ein Fenster auf und eine Frauenstimme rief herunter: »So, hast du also den Herrn doch mitgebracht? Na schön. Komm nur, wir essen gleich.«

Bald darauf erschien die Dame an der Haustür und war ein vergnügtes rundes Wesen, voll von Grübchen und mit kleinen, dicken, kindlichen Wurstfingern. Wenn man gegen den Herrn Schievelbein etwa noch Bedenken hätte hegen können, diese Frau zerstreute jeden Zweifel, sie atmete nichts als wohligste Harmlosigkeit. Erfreut nahm ich ihre warme, gepolsterte Hand.

Sie musterte mich wie ein Fabeltier und sagte dann halb lachend: »Also Sie sind der Herr Hesse! Na, ist schön, ist schön. Nein, aber daß Sie eine Brille tragen!«

»Ich bin etwas kurzsichtig, gnädige Frau.«

Sie schien die Brille trotzdem sehr komisch zu finden, was ich nicht recht begriff. Aber sonst gefiel mir die Hausfrau sehr. Hier war solides Bürgertum; es würde gewiß ein vorzügliches Essen geben.

Einstweilen wurde ich in den Salon geführt, wo eine Palme einsam zwischen unechten Eichenmöbeln stand. Die ganze Einrichtung zeigte sich lückenlos in jenem schlechtbürgerlichen Stil unserer Väter und älteren Schwestern, den man selten mehr in solcher Reinheit antrifft. Mein Auge blieb gebannt an einem gleißenden Gegenstande hängen, den ich bald als einen ganz und gar mit Goldbronze bestrichenen Stuhl erkannte.

»Sind Sie immer so ernst?« fragte die Dame mich nach einer flauen Pause.

»O nein«, rief ich schnell, »aber entschuldigen Sie: warum haben Sie eigentlich diesen Stuhl vergolden lassen?«

»Haben Sie das noch nie gesehen? Es war eine Zeitlang sehr in Mode, natürlich nur als Ziermöbel, nicht zum Draufsitzen. Ich finde es sehr hübsch.«

Herr Schievelbein hustete: »Jedenfalls hübscher als das verrückte moderne Zeug, was man jetzt bei jungverheirateten Leuten sehen muß. – Aber können wir noch nicht essen?«

Die Hausfrau erhob sich, und eben kam das Mädchen, uns zum Essen zu bitten. Ich bot der Gnädigen den Arm, und wir wandelten durch ein ähnlich prunkvoll aussehendes Gemach in das Speisezimmer und einem kleinen Paradies von Frieden, Stille und guten Sachen entgegen, das zu beschreiben ich mich nicht fähig fühle.

Ich sah bald, daß man hier nicht gewohnt war, sich neben dem Essen her mit Unterhaltung anzustrengen, und meine Furcht vor etwaigen literarischen Gesprächen fand sich angenehm enttäuscht. Es ist undankbar von mir, aber ich lasse mir ungern ein gutes Essen von den Wirten dadurch verderben, daß man mich fragt, ob ich den Jörn Uhl auch schon gelesen habe und ob ich Tolstoi oder Ganghofer hübscher finde. Hier war Sicherheit und Friede. Man aß gründlich und gut, sehr gut, und auch den Wein muß ich loben, und unter sachlichen Tafelgesprächen über Weinsorten, Geflügel und Suppen verrann selig die Zeit. Es war herrlich, und nur einmal gab es eine Unterbrechung. Man hatte mich um meine Meinung über das Füllsel der jungen Gans gefragt, an der wir aßen, und ich sagte so etwas wie: das seien Gebiete des Wissens, mit welchen wir Schriftsteller meist allzuwenig zu tun bekämen.

Da ließ Frau Schievelbein ihre Gabel sinken und starrte mich aus großen runden Kinderaugen an:

»Ja, sind Sie denn auch Schriftsteller?«

»Natürlich«, sagte ich ebenfalls verwundert. »Das ist ja mein Beruf. Was hatten Sie denn geglaubt?«

»Oh, ich dachte, Sie reisen eben immer so herum und halten Vorträge. Es war einmal einer hier – Emil, wie hieß er gleich? Weißt du, der, der damals diese bayrischen Volkslieder vorgetragen hat.«

»Ach, der mit den Schnadahüpferln –« Aber auch er konnte sich des Namens nimmer erinnern. Und auch er sah mich verwundert an und gewissermaßen mit etwas mehr Respekt, und dann nahm er sich zusammen, erfüllte seine gesellschaftliche Pflicht und fragte vorsichtig: »Ja, und was schreiben Sie da eigentlich? Wohl fürs Theater?«

Nein, sagte ich, das hätte ich noch nie probiert. Nur so Gedichte, Novellen und solche Sachen.

»Ach so«, seufzte er erleichtert. Und sie fragte: »Ist das nicht furchtbar schwer?«

Ich sagte nein, es ginge an. Herr Schievelbein aber hegte noch immer irgendein Mißtrauen.

»Aber nicht wahr«, fing er nochmals zögernd an, »ganze Bücher schreiben Sie doch nicht?«

»Doch«, mußte ich bekennen, »ich habe auch schon ganze Bücher geschrieben.« Das stimmte ihn sehr nachdenklich. Er aß eine Weile schweigend fort, dann hob er sein Glas und rief mit etwas angestrengter Munterkeit: »Na, prosit!«

Gegen den Schluß der Tafel wurden die Leute beide zusehends stiller und schwerer, sie seufzten verschiedene Male tief und ernst, und Herr Schievelbein legte eben die Hände über der Weste zusammen und wollte einschlafen, da mahnte ihn seine Frau: »Erst wollen wir noch den schwarzen Kaffee trinken.« Aber auch sie hatte schon ganz kleine Augen.

Der Kaffee war nebenan serviert; man saß in blauen Polstermöbeln zwischen zahlreichen stillblickenden Familienphotographien. Nie hatte ich eine Einrichtung gesehen, welche dem Wesen der Bewohner so vollkommen entsprach und Ausdruck verlieh. Mitten im Zimmer stand ein ungeheurer Vogelkäfig, und drinnen saß regungslos ein großer Papagei.

»Kann er sprechen?« fragte ich.

Frau Schievelbein verkniff ein Gähnen und nickte. »Sie werden ihn vielleicht bald hören. Nach Tisch ist er immer am muntersten.«

Es hätte mich interessiert zu wissen, wie er sonst aussah, denn weniger munter hatte ich noch nie ein Tier gesehen. Er hatte die Lider halb über die Augen gezogen und sah aus wie von Porzellan.

Aber nach einer Weile, als der Hausherr entschlummert war und auch die Dame bedenklich im Sessel nickte, da tat der versteinerte Vogel wahrhaftig den Schnabel auf und sprach in gähnendem Tonfall mit gedehnter und äußerst menschenähnlicher Stimme die Worte, die er konnte: »O Gott ogott ogott ogott –«

Frau Schievelbein wachte erschrocken auf; sie glaubte, es sei ihr Mann gewesen, und ich benutzte den Augenblick, um ihr zu sagen, ich möchte mich jetzt gern ein wenig in mein Zimmer zurückziehen.

»Vielleicht geben Sie mir irgend etwas zu lesen mit«, setzte ich hinzu.

Sie lief und kam mit einer Zeitung wieder. Aber ich dankte und sagte: »Haben Sie nicht irgendein Buch? Einerlei was.«

Da stieg sie seufzend mit mir die Treppe zum Gastzimmer hinauf, zeigte mir meine Stube und öffnete dann mit Mühe einen kleinen Schrank im Korridor. »Bitte, bedienen Sie sich hier«, sagte sie und zog sich zurück. Ich glaubte, es handle sich um einen Likör, aber vor mir stand die Bibliothek des Hauses, eine kleine Reihe staubiger Bücher. Begierig griff ich zu, man findet in solchen Häusern oft ungeahnte Schätze. Es waren aber nur zwei Gesangbücher, drei alte Bände von »Über Land und Meer«, ein Katalog der Weltausstellung in Brüssel von Anno soundso und ein Taschenlexikon der französischen Umgangssprache.

Eben war ich nach einer kurzen Siesta am Waschen, da wurde geklopft, und das Dienstmädchen führte einen Herrn herein. Es war der Vereinssekretär, der mich sprechen wollte. Er klagte, der Vorverkauf sei sehr schlecht, sie schlügen kaum die Saalmiete heraus. Und ob ich nicht mit weniger Honorar zufrieden wäre. Aber er wollte nichts davon wissen, als ich vorschlug, die Vorlesung lieber zu unterlassen. Er seufzte nur sorgenvoll, und dann meinte er: »Soll ich für etwas Dekoration sorgen?«

»Dekoration? Nein, ist nicht nötig.«

»Es wären zwei Fahnen da«, lockte er unterwürfig. Endlich ging er wieder, und meine Stimmung begann sich erst wieder zu heben, als ich mit meinen nun wieder munter gewordenen Gastgebern beim Tee saß. Es gab Buttergebackenes dazu und Rum und Benediktiner.

Am Abend gingen wir dann alle drei in den »Goldenen Anker«. Das Publikum strömte in Scharen nach dem Hause, so daß ich ganz erstaunt war; aber die Leute verschwanden alle hinter den Flügeltüren eines Saales im Parterre, während wir in die zweite Etage hinaufstiegen, wo es viel stiller zuging.

»Was ist denn da unten los?« fragte ich den Sekretär.

»Ach, die Biermusik. Das ist jeden Samstag.«

Ehe Schievelbeins mich verließen, um in den Saal zu gehen, ergriff die gute Frau in einer plötzlichen Wallung meine Hand, drückte sie begeistert und sagte leise: »Ach, ich freue mich ja so furchtbar auf diesen Abend.«

»Warum denn?« konnte ich nur sagen, denn mir war ganz anders zumute.

»Nun«, rief sie herzlich, »es gibt doch nichts Schöneres, als wenn man sich wieder einmal so richtig auslachen kann!«

Damit eilte sie davon, froh wie ein Kind am Morgen seines Geburtstages.

Das konnte gut werden.

Ich stürzte mich auf den Sekretär. »Was denken sich die Leute eigentlich unter diesem Vortrag?« rief ich hastig. »Mir scheint, sie erwarten etwas ganz anderes als einen Autoren-Abend.«

Ja, stammelte er kleinlaut, das könne er unmöglich wissen. Man nehme an, ich werde lustige Sachen vortragen, vielleicht auch singen, das andere sei meine Sache – und überhaupt, bei diesem miserablen Besuch –

Ich jagte ihn hinaus und wartete allein in bedrückter Stimmung in einem kalten Stübchen, bis der Sekretär mich wieder abholte und in den Saal führte. Da standen etwa zwanzig Stuhlreihen, von denen drei oder vier besetzt waren. Hinter dem kleinen Podium war eine Vereinsfahne an die Wand genagelt. Es war scheußlich. Aber ich stand nun einmal da, die Fahne prunkte, das Gaslicht blitzte in meiner Wasserflasche, die paar Leute saßen und warteten, ganz vorne Herr und Frau Schievelbein. Es half alles nichts; ich mußte beginnen.

So las ich denn in Gottes Namen ein Gedicht vor. Alles lauschte erwartungsvoll – aber als ich glücklich im zweiten Vers war, da brach unter unseren Füßen mit Pauken und Tschinellen die große Biermusik los. Ich war so wütend, daß ich mein Wasserglas umwarf. Man lachte herzlich über diesen Scherz.

Als ich drei Gedichte vorgelesen hatte, tat ich einen Blick in den Saal. Eine Reihe von grinsenden, fassungslosen, enttäuschten, zornigen Gesichtern sah mich an, etwa sechs Leute erhoben sich verstört und verließen diese unbehagliche Veranstaltung. Ich wäre am liebsten mitgegangen. Aber ich machte nur eine Pause und sagte dann, soweit ich gegen die Musik ankam, es scheine leider hier ein Mißverständnis zu walten, ich sei kein humoristischer Rezitator, sondern ein Literat, eine Art von Sonderling und Dichter, und ich wolle

ihnen jetzt, da sie doch einmal da seien, eine Novelle vor-
lesen.

Da standen wieder einige Leute auf und gingen fort.

Aber die Übriggebliebenen rückten jetzt aus den lichtge-
wordenen Reihen näher beim Podium zusammen; es waren
immer noch etwa zwei Dutzend Leute, und ich las weiter
und tat meine Schuldigkeit, nur kürzte ich das Ganze tüch-
tig ab, so daß wir nach einer halben Stunde fertig waren und
gehen konnten. Frau Schievelbein begann mit ihren dicken
Händchen wütend zu klatschen, aber es klang so allein nicht
gut, und so hörte sie errötend wieder auf.

Der erste literarische Abend von Querburg war zu Ende.
Mit dem Sekretär hatte ich noch eine kurze ernste Unterredung; dem Mann standen Tränen in den Augen. Ich warf
einen Blick in den leeren Saal zurück, wo das Gold der Fahne einsam leuchtete, dann ging ich mit meinen Wirten nach
Hause. Sie waren so still und feierlich wie nach einem Be-
gräbnis, und plötzlich, als wir so blöd und schweigend nebeneinander hergingen, mußte ich laut hinauslachen, und
nach einer kleinen Weile stimmte Frau Schievelbein mit ein.
Daheim stand ein ausgesuchtes kleines Essen bereit, und
nach einer Stunde waren wir drei in der besten Stimmung.
Die Dame sagte mir sogar, meine Gedichte seien herzig und
ich möchte ihr eins davon abschreiben.

Das tat ich zwar nicht, aber vor dem Schlafengehen
schlich ich mich ins Nebenzimmer, drehte Licht an und trat
vor den großen Vogelkäfig. Ich hätte gerne den alten Papagei noch einmal gehört, dessen Stimme und Tonfall dies
ganze liebe Bürgerhaus sympathisch auszudrücken schien.
Denn was irgendwo drinnen ist, will sich zeigen; Propheten haben Gesichte, Dichter machen Verse, und dieses Haus
ward Klang und offenbarte sich im Ruf dieses Vogels, dem
Gott eine Stimme verlieh, daß er die Schöpfung preise.

Der Vogel war beim Aufblitzen des Lichtes erschrocken und sah mich aus verschlafenen Augen starr und glasig an. Dann fand er sich zurecht, dehnte den Flügel mit einer unsäglich schläfrigen Gebärde und gähnte mit fabelhaft menschlicher Stimme: »O Gott ogott ogott ogott –«

(1912)

[Bei den Habenichtsen]

Damals gab es in Gerbersau noch kein Armenhaus, sondern die Unbrauchbaren wurden gegen eine geringe Entschädigung aus dem Stadtsäckel da und dort in Familien als Kostgänger gegeben, wo man sie mit dem Notwendigsten versah und nach Möglichkeit zu kleinen häuslichen Arbeiten anhielt. Da nun hieraus in letzter Zeit allerlei Unzuträglichkeiten entstanden waren und da den verkommenen Fabrikanten [Hürlin], der den Haß der Bevölkerung genoß, durchaus niemand aufnehmen wollte, sah sich die Gemeinde genötigt, ein besonderes Haus als Asyl zu beschaffen. Und da gerade das ärmliche alte Wirtshaus zur Sonne unter den Hammer kam, erwarb es die Stadt und setzte nebst einem Hausvater als ersten Gast den Hürlin hinein, dem in Kürze mehrere andere folgten. Diese nannte man die Sonnenbrüder.

Nun hatte Hürlin schon lange zur Sonne nahe Beziehungen gehabt, denn seit seinem Niedergang war er nach und nach in immer kleinere und ärmere Schenken gelaufen und schließlich am meisten in die Sonne, wo er zu den täglichen Gästen gehörte und beim Abendschnaps mit manchen Kumpanen am selben Tische saß, die ihm später, als auch ihre Zeit gekommen war, als Spittelbrüder und verachtete Stadtarme in ebendasselbe Haus nachfolgen sollten. Ihn freute es, gerade dorthin zu wohnen zu kommen, und in den Tagen nach der Gant, als Zimmermann und Schreiner das alte Schankhaus für seinen neuen Zweck eilig und bescheiden zurichteten, stand er von früh bis spät dabei und hatte Maulaffen feil.

Eines Morgens, als es schön mild und sonnig war, hatte er sich wieder daselbst eingefunden, stellte sich neben die Haustür und sah dem Hantieren der Arbeiter im Innern zu. Er guckte hingerissen und freudig zu und überhörte gern die bösartigen Bemerkungen der Arbeiter, hielt die Fäuste in den tiefen Taschen seines schmierigen Rockes und warf mit seinen geschenkten, viel zu langen und zu weiten Beinkleidern spiralförmige Falten, in denen seine Beine wie Zapfenzieher aussahen. Der bevorstehende Einzug in die neue Bude, von dem er sich ein bequemes und schöneres Leben versprach, erfüllte den Alten mit glücklicher Neugierde und Unruhe.

Indem er dem Legen der neuen Stiegenbretter zuschaute und stillschweigend die dünnen tannenen Dielen abschätzte, fühlte er sich plötzlich beiseite geschoben, und als er sich gegen die Straße umkehrte, stand da ein Schlossergeselle mit einer großen Bockleiter, die er mit großer Mühe und vielen untergelegten Bretterstücken auf dem abschüssigen Straßenboden aufzustellen versuchte. Hürlin verfügte sich auf die andere Seite der Gasse hinüber, lehnte sich an den Prellstein und verfolgte die Tätigkeit des Schlossers mit großer Aufmerksamkeit. Dieser hatte nun seine Leiter aufgerichtet und gesichert, stieg hinauf und begann über der Haustüre am Mörtel herumzukratzen, um das alte Wirtsschild hinwegzunehmen. Seine Bemühungen erfüllten den Exfabrikanten mit Spannung und auch mit Wehmut, indem er der vielen unter diesem Wahrzeichen genossenen Schoppen und Schnäpse und der früheren Zeiten überhaupt gedachte. Es bereitete ihm keine kleine Freude, daß der schmiedeeiserne Schildarm so fest in der Wand saß und daß der Schlossergesell sich so damit abmühen mußte, ihn herunterzubringen. Es war doch unter dem armen alten Schilde oft heillos munter zugegangen! Als der Schlosser zu fluchen begann, schmunzelte der Alte, und als jener wieder daran zog und bog und wand und zerrte, in Schweiß geriet und fast von der Leiter stürzte, empfand der Zuschauer eine nicht geringe Genugtuung. Da ging der Geselle fort und kam nach einer Viertelstunde mit einer Eisensäge wieder. Hürlin sah wohl, daß es nun um den ehrwürdigen Zierat geschehen sei. Die Säge pfiff klingend in dem guten Eisen, und nach wenigen Augenblicken bog sich der eiserne Arm klagend ein wenig abwärts und fiel gleich darauf klingend und rasselnd aufs Pflaster.

Da kam Hürlin herüber. »Du, Schlosser«, bat er demütig, »gib mir das Ding! 's hat ja keinen Wert mehr.«

»Warum auch? Wer bist du denn?« schnauzte der Bursch.

»Ich bin doch von der gleichen Religion«, flehte Hürlin, »mein Alter war Schlosser, und ich bin auch einer gewesen. Gelt, gib's her!«

Der Geselle hatte indessen das Schild aufgehoben und betrachtet.

»Der Arm ist noch gut«, entschied er, »das war zu seiner Zeit keine schlechte Arbeit. Aber wenn du das Blechzeug willst, das hat keinen Wert mehr.«

Er riß den grünbemalten blechernen Blätterkranz, in welchem mit kupferig gewordenen und verbeulten Strahlen die goldene Sonne hing, herunter und gab ihn her. Der Alte bedankte sich und machte sich mit seiner Beute davon, um sie weiter oben im dicken Holdergebüsch vor fremder Habgier und Schaulust zu verbergen. So verbirgt nach verlorener Schlacht ein Paladin die Insignien der Herrschaft, um sie für bessere Tage und neue Glorien zu retten.

Wenige Tage darauf fand ohne viel Sang und Klang die Einweihung des dürftig hergerichteten neuen Armenhauses statt. Es waren ein paar Betten beschafft worden, der übrige Haushalt stammte noch von der Wirtsgant her, außerdem hatte ein Gönner in jedes der drei Schlafstüblein einen von gemalten Blumengewinden umgebenen Bibelspruch auf Pappdeckel gestiftet. Zu der ausgeschriebenen Hausvaterstelle hatten sich nicht viele Bewerber gemeldet, und die Wahl war sogleich auf Herrn Andreas Sauberle gefallen, einen verwitweten Wollstricker, der seinen Strickstuhl mitbrachte und sein Gewerbe weiter betrieb, denn die Stelle reichte knapp zum Leben aus, und er hatte keine Lust, auf seine alten Tage einmal selber ein Sonnenbruder zu werden.

Als der alte Hürlin seine Stube angewiesen bekam, unterzog er sie sogleich einer genauen Besichtigung. Er fand ein gegen das Höflein gehendes Fenster, zwei Türen, ein Bett, eine Truhe, zwei Stühle, einen Nachttopf, einen Kehrbesen und einen Staubwischlappen vor, ferner ein mit Wachstuch bezogenes Eckbrett, auf welchem ein Wasserglas, ein blechernes Waschbecken, eine Kleiderbürste und ein Neues Testament lagen und standen. Er befühlte das solide Bettzeug, probierte die Bürste an seinem Hut, hielt Glas und Becken prüfend gegen das Tageslicht, setzte sich versuchsweise auf beide Stühle und fand, es sei alles befriedigend und in Ordnung. Nur der stattliche Wandspruch mit den Blumen wurde von ihm mißbilligt. Er sah ihn eine Weile höhnisch an, las die Worte: »Kindlein, liebet euch untereinander!« und schüttelte unzufrieden den struppigen Kopf. Dann riß er das Ding herunter und hängte mit vieler Sorgfalt an dessen Stelle das alte Sonnenschild auf, das er als einziges Wertstück in die neue Wohnung mitgebracht hatte. Aber da kam gerade der Hausvater wieder herein und gebot ihm scheltend, den Spruch wieder an seinen Platz zu hängen. Die Sonne wollte er mitnehmen und wegwerfen, aber Karl Hürlin klammerte sich ingrimmig daran, trotzte zeternd auf sein Eigentumsrecht und verbarg nachher die Trophäe schimpfend unter der Bettstatt.

Das Leben, das mit dem folgenden Tage seinen Anfang nahm, entsprach nicht ganz seinen Erwartungen und gefiel ihm zunächst keineswegs. Er mußte des Morgens um sieben Uhr aufstehen und zum Kaffee in die Stube des Strickers kommen, dann sollte das Bett gemacht, das Waschbecken gereinigt, die Stiefel geputzt und die Stube sauber aufgeräumt werden. Um zehn Uhr gab es ein Stück Schwarzbrot, und dann sollte die gefürchtete Spittelarbeit losgehen. Es war im Hof eine große Ladung buchenes Holz angefahren, das sollte gesägt und gespalten werden.

Da es noch weit hin bis zum Winter war, hatte es Hürlin mit dem Holz nicht eben eilig. Langsam und vorsichtig legte er ein Buchenscheit auf den Bock, rückte es sorgfältig und umständlich zurecht und besann sich eine Weile, wo er es zuerst ansägen solle, rechts oder links oder in der Mitte. Dann setzte er behutsam die Säge an, stellte sie noch einmal weg, spuckte in die Hände und nahm dann die Säge wieder vor. Nun tat er drei, vier Striche, etwa eine Fingerbreite tief ins Holz, zog aber sogleich die Säge wieder weg und prüfte sie aufs peinlichste, drehte am Strick, befühlte das Sägeblatt, stellte es etwas schiefer, hielt es lange blinzelnd vors Auge, seufzte alsdann tief auf und rastete ein wenig. Hierauf begann er von neuem und sägte einen halben Zoll tief, aber da wurde es ihm unerträglich warm, und er mußte seinen Rock ausziehen. Das vollführte er langsam und mit Bedacht, suchte auch eine gute Weile nach einem sauberen und sicheren Ort, um den Rock dahin zu legen. Als dies doch endlich geschehen war, fing er wieder an zu sägen, jedoch nicht lange, denn nun war die Sonne übers Dach gestiegen und schien ihm gerade ins Gesicht. Also mußte er den Bock und das Scheit und die Säge, jedes Stück einzeln, an einen anderen Platz tragen, wo noch Schatten war; dies brachte ihn in Schweiß, und nun brauchte er sein Sacktuch, um sich die Stirne abzuwischen. Das Tuch war aber in keiner Tasche, und da fiel ihm ein, er habe es ja im Rock gehabt, und so ging er denn dort hinüber, wo der Rock lag, breitete ihn säuberlich auseinander, suchte und fand das farbige Nastuch, wischte den Schweiß ab und schneuzte auch gleich, brachte das Tuch wieder unter, legte den Rock mit Aufmerksamkeit zusammen und kehrte erfrischt zum Sägebock zurück. Hier fand er nun bald, er habe vorher das Sägeblatt vielleicht doch allzu schräg gestellt, daher operierte er von neuem lange daran herum und sägte schließlich unter großem Stöhnen das Scheit vollends durch. Aber nun war es Mittag geworden, es läutete vom Turm, und eilig zog er den Rock an, stellte die Säge beiseite und verfügte sich ins Haus zum Essen.

»Pünktlich seid Ihr, das muß man Euch lassen«, sagte der Stricker. Die Lauffrau trug die Suppe herein, danach gab es noch Wirsing und eine Scheibe Speck, und Hürlin langte fleißig zu. Nach Tisch sollte das Sägen wieder losgehen, aber da weigerte er sich entschieden.

»Das bin ich nicht gewöhnt«, sagte er entrüstet und blieb dabei. »Ich bin jetzt todmüd und muß nun auch eine Ruhe haben.«

Der Stricker zuckte die Achseln und meinte: »Tut, was Ihr mögt, aber wer nichts arbeitet, bekommt auch kein Vesper. Um vier Uhr gibt's Most und Brot, wenn Ihr gesägt habt, im anderen Fall nichts mehr bis zur Abendsuppe.«

Most und Brot, dachte Hürlin und besann sich in schweren Zweifeln. Er ging auch hinunter und holte die Säge wieder hervor, aber da graute ihm doch vor der heißen mittäglichen Arbeit, und er ließ das Holz liegen, ging auf die Gasse hinaus, fand einen Zigarrenstumpen auf dem Pflaster, steckte ihn zu sich und stieg langsam die fünfzig Schritte bis zur Wegbiegung hinan. Dort hielt er veratmend an, setzte sich abseits der Straße an den schön erwärmten Rain, sah auf die vielen Dächer und auf den Marktplatz hinunter, konnte im Talgrund auch seine ehemalige Fabrik liegen sehen und weihte also diesen Platz als erster Sonnenbruder ein, an welchem seither bis auf heute so viele von seinen Kameraden und Nachfolgern ihre Sommernachmittage und oft auch die Vormittage und Abende versessen haben.

Die Beschaulichkeit eines von Sorgen und Plagen befreiten Alters, die er sich vom Aufenthalt im Spittel versprochen hatte und die ihm am Morgen bei der sauren Arbeit wie ein schönes Trugbild zerronnen war, fand sich nun allmählich ein. Die Gefühle eines für Lebzeiten vor Sorge, Hunger und Obdachlosigkeit gesicherten Pensionärs im Busen, beharrte er mollig faul im Rasen, fühlte auf seiner welken Haut die schöne Sonnenwärme, überblickte weithin den Schauplatz seiner früheren Umtriebe, Arbeit und Leiden und wartete ohne Ungeduld, bis jemand käme, den er um Feuer für seinen Zigarrenstumpen bitten könnte. Das schrille Blechgehämmer einer Spenglerwerkstatt, das ferne Amboßgeläut einer Schmiede, das leise Knarren entfernter Lastwagen stieg, mit einigem Straßenstaub und dünnem Rauch aus großen und kleinen Schornsteinen vermischt, zur Höhe herauf und zeigte an, daß drunten in der Stadt brav gehämmert, gefeilt, gearbeitet und geschwitzt würde, während Karl Hürlin in vornehmer Entrücktheit darüber thronte.

Um vier Uhr trat er leise in die Stube des Hausvaters, der den Hebel seiner kleinen Strickmaschine taktmäßig hin und her bewegte. Er wartete eine Weile, ob es nicht doch am Ende Most und Brot gäbe, aber der Stricker lachte ihn aus und schickte ihn weg. Da ging er enttäuscht an seinen Ruheplatz zurück, brummte vor sich hin, verbrachte eine Stunde oder mehr im Halbschlaf und schaute dann dem Abendwerden im engen Tale zu. Es war droben noch so warm und behaglich wie zuvor, aber seine gute Stimmung ließ mehr und mehr nach, denn trotz seiner Trägheit überfiel ihn die Langeweile, auch kehrten seine Gedanken unaufhörlich zu

dem entgangenen Vesper zurück. Er sah ein hohes Schop-
penglas voll Most vor sich stehen, gelb und glänzend und
mit süßer Herbe duftend. Er stellte sich vor, wie er es in
die Hand nähme, das kühle runde Glas, und wie er es an-
setzte, und wie er zuerst einen vollen starken Schluck nehmen, dann aber langsam sparend schlürfen würde. Wütend
seufzte er auf, sooft er aus dem schönen Traum erwachte,
und sein ganzer Zorn richtete sich gegen den unbarmherzi-
gen Hausvater, den Stricker, den elenden Knauser, Knorzer,
Schinder, Seelenverkäufer und Giftjuden. Nachdem er genug getobt hatte, fing er an sich selber leid zu tun und wurde weinerlich, schließlich aber beschloß er, morgen zu arbeiten.

Er sah nicht, wie das Tal bleicher und von zarten Schatten
erfüllt und wie die Wolken rosig wurden, noch die abend-
milde, süße Färbung des Himmels und das heimliche Blau-
werden der entfernteren Berge; er sah nur das ihm entgan-
gene Glas Most, die morgen unabwendbar seiner harrende
Arbeit und die Härte seines Schicksals. Denn in derartige
Betrachtungen verfiel er jedesmal, wenn er einen Tag lang
nichts zu trinken bekommen hatte. Wie es wäre, jetzt einen
Schnaps zu haben, daran durfte er gar nicht denken.

Gebeugt und verdrossen stieg er zur Abendessenszeit ins
Haus hinunter und setzte sich mürrisch an den Tisch. Es gab
Suppe, Brot und Zwiebeln, und er aß grimmig, solange etwas in der Schüssel war, aber zu trinken gab es nichts. Und
nach dem Essen saß er verlassen da und wußte nicht, was
anfangen. Nichts zu trinken, nichts zu rauchen, nichts zu
schwätzen! Der Stricker nämlich arbeitete bei Lampenlicht
geschäftig weiter, um Hürlin unbekümmert.

Dieser saß eine halbe Stunde lang am leeren Tisch,
horchte auf Sauberles klappernde Maschine, starrte in die
gelbe Flamme der Hängelampe und versank in Abgründe

von Unzufriedenheit, Selbstbedauern, Neid, Zorn und Bosheit, aus denen er keinen Ausweg fand noch suchte. Endlich überwältigte ihn die stille Wut und Hoffnungslosigkeit. Hoch ausholend hieb er mit der Faust auf die Tischplatte, daß es knallte, und rief: »Himmelsternkreuzteufelsludernoch'nmal!«

»Holla«, rief der Stricker und kam herüber, »was ist denn wieder los? Geflucht wird bei mir fein nicht!«

»Ja, was ins heiligs Teufels Namen soll man denn anfangen?«

»Ja so, Langeweile? Ihr dürft ins Bett.«

»So, auch noch? Um die Zeit schickt man kleine Buben ins Bett, nicht mich.«

»Dann will ich Euch eine kleine Arbeit holen.«

»Arbeit? Danke für die Schinderei, Ihr Sklavenhändler, Ihr!«

»Oha, nur kalt Blut! Aber da, lest was!«

Er legte ihm ein paar Bände aus dem dürftig besetzten Wandregal hin und ging wieder an sein Geschäft. Hürlin hatte durchaus keine Lust zum Lesen, nahm aber doch eins von den Büchern in die Hand und machte es auf. Es war ein Kalender, und er begann die Bilder darin anzusehen. Auf dem ersten Blatt war irgendeine phantastisch gekleidete ideale Frauen- oder Mädchengestalt als Titelfigur abgebildet, mit bloßen Füßen und offenen Locken. Hürlin erinnerte sich sogleich an ein Restlein Bleistift, das er besaß. Er zog es aus der Tasche, machte es naß und malte dem Frauenzimmer zwei große runde Brüste aufs Mieder, die er so lange mit immer wieder benetztem Bleistift nachfuhr, bis das Papier mürb war und zu reißen drohte. Er wendete das Blatt um und sah mit Befriedigung, daß der Abdruck seiner Zeichnung durch viele Seiten sichtbar war. Das nächste Bild, auf das er stieß, gehörte zu einem Märchen und stellte einen

Kobold oder Wüterich mit bösen Augen, gefährlich krie-
gerischem Schnauzbart und aufgesperrtem Riesenmaul vor.
Begierig netzte der Alte seinen Bleistift an der Lippe und
schrieb mit großen deutlichen Buchstaben neben den Un-
hold die Worte: »Das ist der Stricker Sauberle, Hausvater.«

Er beschloß, womöglich das ganze Buch so zu vermalen
und verschweinigeln. Aber die folgende Abbildung fesselte
ihn so stark, und er vergaß sich darüber. Sie zeigte die Ex-
plosion einer Fabrik und bestand fast nur aus einem mäch-
tigen Dampf- und Feuerkegel, um welchen und über welchem halbe und ganze Menschenleiber, Mauerstücke, Ziegel,
Stühle, Balken und Latten durch die Lüfte sausten. Das zog
ihn an und zwang ihn, sich die ganze Geschichte dazu aus-
zudenken und sich namentlich vorzustellen, wie es den Em-
porgeschleuderten im Augenblick des Ausbruches zumut
gewesen sein möchte. Darin lag ein Reiz und eine Befriedigung, die ihn lange in Atem hielten.

Als er seine Einbildungskraft an diesem aufregenden Bil-
de erschöpft hatte, fuhr er fort zu blättern und stieß bald auf
ein Bildlein, das ihn wieder festhielt, aber auf eine ganz
andere Art. Es war ein lichter, freundlicher Holzschnitt:
eine schöne Laube, an deren äußerstem Zweige ein Schen-
kenstern aushing, und über dem Stern saß mit geschwelltem
Hals und offenem Schnäblein und sang ein kleiner Vogel. In
der Laube aber erblickte man um einen Gartentisch eine
kleine Gesellschaft junger Männer, Studenten oder Wander-
burschen, die plauderten und tranken aus heiteren Glasfla-
schen einen guten Wein. Seitwärts sah man am Rande des
Bildchens eine zerfallene Feste mit Tor und Türmen in den
Himmel stehen, und in den Hintergrund hinein verlor sich
eine schöne Landschaft, etwa das Rheintal, mit Strom und
Schiffen und fernhin entschwindenden Höhenzügen. Die
Zecher waren lauter junge, hübsche Leute, glatt oder mit

jugendlichen Bärten, liebenswürdige und heitere Burschen, welche offenbar mit ihrem Wein die Freundschaft und die Liebe, den alten Rhein und Gottes blauen Sommerhimmel priesen.

Zunächst erinnerte dieser Holzschnitt den einsamen und mürrischen Betrachter an seine besseren Zeiten, da er sich noch Wein hatte leisten können, und an die zahlreichen Gläser und Becher guten Getränkes, die er damals genossen hatte. Dann aber wollte es ihm vorkommen, so vergnügt und herzlich heiter wie diese jungen Zecher sei er doch niemals gewesen, selbst nicht vorzeiten in den leichtblütigen Wanderjahren, da er noch als junger Schlossergeselle unterwegs gewesen war. Diese sommerliche Fröhlichkeit in der Laube, diese hellen, guten und freudigen Jünglingsgesichter machten ihn traurig und zornig; er zweifelte, ob alles nur die Erfindung eines Malers sei, verschönert und verlogen, oder ob es auch in Wirklichkeit etwa irgendwo solche Lauben und so hübsche, frohe und sorgenlose junge Leute gebe. Ihr heiterer Anblick erfüllte ihn mit Neid und Sehnsucht, und je länger er sie anschaute, desto mehr hatte er die Empfindung, er blicke durch ein schmales Fensterlein für Augenblicke in eine andere Welt, in ein schöneres Land und zu freieren und gütigeren Menschen hinüber, als ihm jemals im Leben begegnet waren. Er wußte nicht, in was für ein fremdes Reich er hineinschaue und daß er dieselbe Art von Gefühlen habe wie Leute, die in Dichtungen lesen. Diese Gefühle als etwas Süßes auszukosten, verstand er vollends nicht, also klappte er das Büchlein zu, schmiß es zornig auf den Tisch, brummte unwillig gut Nacht und begab sich in seine Stube hinüber, wo über Bett und Diele und Truhe das Mondzwielicht hingebreitet lag und in dem gefüllten Waschbecken leise leuchtete. Die große Stille zu der noch frühen Stunde, das ruhige Mondlicht und das leere, für eine bloße

Schlafstelle fast zu große Zimmer riefen in dem alten Rauhbein ein Gefühl von unerträglicher Vereinsamung hervor, dem er leise murmelnd und fluchend erst spät in das Land des Schlummers entrann.

Es kamen nun Tage, an denen er Holz sägte und Most und Brot bekam, wechselnd mit Tagen, an denen er faulenzte und ohne Vesper blieb. Oft saß er oben am Straßenrain, giftig und ganz mit Bosheit geladen, spuckte auf die Stadt hinab und trug Groll und Verbitterung in seinem Herzen. Das ersehnte Gefühl, bequem in einem sicheren Hafen zu liegen, blieb aus, und stattdessen kam er sich verkauft und verraten vor, führte Gewaltszenen mit dem Stricker auf oder fraß das Gefühl der Zurücksetzung und Unlust und Langeweile still in sich hinein.

Mittlerweile lief der Pensionstermin eines der in Privathäusern versorgten Stadtarmen ab, und eines Tages rückte in der »Sonne« als zweiter Gast der frühere Seilermeister Lukas Heller ein.

Wenn die schlechten Geschäfte aus Hürlin einen Trinker gemacht hatten, war es mit diesem Heller umgekehrt gegangen. Auch war er nicht wie jener plötzlich aus Pracht und Reichtum herabgestürzt, sondern hatte sich langsam und stetig vom bescheidenen Handwerksmann zum unbescheidenen Lumpen heruntergetrunken, wovor ihn auch sein tüchtiges und energisches Weib nicht hatte retten können. Vielmehr war sie, die ihm an Kräften weit überlegen schien, dem nutzlosen Kampf erlegen und längst gestorben, während ihr nichtsnutziger Mann sich einer zähen Gesundheit erfreute. Natürlich war er überzeugt, daß er mit dem Weib so gut wie mit der Seilerei ein unbegreifliches Pech gehabt und nach seinen Gaben und Leistungen ein ganz anderes Schicksal verdient habe.

Hürlin hatte die Ankunft dieses Mannes mit der sehnlichsten Spannung erwartet, denn er war nachgerade des Alleinseins unsäglich müd geworden. Als Heller aber anrückte, tat der Fabrikant vornehm und machte sich kaum mit ihm zu schaffen. Er schimpfte sogar darüber, daß Hellers Bett in seine Stube gestellt wurde, obwohl er heimlich froh daran war.

Nach der Abendsuppe griff der Seiler, da sein Kamerad so störrisch schweigsam war, zu einem Buch und fing zu lesen an. Hürlin saß ihm gegenüber und warf ihm mißtrauisch beobachtende Blicke zu. Einmal, als der Lesende über irgend etwas Witziges lachen mußte, hatte der andere große Lust, ihn danach zu fragen. Aber als Heller im gleichen Augenblick vom Buch aufschaute, offenbar bereit, den Witz zu erzählen, schnitt Hürlin sofort ein finsteres Gesicht und tat, als sei er ganz in die Betrachtung einer über den Tisch hinwegkriechenden Mücke versunken.

So blieben sie hocken, den ganzen langen Abend. Der eine las und blickte zuweilen plaudersüchtig auf, der andere beobachtete ihn ohne Pause, wandte aber den Blick stolz zur Seite, so oft jener herüberschaute. Der Hausvater strickte unverdrossen in die Nacht hinein. Hürlins Mienenspiel wurde immer verbissener, obwohl er eigentlich seelenfroh war, nun nicht mehr allein in der Schlafstube liegen zu müssen. Als es zehn Uhr schlug, sagte der Hausvater: »Jetzt könntet ihr auch ins Bett gehen, ihr zwei.« Beide standen auf und gingen hinüber.

Während die beiden Männlein in der halbdunklen Stube sich langsam und steif entkleideten, schien Hürlin die rechte Zeit gekommen, um ein prüfendes Gespräch anzubinden und über den langersehnten Haus- und Leidensgenossen ins klare zu kommen.

»Also jetzt sind wir zu zweit«, fing er an und warf seine Weste auf den Stuhl.

»Ja«, sagte Heller.

»Eine Saubude ist's«, fuhr der andere fort.

»So? Weißt's gewiß?«

»Ob ich's weiß! – Aber jetzt muß ein Leben reinkommen, sag ich, jetzt! Jawohl.«

»Du«, fragte Heller, »ziehst du's Hemd aus in der Nacht oder behältst's an?«

»Im Sommer zieh ich's aus.«

Auch Heller zog sein Hemd aus und legte sich nackt ins krachende Bett. Er begann laut zu schnaufen. Aber Hürlin wollte noch mehr erfahren.

»Schlafst schon, Heller?«

»Nein.«

»Pressiert auch nicht so. – Gelt, du bist'n Seiler?«

»Gewesen, ja. Meister bin ich gewesen.«

»Und jetzt?«

»Und jetzt – kannst du mich gern haben, wenn du dumme Fragen tust.«

»Jerum, so spritzig! Narr, du bist wohl Meister gewesen, aber das ist noch lange nichts. Ich bin Fabrikant gewesen. Fabrikant, verstanden?«

»Mußt nicht so schreien, ich weiß schon lang. Und nachher, was hast denn nachher fabriziert?«

»Wieso nachher?«

»Frag auch noch! Im Zuchthaus mein ich.«

Hürlin meckerte belustigt.

»Du bist wohl'n Frommer, was. So ein Hallelujazapfen?«

»Ich? Das fehlt gerad noch! Fromm bin ich nicht, aber im Zuchthaus bin ich auch noch nicht gewesen.«

»Hättest auch nicht hineingepaßt. Da sind meistens ganz feine Herren.«

»Ojegerle, so feine Herren wie du einer bist? Freilich, da hätt ich mich geniert.«

»'s redet ein jeder, wie er's versteht oder nicht versteht.«

»Ja, das mein ich auch.«

»Also, sei gescheit, du! Warum hast du die Seilerei aufgesteckt?«

»Ach, laß mich in Ruh! Die Seilerei war schon recht, der Teufel ist aber ganz woanders gesessen. Das Weib war schuld.«

»Das Weib? – Hat sie gesoffen?«

»Das hätte noch gefehlt! Nein, gesoffen hab ich, wie's der Brauch ist, und nicht das Weib. Aber sie ist schuld gewesen.«

»So? Was hat sie denn angestellt?«

»Frag nicht so viel!«

»Hast auch Kinder?«

»Ein Bub. In Amerika.«

»Der hat recht. Dem geht's besser als uns.«

»Ja, wenn's nur wahr wär. Um Geld schreibt er, der Dakkel! Hat auch geheiratet. Wie er fortgegangen ist, sag ich zu ihm: Frieder, sag ich, mach's gut und bleib gesund; hantier, was du magst, aber wenn du heiratest, geht's Elend los. – Jetzt hockt er drin. Gelt, du hast kein Weib gehabt?«

»Nein. Siehst, man kann auch ohne Weib ins Pech kommen. Was meinst?«

»Danach man einer ist. Ich wär heut noch Meister, wenn die Dundersfrau nicht gewesen wär.«

»Na ja!«

»Hast du was gesagt?«

Hürlin schwieg still und tat so, als wäre er eingeschlafen. Eine warnende Ahnung sagte ihm, daß der Seiler, wenn er erst einmal recht angefangen habe, über sein Weib loszuziehen, kein Ende finden würde.

»Schlaf nur, Dickkopf!« rief Heller herüber. Er ließ sich

aber nimmer reizen, sondern stieß eine Weile künstlich große Atemzüge aus, bis er wirklich schlief.

Der Seiler, der mit seinen sechzig Jahren schon einen
kürzeren Schlummer hatte, wachte am folgenden Morgen
zuerst auf. Eine halbe Stunde blieb er liegen und starrte die
weiße Stubendecke an. Dann stieg er, der sonst schwerfällig
und steif von Gliedern erschien, leise wie ein Morgenlüft-
chen aus seinem Bett, lief barfuß und unhörbar zu Hürlins
Lagerstatt hinüber und machte sich an dessen über den
Stuhl gebreiteten Kleidern zu schaffen. Er durchsuchte sie
mit Vorsicht, fand aber nichts darin, als das Bleistiftstümp-
chen in der Westentasche, das er herausnahm und für sich
behielt. Ein Loch im Strumpf seines Schlafkameraden ver-
größerte er mit Hilfe beider Daumen um ein Beträchtliches.
Sodann kehrte er sachte in sein warmes Bett zurück und
regte sich erst wieder, als Hürlin schon erwacht und auf-
gestanden war und ihm ein paar Wassertropfen ins Gesicht
spritzte, da sprang er hurtig auf, kroch in die Hosen und
sagte guten Morgen. Mit dem Ankleiden hatte er es gar
nicht eilig, und als der Fabrikant ihn antrieb, vorwärts zu
machen, rief er behaglich: »Ja, geh nur einstweilen hinüber,
ich komm schon auch bald.« Der andere ging, und Heller
atmete erleichtert auf. Er griff behende zum Waschbecken
und leerte das klare Wasser zum Fenster in den Hof hinaus,
denn vor dem Waschen hatte er ein tiefes Grauen. Als er sich
dieser ihm widerstrebenden Handlung entzogen hatte, war
er im Umsehen mit dem Ankleiden fertig und hatte es eilig,
zum Kaffee zu kommen.

Bettmachen, Zimmeraufräumen und Stiefelputzen ward
besorgt, natürlich ohne Hast und mit reichlichen Plauder-
pausen. Dem Fabrikanten schien das alles zu zweien doch
freundlicher und bequemer zu gehen als früher allein. Sogar
die unentrinnbar bevorstehende Arbeit flößte ihm heute

etwas weniger Schrecken ein als sonst, und er ging, wenn auch zögernd, mit fast heiterer Miene auf die Mahnung des Hausvaters mit dem Seiler ins Höflein hinunter.

Trotz heftiger Entrüstungsausbrüche des Strickers und trotz seines zähen Kampfes mit der Unlust des Pfleglings war in den vergangenen paar Wochen an dem Holzvorrat kaum eine wahrnehmbare Veränderung vor sich gegangen. Die Beuge schien noch so groß und so hoch wie je, und das in der Ecke liegende Häuflein zersägter Rollen, kaum zwei Dutzend, erinnerte etwa an die in einer Laune begonnene und in einer neuen Laune liegengelassene spielerische Arbeit eines Kindes.

Nun sollten die beiden Grauköpfe zu zweien daran arbeiten; es galt, sich ineinander zu finden und einander in die Hände zu schaffen, denn es war nur ein einziger Sägbock und auch nur eine Säge vorhanden. Nach einigen vorbereitenden Gebärden, Seufzern und Redensarten überwanden die Leutlein denn auch ihr inneres Sträuben und schickten sich an, das Geschäft in die Hand zu nehmen. Und nun zeigte sich leider, daß Karl Hürlins frohe Hoffnungen eitel Träume gewesen waren, denn sogleich trat in der Arbeitsweise der beiden ein tiefer Wesensunterschied zutage.

Jeder von ihnen hatte seine besondere Art, tätig zu sein. In beider Seelen mahnte nämlich, neben der eingebornen Trägheit, ein Rest von Gewissen schüchtern zum Fleißigsein; wenigstens wollten beide zwar nicht wirklich arbeiten, aber doch vor sich selber den Anschein gewinnen, als seien sie etwas nütze. Dies erstrebten sie nun auf durchaus verschiedene Weise, und es trat hier in diesen abgenützten und scheinbar vom Schicksal zu Brüdern gemachten Männern ein unerwarteter Zwiespalt der Anlagen und Neigungen hervor.

Hürlin hatte die Methode, zwar so gut wie nichts zu

leisten, aber doch fortwährend sehr beschäftigt zu sein oder zu scheinen. Ein einfacher Handgriff wurde bei ihm zu einem höchst verwickelten Manöver, indem mit jeder noch so kleinen Bewegung ein sparsam zähes Ritardando verschwistert war; überdies erfand und übte er zwischen zwei einfachen Bewegungen, beispielsweise zwischen dem Ergreifen und dem Ansetzen der Säge, beständig ganze Reihen von wertlosen und mühelosen Zwischentätigkeiten und war immer vollauf beschäftigt, sich durch solche unnütze Plempereien die eigentliche Arbeit möglichst noch ein wenig vom Leibe zu halten. Darin glich er einem Verurteilten, der dies und das und immer noch etwas ausheckt, was noch geschehen und stattfinden und getan und besorgt werden muß, ehe es ans Erleiden des Unvermeidlichen geht. Und so gelang es ihm wirklich, die vorgeschriebenen Stunden mit einer ununterbrochenen Geschäftigkeit auszufüllen und es zu einem Schimmer von ehrlichem Schweiß zu bringen, ohne doch eine nennenswerte Arbeit zu tun.

In diesem eigentümlichen, jedoch praktischen System hatte er gehofft, von Heller verstanden und unterstützt zu werden, und fand sich nun völlig enttäuscht. Der Seiler nämlich befolgte, seinem inneren Wesen entsprechend, eine entgegengesetzte Methode. Er steigerte sich durch krampfhaften Entschluß in einen schäumenden Furor hinein, stürzte sich mit Todesverachtung in die Arbeit und wütete, daß der Schweiß rann und die Späne flogen. Aber das hielt nur Minuten an, dann war er erschöpft, hatte sein Gewissen befriedigt und rastete tatenlos zusammengesunken, bis nach geraumer Zeit der Raptus wieder kam und wieder wütete und verrauchte. Die Resultate dieser Arbeitsart übertrafen die des Fabrikanten nicht erheblich.

Unter solchen Umständen mußte von den beiden jeder dem andern zum schweren Hindernis und Ärgernis werden.

Die gewaltsame und hastige, ruckweise einsetzende Art des Heller war dem Fabrikanten im Innersten zuwider, während dessen stetig träges Schäffeln wieder jenem ein Greuel war. Wenn der Seiler einen seiner wütenden Anfälle von Fleiß bekam, zog sich der erschreckte Hürlin einige Schritte weit zurück und schaute verächtlich zu, indessen jener keuchend und schwitzend sich abmühte und doch noch einen Rest von Atem übrigbehielt, um Hürlin seine Faulenzerei vorzuwerfen.

»Guck nur«, schrie er ihn an, »guck nur, faules Luder, Tagdieb du! Gelt, das gefällt dir, wenn sich andere Leut für dich abschinden? Natürlich, der Herr ist ja Fabrikant! Ich glaub, du wärst imstand und tätest vier Wochen am gleichen Scheit herumsägen.«

Weder die Ehrenrührigkeit noch die Wahrheit dieser Vorwürfe regte Hürlin stark auf, dennoch blieb er dem Seiler nichts schuldig. Sobald Heller ermattet beiseite hockte, gab er ihm sein Schimpfen heim. Er nannte ihn Dickkopf, Ladstock, Hauderer, Seilersdackel, Turmspitzenvergolder, Kartoffelkönig, Allerweltsdreckler, Schoote, Schlangenfänger, Mohrenhäuptling, alte Schnapsbouteille und erbot sich mit herausfordernden Gesten, ihm so lang auf seinen Wasserkopf zu hauen, bis er die Welt für ein Erdäpfelgemüs und die zwölf Apostel für eine Räuberbande ansähe. Zur Ausführung solcher Drohungen kam es natürlich nie, sie waren rein oratorische Leistungen und wurden auch vom Gegner als nichts anderes betrachtet. Ein paarmal verklagten sie einander beim Hausvater, aber Sauberle war gescheit genug, sich das gründlich zu verbitten.

»Kerle«, sagte er ärgerlich, »ihr seid doch keine Schulbuben mehr. Auf so Stänkereien laß ich mich nicht ein; fertig, basta!«

Trotzdem kamen beide wieder, jeder für sich, um einander zu verklagen. Da bekam beim Mittagessen der Fabrikant kein Fleisch, und als er trotzig aufbegehrte, meinte der Stricker: »Regt Euch nicht so auf. Hürlin, Strafe muß sein. Der Heller hat mir erzählt, was Ihr wieder für Reden geführt habt.« Der Seiler triumphierte über diesen unerwarteten Erfolg nicht wenig. Aber abends ging es umgekehrt. Heller bekam keine Suppe, und die zwei Schlaumeier merkten, daß sie überlistet waren. Von da an hatte die Angeberei ein Ende.

Untereinander aber ließen sie sich keine Ruhe. Nur selten einmal, wenn sie nebeneinander am Rain droben kauerten und den Vorübergehenden ihre faltigen Hälse nachstreckten, spann sich vielleicht für eine Stunde eine flüchtige Seelengemeinschaft zwischen ihnen an, indem sie miteinander über den Lauf der Welt, über den Stricker, über die Armenpflege und über den dünnen Kaffee im Spittel räsonierten oder ihre kleinen idealen Güter austauschten, welche bei dem Seiler in einer bündigen Psychologie über Weiber, bei Hürlin hingegen aus Wandererinnerungen und phantastischen Plänen zu Finanzspekulationen großen Stils bestanden.

»Siehst du, wenn halt einer heiratet –«, fing es bei Heller allemal an. Und Hürlin, wenn an ihm die Reihe war, begann stets: »Tausend Mark wenn mir einer lehnte –« oder: »Wie ich dazumal in Solingen drunten war ...« Drei Monate hatte er vor Jahren einmal dort gearbeitet, aber es war erstaunlich, was ihm alles gerade in Solingen passiert und zu Gesicht gekommen war.

Wenn sie sich müdgesprochen hatten, nagten sie schweigend an ihren meistens kalten Pfeifen, legten die Arme auf die spitzen Knie, spuckten in ungleichen Zwischenräumen auf die Straße und stierten an den krummen alten Apfelbaumstämmen vorüber in die Stadt hinunter, deren Auswürflinge sie waren und der sie Schuld an ihrem Unglück gaben. Da wurden sie wehmütig, seufzten, machten mutlose Handbewegungen und fühlten, daß sie alt und erloschen seien. Dieses dauerte stets so lange, bis die Wehmut wieder in Bosheit umschlug, wozu meistens eine halbe Stunde hinreichte. Dann war es gewöhnlich Lukas Heller, der den Reigen eröffnete, zuerst mit irgendeiner Neckerei.

»Sieh einmal da drunten!« rief er und deutete talwärts.

»Was denn?« brummte der andere.

»Mußt auch noch fragen! Ich weiß, was ich sehe.«

»Also was, zum Dreihenker?«

»Ich sehe die sogenannte Walzenfabrik von weiland Hürlin und Schwindelmeier, jetzt Dalles und Kompanie. Reiche Leute das, reiche Leute!«

»Kannst mich im ›Adler‹ treffen!« murmelte Hürlin.

»So? Danke schön.«

»Willst mich falsch machen?«

»Tut gar nicht not, bist's schon.«

»Dreckiger Seilersknorze, du!«

»Zuchthäusler!«

»Schnapslump!«

»Selber einer! Du hast's grad nötig, daß du ordentliche Leute schimpfst.«

»Ich schlag dir sieben Zähne ein.«

»Und ich hau dich lahm, du Bankröttler, du naseweiser!«

Damit war das Gefecht eröffnet. Nach Erschöpfung der ortsüblichen Schimpfnamen und Schandwörter erging sich die Phantasie der beiden Hanswürste in üppigen Neubildungen von verwegenem Klange, bis auch dies Kapital aufgebraucht war und die zwei Kampfhähne erschöpft und erbittert hintereinander her ins Haus zurückzottelten.

Jeder hatte keinen anderen Wunsch, als den Kameraden möglichst unterzukriegen und sich ihm überlegen zu fühlen, aber wenn Hürlin der Gescheitere war, so war Heller der Schlauere, und da der Stricker keine Partei nahm, wollte keinem ein rechter Trumpf gelingen. Die geachtetere und angenehmere Stellung im Spittel einzunehmen, war beider sehnliches Verlangen; sie verwandten darauf so viel Nachdenken und Zähigkeit, daß mit der Hälfte davon ein jeder, wenn er sie seinerzeit nicht gespart hätte, sein Schifflein hätte flott erhalten können, anstatt ein Sonnenbruder zu werden.

Unterdessen war die große Holzladung im Hof langsam kleiner geworden. Den Rest hatte man für später liegen lassen und einstweilen andere Geschäfte vorgenommen. Heller arbeitete tagweise in des Stadtschultheißen Garten, und Hürlin war unter hausväterlicher Aufsicht mit friedlichen Tätigkeiten, wie Salatputzen, Linsenlesen, Bohnenschnitzeln und dergleichen, beschäftigt, wobei er sich nicht zu übernehmen brauchte und doch etwas nütze sein konnte. Darüber schien die Feindschaft der Spittelbrüder langsam heilen zu wollen, da sie nicht mehr den ganzen Tag beisammen waren. Auch bildete jeder sich ein, man habe ihm gerade diese Arbeit seiner besonderen Vorzüge wegen zugeteilt und ihm damit über den andern einen Vorrang zugestanden. So zog sich der Sommer hin, bis schon das Laub braun anzulaufen begann.

Da begegnete es dem Fabrikanten, als er eines Nachmittags allein im Torgang saß und sich schläfrig die Welt betrachtete, daß ein Fremder den Berg herunterkam, vor der »Sonne« stehenblieb und ihn fragte, wo es zum Rathaus gehe. Hürlin lief zwei Gassen weit mit, stand dem Fremden Rede und bekam für seine Mühe zwei Zigarren geschenkt. Er bat den nächsten Fuhrmann um Feuer, steckte eine an und kehrte an seinen Schattenplatz bei der Haustüre zurück, wo er mit überschwenglichen Lustgefühlen sich dem lang entbehrten Genusse der guten Zigarre hingab, deren letzten Rest er schließlich noch im Pfeiflein aufrauchte, bis nur noch Asche und ein paar braune Tropfen übrig waren. Am Abend, da der Seiler vom Schulzengarten kam und wie gewöhnlich viel davon zu erzählen wußte, was für feinen Birnenmost und Weißbrot und Rettiche er zum Vesper gekriegt und wie nobel man ihn behandelt hatte, da berichtete Hürlin auch sein Abenteuer mit ausführlicher Beredsamkeit, zu Hellers großem Neide.

»Und wo hast denn jetzt die Zigarren?« fragte dieser alsbald mit Interesse.

»Geraucht hab ich sie«, lachte Hürlin protzig.

»Alle beide?«

»Jawohl, alter Schwed, alle beide.«

»Auf einmal?«

»Nein, du Narr, sondern auf zweimal, eine hinter der anderen.«

»Ist's wahr?«

»Was soll's nicht wahr sein?«

»So«, meinte der Seiler, der es nicht glaubte, listig, »dann will ich dir was sagen. Du bist nämlich ein Rindvieh, und kein kleines.«

»So? Warum denn?«

»Hättest eine aufgehebt, dann hättest morgen auch was gehabt. Was hast jetzt davon?«

Das hielt der Fabrikant nicht aus. Grinsend zog er die noch übrige Zigarre aus der Brusttasche und hielt sie dem neidischen Seiler vors Auge, um ihn vollends recht zu ärgern.

»Siehst was? Ja gelt, so gottverlassen dumm bin ich auch nicht, wie du meinst.«

»So so. Also da ist noch eine. Zeig einmal!«

»Halt da, wenn ich nur müßte!«

»Ach was, bloß ansehen! Ich versteh mich darauf, ob's eine feine ist. Du kriegst sie gleich wieder.«

Da gab ihm Hürlin die Zigarre hin, er drehte sie in den Fingern herum, hielt sie an die Nase, roch daran und sagte, indem er sie ungern zurückgab, mitleidig: »Da, nimm sie nur wieder. Von der Sorte bekommt man zwei für den Kreuzer.«

Es entspann sich nun ein Streiten um die Güte und den Preis der Zigarre, das bis zum Bettgehen dauerte. Beim Auskleiden legte Hürlin den Schatz auf sein Kopfkissen und bewachte ihn ängstlich. Heller höhnte: »Ja, nimm sie nur mit ins Bett! Vielleicht kriegt sie Junge.« Der Fabrikant gab keine Antwort, und als jener im Bett lag, legte er die Zigarre behutsam auf den Fenstersims und stieg dann gleichfalls zu Nest. Wohlig streckte er sich aus und durchkostete vor dem Einschlafen noch einmal in der Erinnerung den Genuß vom Nachmittag, wo er den feinen Rauch so stolz und prahlend in die Sonne geblasen hatte und wo mit dem guten Dufte ein Rest seiner früheren Herrlichkeit und Großmannsgefühle in ihm aufgewacht waren. Und dann schlief er ein, und während der Traum ihm das Bild jener versunkenen Glanzzeit vollends in aller Glorie zurückbeschwor, streckte er schlafend seine gerötete Nase mit der Weltverachtung seiner besten Zeiten in die Lüfte.

Allein mitten in der Nacht wachte er ganz wider alle Gewohnheit plötzlich auf, und da sah er im halben Licht den Seilersmann zu Häupten seines Bettes stehen und die magere Hand nach der auf dem Sims liegenden Zigarre ausstrecken.

Mit einem Wutschrei warf er sich aus dem Bett und versperrte dem Missetäter den Rückweg. Eine Weile wurde kein Wort gesprochen, sondern die beiden Feinde standen einander regungslos und fasernackend gegenüber, musterten sich mit durchbohrenden Zornblicken und wußten selber nicht, war es Angst oder Übermaß der Überraschung, daß sie einander nicht schon an den Haaren hatten.

»Leg die Zigarre weg!« rief endlich Hürlin keuchend.

Der Seiler rührte sich nicht.

»Weg legst sie!« schrie der andere noch einmal, und als Heller wieder nicht folgte, holte er aus und hätte ihm ohne Zweifel eine saftige Ohrfeige gegeben, wenn der Seiler sich nicht beizeiten gebückt hätte. Dabei entfiel demselben aber die Zigarre, Hürlin wollte eiligst nach ihr langen, da trat Heller mit der Ferse drauf, daß sie mit leisem Knistern in Stücke ging. Jetzt bekam er vom Fabrikanten einen Puff in die Rippen, und es begann eine Balgerei. Es war zum erstenmal, daß die beiden handgemein wurden, aber die Feigheit wog den Zorn so ziemlich auf, und es kam nichts Erkleckliches dabei heraus. Bald trat der eine einen Schritt vor und bald der andere, so schoben die nackten Alten ohne viel Geräusch in der Stube herum, als übten sie einen Tanz, und jeder war ein Held, und keiner bekam Hiebe. Das ging so lange, bis in einem günstigen Augenblick dem Fabrikanten seine leere Waschschüssel in die Hand geriet; er schwang sie wild über sich durch die Luft und ließ sie machtvoll auf den Schädel seines unbewaffneten Feindes herabsausen. Dieser Hauptschlag mit der Blechschüssel gab einen so kriegerisch schmetternden Klang durchs ganze Haus, daß sogleich die Türe ging, der Hausvater im Hemd hereintrat und mit Schimpfen und Lachen vor den Zweikämpfern stehenblieb.

»Ihr seid doch die reinen Lausbuben«, rief er scharf, »boxt euch da splitternackt in der Bude herum, so zwei alte Geißböcke! Packt euch ins Bett, und wenn ich noch einen Ton hör, könnt ihr euch gratulieren.«

»Gestohlen hat er« – schrie Hürlin, vor Zorn und Beleidigung fast heulend. Er ward aber sofort unterbrochen und zur Ruhe verwiesen. Die Geißböcke zogen sich murrend in ihre Betten zurück, der Stricker horchte noch eine kleine Weile vor der Türe, und auch als er fort war, blieb in der Stube alles still. Neben dem Waschbecken lagen die Trümmer der Zigarre am Boden, durchs Fenster sah die blasse Spätsommernacht herein, und über den beiden tödlich ergrimmten Taugenichtsen hing an der Wand von Blumen umrankt der Spruch: »Kindlein, liebet euch untereinander!«

Wenigstens einen kleinen Triumph trug Hürlin am andern Tage aus dieser Affäre davon. Er weigerte sich standhaft, fernerhin mit dem Seiler nachts die Stube zu teilen, und nach hartnäckigem Widerstand mußte der Stricker sich dazu verstehen, jenem das andere Stübchen anzuweisen. So war der Fabrikant wieder zum Einsiedler geworden, und so gerne er die Gesellschaft des Seilermeisters los war, machte es ihn doch schwermütig, so daß er zum erstenmal deutlich spürte, in was für eine hoffnungslose Sackgasse ihn das Schicksal auf seine alten Tage gestoßen hatte.

Das waren keine fröhlichen Vorstellungen. Früher war er, ging es wie es mochte, doch wenigstens frei gewesen, hatte auch in den elendesten Zeiten je und je noch ein paar Batzen fürs Wirtshaus gehabt und konnte, wenn er nur wollte, jeden Tag wieder auf die Wanderschaft gehen. Jetzt aber saß er da, rechtlos und bevogtet, bekam niemals einen blutigen Batzen zu sehen und hatte in der Welt nichts mehr vor sich, als vollends alt und mürb zu werden und zu seiner Zeit sich hinzulegen.

Er begann, was er sonst nie getan hatte, von seiner hohen Warte am Straßenrain über die Stadt hinweg das Tal hinab und hinauf zu äugen, die weißen Landstraßen mit dem Blick zu messen und den fliegenden Vögeln und Wolken, den vorbeifahrenden Wagen und den ab- und zugehenden Fußwanderern mit Sehnsucht nachzublicken. Für die Abende gewöhnte er sich nun sogar das Lesen an, aber aus den erbaulichen Geschichten der Kalender und frommen Zeitschriften heraus hob er oft fremd und bedrückt den Blick, erinnerte sich an seine jungen Jahre, an Solingen, an seine Fabrik, ans Zuchthaus, an die Abende in der ehemaligen »Sonne« und dachte immer wieder daran, daß er nun allein sei, hoffnungslos allein.

Der Seiler Heller musterte ihn mit bösartigen Seitenblikken, versuchte aber nach einiger Zeit doch den Verkehr wieder ins Geleise zu bringen. So daß er etwa gelegentlich, wenn er den Fabrikanten draußen am Ruheplatz antraf, ein freundliches Gesicht schnitt und ihm zurief: »Schönes Wetter, Hürlin! Das gibt einen guten Herbst, was meinst?« Aber Hürlin sah ihn nur an, nickte träg und gab keinen Ton von sich.

Vermutlich hätte sich allmählich trotzdem wieder irgendein Faden zwischen den Trutzköpfen angesponnen, denn aus seinem Tiefsinn und Gram heraus hätte Hürlin doch ums Leben gern nach dem nächsten besten Menschenwesen gegriffen, um nur das elende Gefühl der Vereinsamung und Leere zeitweise loszuwerden. Der Hausvater, dem des Fabrikanten stilles Schwermüteln gar nicht gefiel, tat auch, was er konnte, um seine beiden Pfleglinge wieder aneinander zu bringen.

Da rückten kurz hintereinander im Lauf des September zwei neue Ankömmlinge ein, und zwar zwei sehr verschiedene.

Der eine hieß Louis Kellerhals, doch kannte kein Mensch in der Stadt diesen Namen, da Louis schon seit Jahrzehnten den Beinamen Holdria trug, dessen Ursprung unerfindlich ist. Er war, da er schon viele Jahre her der Stadt zur Last fiel, bei einem freundlichen Handwerker untergebracht gewesen, wo er es gut hatte und mit zur Familie zählte. Dieser

Handwerker war nun gestorben, und da der Pflegling nicht zur Erbschaft mitgerechnet werden konnte, mußte ihn jetzt der Spittel übernehmen. Er hielt seinen Einzug mit einem wohlgefüllten Leinwandsäcklein, einem ungeheuren blauen Regenschirm und einem grünbemalten Holzkäfig, darin saß ein sehr feister Sperling und ließ sich durch den Umzug wenig aufregen. Der Holdria kam lächelnd, herzlich und strahlend, schüttelte jedermann die Hand, sprach kein Wort und fragte nach nichts, glänzte vor Wonne und Herzens- güte, sooft jemand ihn anredete oder ansah, und hätte, auch wenn er nicht schon längst eine überall bekannte Figur ge- wesen wäre, es keine Viertelstunde lang verbergen können, daß er ein ungefährlicher Schwachsinniger war.

Der zweite, der etwa eine Woche später seinen Einzug hielt, kam nicht minder lebensfroh und wohlwollend daher, war aber keineswegs schwach im Kopfe, sondern ein zwar harmloser, aber durchtriebener Pfiffikus. Er hieß Stefan Finkenbein und stammte aus der in der ganzen Stadt und Gegend von alters her wohlbekannten Landstreicher- und Bettlerdynastie der Finkenbeine, deren komplizierte Fami- lie in vielerlei Zweigen in Gerbersau ansässig und anhängig war. Die Finkenbeine waren alle fast ohne Ausnahme helle und lebhafte Köpfe, dennoch hatte es niemals einer von ih- nen zu etwas gebracht, denn von ihrem ganzen Wesen und Dasein war die Vogelfreiheit und der Humor des Nichts- habens ganz unzertrennlich.

Besagter Stefan war noch keine sechzig alt und erfreute sich einer fehlerlosen Gesundheit. Er war etwas mager und zart von Gliedern, aber zäh und stets wohlauf und rüstig, und auf welche schlaue Weise es ihm gelungen war, sich bei der Gemeinde als Anwärter auf einen Spittelsitz einzu- schmuggeln und durchzusetzen, war rätselhaft. Es gab Äl- tere, Elendere und sogar Ärmere genug in der Stadt. Allein seit der Gründung dieser Anstalt hatte es ihm keine Ruhe gelassen, er fühlte sich zum Sonnenbruder geboren und wollte und mußte einer werden. Und nun war er da, ebenso lächelnd und liebenswürdig wie der treffliche Holdria, aber mit wesentlich leichterem Gepäck, denn außer dem, was er am Leibe trug, brachte er einzig einen zwar nicht in der Farbe, aber doch in der Form wohlerhaltenen steifen Sonntagshut von altväterischer Form mit. Wenn er ihn aufsetzte und ein wenig nach hinten rückte, war Stefan Finkenbein ein klassischer Vertreter des Typus Bruder Straubinger. Er führte sich als einen weltgewandten, spaßhaften Gesellschafter ein und wurde, da der Holdria schon in Hürlins Stube gesteckt worden war, beim Seiler Heller untergebracht. Alles schien ihm gut und lobenswert zu sein, nur die Schweigsamkeit seiner Kameraden gefiel ihm nicht. Eine Stunde vor dem Abendessen, als alle viere draußen beisammen im Freien saßen, fing der Finkenbein plötzlich an: »Hör du, Herr Fabrikant, ist das bei euch denn alleweil so trübselig? Ihr seid ja lauter Trauerwedel.«

»Ach, laß mich.«

»Na, wo fehlt's denn bei dir? Überhaupt, warum hocken wir alle so fad da herum? Man könnte doch wenigstens einen Schnaps trinken, oder nicht?«

Hürlin horchte einen Augenblick entzückt auf und ließ seine müden Äuglein glänzen, aber dann schüttelte er verzweifelt den Kopf, drehte seine leeren Hosentaschen um und machte ein leidendes Gesicht.

»Ach so, hast kein Moos?« rief Finkenbein lachend. »Lieber Gott, ich hab immer gedacht, so ein Fabrikant, der hat's alleweil im Sack herumklimpern. Aber heut ist doch mein Antrittsfest, das darf nicht so trocken vorbeigehen. Kommt nur, ihr Leute, der Finkenbein hat zur Not schon noch ein paar Kapitalien im Ziehamlederle.«

Da sprangen die beiden Trauerwedel behend auf die Fü-
ße. Den Schwachsinnigen ließen sie sitzen, die drei anderen
stolperten im Eilmarsch nach dem »Sternen« und saßen
bald auf der Wandbank jeder vor einem Glas Korn. Hürlin,
der seit Wochen und Monaten keine Wirtsstube mehr von
innen gesehen hatte, kam in die freudigste Aufregung. Er
atmete in tiefen Zügen den lang entbehrten Dunst des Or-
tes ein und genoß den Kornschnaps in kleinen, sparsamen,
scheuen Schlucken. Wie einer, der aus schweren Träumen
erwacht ist, fühlte er sich dem Leben wiedergeschenkt und
von der wohlbekannten Umgebung heimatlich angezogen.
Er holte die vergessenen kühnen Gesten seiner ehemaligen
Kneipenzeit eine um die andere wieder hervor, schlug auf
den Tisch, schnippte mit den Fingern, spuckte vor sich hin
auf die Diele und scharrte tönend mit der Sohle darüber.
Auch seine Redeweise nahm einen plötzlichen Aufschwung,
und die volltönenden Kraftausdrücke aus den Jahren seiner
Herrlichkeit klangen noch einmal fast mit der alten brutalen
Sicherheit von seinen blauen Lippen.

Während der Fabrikant sich diesermaßen verjüngte, blinzelte Lukas Heller nachdenklich in sein Gläschen und hielt
die Zeit für gekommen, wo er dem Stolzen seine Beleidigun-
gen und den entehrenden Blechhieb aus jener Nacht heim-
zahlen könnte. Er hielt sich still und wartete aufmerksam,
bis der rechte Augenblick da wäre.

Inzwischen hatte Hürlin, wie es früher seine Art gewesen war, beim zweiten Glase angefangen ein Ohr auf die
Gespräche der Leute am Nebentisch zu haben, mit Kopf-
nicken, Räuspern und Mienenspiel daran teilzunehmen und
schließlich auch zwischenein ein freundschaftliches Jaja
oder Soso dareinzugeben. Er fühlte sich ganz in das schöne
Ehemals zurückversetzt, und als nun das Gespräch nebenan
lebhafter wurde, drehte er sich mehr und mehr dort hinüber,

und nach seiner alten Leidenschaft stürzte er sich bald mit Feuer in das Wogen und Aneinanderbranden der Meinungen. Die Redenden achteten im Anfang nicht darauf, bis einer von ihnen, ein Fuhrknecht, plötzlich rief: »Jeses, der Fabrikant! Ja, was willst denn du da, alter Lump? Sei so gut und halt du deinen Schnabel, sonst schwätz ich deutsch mit dir.«

Betrübt wendete der Angeschnauzte sich ab, aber da gab ihm der Seiler einen Ellbogenstoß und flüsterte eifrig: »Laß dir doch von dem Jockel das Maul nicht verbieten! Sag's ihm, dem Drallewatsch!«

Diese Ermunterung entflammte sogleich das Ehrgefühl des Fabrikanten zu neuem Bewußtsein. Trotzig hieb er auf den Tisch, rückte noch mehr gegen die Sprecher hinüber, warf kühne Blicke um sich und rief mit tiefem Brustton: »Nur etwas manierlicher, du, bitt ich mir aus! Du weißt scheint's nicht, was der Brauch ist.«

Einige lachten. Der Fuhrknecht drohte noch einmal gutmütig: »Paß Achtung, Fabrikantle! Dein Maul wenn du nicht hältst, kannst was erleben.«

»Ich brauch nichts zu erleben«, sagte Hürlin, von Heller wieder durch einen Stoß angefeuert, mit Würde und Nachdruck, »ich bin so gut da und kann mitreden wie ein anderer. So, jetzt weißt du's.«

Der Knecht, der seinem Tisch eine Runde bezahlt hatte und dort den Herrn spielte, stand auf und kam herüber. Er war der Kläfferei müde. »Geh heim ins Spittel, wo du hingehörst!« schrie er Hürlin an, nahm den Erschrockenen am Kragen, schleppte ihn zur Stubentüre und half ihm mit einem Tritt hinaus. Die Leute lachten und fanden, es geschehe dem Spektakler recht. Damit war der kleine Zwischenfall abgetan, und sie fuhren mit Schwören und Schreien in ihren wichtigen Gesprächen fort.

Der Seilermeister war selig. Er veranlaßte Finkenbein, noch ein letztes Gläschen zu spenden. Und da er den Wert dieses neuen Genossen erkannt hatte, bemühte er sich nach Kräften, sich mit ihm anzufreunden, was Finkenbein sich lächelnd gefallen ließ. Dieser war vorzeiten einmal im Hürlinschen Anwesen betteln gegangen und von dem Herrn Fabrikanten streng hinausgewiesen worden. Trotzdem hatte er nichts gegen ihn und stimmte den Beschimpfungen, die Heller dem Abwesenden jetzt antat, mit keinem Worte bei. Er war besser als diese aus glücklicheren Umständen Herabgesunkenen daran gewöhnt, der Welt ihren Lauf zu lassen und an den Besonderheiten der Leute seinen Spaß zu haben.

(1904)

Aus dem Briefwechsel eines Dichters

Hans Schwab an den Verlagsbuchhändler E. W. Mundauf

B., 15. April 06

Hochgeehrter Herr Verleger!

Dieses Paket enthält ein Werk von mir, den Roman »Paul Weigel«. Ich weiß nicht, ob die Bezeichnung »Roman« eigentlich recht paßt; das Buch ist weniger erzählend als idyllisch-lyrisch. Fürs große Publikum wird es keine Speise sein, und erhebliche Geschäfte werden sich nicht damit machen lassen; aber eine kleine bescheidene Leserzahl findet sich vielleicht doch zusammen, namentlich wenn das Buch in einem guten Verlage wie dem Ihren erscheint. Das wäre mir eine große Freude und Ehre. Ich habe bisher nur ein Bändchen Gedichte herausgegeben, die ganz unbeachtet geblieben sind.

Um ganz ehrlich zu sein, muß ich gestehen, daß das Manuskript bereits einem andern Verleger zur Prüfung vorgelegen hat. Ich sandte es an die Firma L. Biersohn und bekam die Antwort, die Arbeit sei brauchbar und habe Aussicht auf gute Aufnahme, doch sei Herrn Biersohn das Risiko des Druckes immerhin zu groß, und er schlage mir daher vor, drei Viertel der Druckkosten selber zu tragen. Ich war dazu nicht in der Lage und möchte das auch Ihnen im voraus mitteilen, falls Sie mir ähnliche Vorschläge zu machen gesonnen wären.

Auf Ihre Antwort bin ich nun sehr gespannt. Die Sonntage und stillen Nachtstunden, in denen das Büchlein entstanden ist, liegen hinter mir und sind mir fremd und wesenlos geworden, während das Manuskript daliegt und mich unglücklich anschaut, wie ein illegitim Geborenes den leichtsinnigen Vater. Auf alle Fälle möchte ich Sie herzlich bitten, mir über die Arbeit Ihr Urteil recht offen mitzuteilen; ich kann Kritik vertragen und bin, wie ich hoffe, ziemlich frei von Autoreneitelkeit.

In Hochachtung Ihr sehr ergebener
Hans Schwab

Hans Schwab an die Redaktion der Zeitschrift
»Dichterlust«

B., 25. April 06

Hochgeschätzter Herr Redakteur!

Vor zwei Jahren waren Sie so freundlich, in Ihrem Blatt ein Gedicht von mir abzudrucken. Sie schrieben mir damals, daß Sie Gutes von mir erwarteten, und machten mir Hoffnung, ich könnte später etwa auch Honorar für meine Mitarbeit erhalten, während Sie jenes Gedicht als Talentprobe honorarlos abdrucken wollten.

Ich wagte es nicht, Sie schon bald wieder zu belästigen. Jetzt aber glaube ich, manche Fehler der Anfängerschaft überwunden zu haben und sicherer, namentlich aber einfacher und knapper in der Form geworden zu sein. Ich habe inzwischen eine Art von Roman geschrieben (er liegt zur Prüfung bei einem Berliner Verleger) und glaube durch die intensive Beschäftigung mit der Prosa und einer andern Kunstform etwas gelernt zu haben. Wenigstens bin ich, nachdem ich längere Zeit gar keine Verse mehr gemacht hatte, mit neuer Lust und hoffentlich bereichert zur Lyrik zurückgekommen.

Hier sind nun drei Gedichte, alle aus der letzten Zeit, die ich Ihnen anbieten möchte. Es würde mich freuen, wenn sie Ihren Beifall fänden. Doch möchte ich, falls Sie noch nicht geneigt sind, die Sachen zu honorieren, lieber um Rücksendung bitten, da ich in ziemlich mageren Umständen lebe und zur Zeit weniger auf Ehre als auf Geld bedacht sein muß. Auch ein bescheidenes Honorar wäre mir willkommen, da jede Mark für mich einen ersehnten und wertvollen Verdienst bedeutet.

In Hochschätzung ergebenst
Hans Schwab

Die Redaktion der »Dichterlust« an Hans Schwab

L., 4. Mai 06

Sehr geehrter Herr!
Anbei senden wir Ihnen die eingesandten Gedichte mit Dank zurück. Gerne hätten wir eines oder das andere davon zum Abdruck gebracht; doch sind wir nicht in der Lage, völlig unbekannten Verfassern Honorare für Lyrik zu bezahlen.

Etwaigen weitern Einsendungen bitten wir gefl. Rückporto beizufügen.

Ergebenst
Redaktion der »Dichterlust«

Die Redaktion der »Neuzeit« an Hans Schwab

München, 8. Mai 06

Werter Herr Schwab!
Danke für die freundlich eingesandte Novelle. Es hat uns interessiert zu hören, daß Sie sich neuerdings mehr der Prosadichtung widmen wollen. Doch sind wir unsererseits der Meinung, daß die Lyrik doch Ihr eigentliches Gebiet ist.

Die eingesandte Novelle hat gewiß manche Reize, ist aber doch wohl allzu lyrisch und dürfte sich für unsern Leserkreis kaum eignen. Vielleicht versuchen Sie es damit anderwärts. Wir senden das Manuskript gleichzeitig eingeschrieben an Sie retour.

Honorar für Ihr letztes hübsches Gedicht folgt Anfang nächsten Monats. Wir würden uns freuen, wenn Sie uns bald wieder etwas Lyrisches zur Prüfung einsenden.

Ergebenst
Redaktion der »Neuzeit«

Der Verleger E. W. Mundauf an Hans Schwab

Berlin, den 23. Juli 06
Sehr geehrter Herr Schwab!
Es hat etwas lange gedauert, bis wir Zeit fanden, Ihr im Frühjahr uns eingesandtes Roman-Manuskript zu prüfen. Bitte die Verzögerung freundlichst zu entschuldigen.

Die Arbeit hat uns, trotz gewisser Mängel, die ja allen Erstlingsarbeiten anhaften, recht wohl gefallen, und wir machen uns ein Vergnügen daraus, sie in unserem Verlage zu publizieren. Sie haben eine gewisse erdgeborene Kraft der Anschauung und des Ausdrucks, die mit manchen technischen und formalen Mängeln versöhnt, und es wäre nicht unmöglich, daß Ihr Buch einen guten Erfolg fände. Jedenfalls werden wir uns Mühe geben, das unsere zu tun. Über das Geschäftliche werden wir uns, denke ich, leicht einigen. Ein Verlagskontrakt geht Ihnen dieser Tage zu. Sollte Ihnen mit einem kleinen Vorschuß gedient sein, so bitte, sagen Sie es nur offen.

So viel für heute. Die Drucklegung möchten wir gerne

sogleich beginnen und bitten Sie daher, etwaige Vorschläge betreffs der Ausstattung uns sofort mitzuteilen.

Mit besten Grüßen ergebenst Ihr
Verlag E.W. Mundauf

Hans Schwab an den Verleger E.W. Mundauf

B., den 30. Juli 06

Hochgeehrter Herr!

Danke herzlichst für Ihren freundlichen Brief und für den Verlagskontrakt, mit dem ich natürlich durchaus einverstanden bin, und den ich hier unterschrieben beilege.

Es ist mir eine Ehre und Freude, nun zu den Autoren Ihres Verlags zu zählen. Hoffentlich erleben Sie keine allzu große Enttäuschung mit mir! Denn offen gestanden, ich kann an die Möglichkeit eines Erfolges bei der ganzen Art meines Buches nicht glauben. Auch plagen mich schon jetzt, da das Manuskript einige Monate aus meinen Händen ist, die vielen Fehler und Ungeschicklichkeiten, die darin stehen. Und doch könnte ich es, wenigstens jetzt, nicht besser machen. Einige kleinere Korrekturen kann ich wohl während des Drucks noch ausführen, der Hauptfehler des Buches aber ist leider unkorrigierbar. Nun, ein Schelm gibt mehr als er hat, wennschon das eine schlechte Ausrede ist.

Ihr Anerbieten, mir einen Vorschuß zu gewähren, nehme ich dankbar an. Die Höhe desselben sei Ihnen überlassen. Ich bin einigermaßen in Not und könnte etwa 50 bis 100 Mark wohl brauchen, falls das nicht zu unbescheiden ist.

Mit schönsten Grüßen und nochmaligem Dank
Ihr sehr ergebener
Hans Schwab

Der Verleger E.W. Mundauf an Hans Schwab

Berlin, den 1. September 06

Mein lieber Herr Schwab!

Danke für die rasche Erledigung der Korrekturen! Das Buch wird nun bald fertig gedruckt sein. Haben Sie irgendwelche besonderen Wünsche wegen der Versendung der Rezensionsexemplare? Falls Sie Bekannte bei der Presse haben, bitte uns die Adressen zu nennen.

Dann noch eine Frage. Sie schreiben sich einfach Hans Schwab. Haben Sie nicht Lust, das Hans, wie es jetzt bei Autoren Sitte ist, mit zwei »n«, also Hanns zu schreiben. Und haben Sie nicht ein gutes Porträt von sich, das wir in den Reklameprospekten reproduzieren könnten?

Ich verspreche mir, trotz Ihres Mißtrauens, einen schönen Erfolg von dem »Paul Weigel«. Die Presse beginnt schon, sich dafür zu interessieren, und ich glaube, wir werden mit der Kritik zufrieden sein können. Wahrscheinlich drucke ich gleich eine zweite Auflage. Machen Sie sich also wegen des kleinen Vorschusses keine Sorgen und sagen Sie es unbedenklich, wenn Sie einen weiteren brauchen sollten!

Mit besten Grüßen Ihr
E.W. Mundauf

Der Verleger E.W. Mundauf an Hans Schwab

Berlin, den 20. September 06

Lieber Herr Schwab!

Danke schön für Ihren Brief vom 4. h., der uns gefreut und belustigt hat. Natürlich haben wir nicht das Geringste dagegen, daß Sie Ihren Namen in der alten Weise schreiben, und vielleicht haben Sie recht, wenn Sie jene Sitte etwas hart als eine »dumme Interessantmacherei« bezeichnen. Daß Sie Ihr Porträt nicht hergeben wollen, tut mir leid. Vielleicht lernen Sie darüber mit der Zeit anders denken.

Von Ihrem »Paul Weigel« ist nun also die zweite Auflage im Druck. Ich schicke Ihnen heute als Drucksache vier Kritiken großer Blätter über die erste Auflage. Sie wird überall mit wahrer Begeisterung aufgenommen! Gewiß wird es nicht bei diesen zwei Auflagen bleiben. Wenn auch Sie selbst in übertriebener Selbstkritik sehr bescheiden von dem Werke denken, wir Fachleute sind andrer Ansicht und halten es für eine bedeutende, ja meisterhafte Leistung.

Mit herzlichen Grüßen
E.W. Mundauf

Die Redaktion der »Dichterlust« an Hans Schwab

L., 28. November o6

Hochgeschätzter Herr Schwab!
Sie werden sich kaum mehr daran erinnern, daß vor bald drei Jahren ein sehr schönes Gedicht von Ihnen in unserer Zeitschrift stand. Wir forderten Sie damals auf, uns doch bald wieder Einsendungen zu machen, und heute möchten wir, da Sie uns vergessen zu haben scheinen, diese Aufforderung dringend wiederholen. Gewiß haben Sie manches schöne Gedicht, das Sie uns senden könnten.

Wir freuen uns und sind stolz darauf, schon vor Jahren, als Sie noch unbekannt und noch nicht der berühmte Verfasser des »Paul Weigel« waren, unsern Lesern einen Beitrag aus Ihrer geschätzten Feder gebracht zu haben. Hoffentlich gestalten sich unsere Beziehungen nun zu recht guten und dauernden.

Soweit wir uns erinnern, blieb jenes Gedicht von Ihnen seinerzeit unhonoriert. Es sind eben wenige Blätter in der Lage, lyrische Beiträge von unbekannten Urhebern zu honorieren, so bedauerlich das auch sein mag. Es ist wohl unnötig zu bemerken, daß selbstverständlich jede Einsendung von Ihnen nicht nur mit Vergnügen angenommen und baldmöglichst gedruckt, sondern auch anständig honoriert werden wird.

In aufrichtiger Hochschätzung
Ihre sehr ergebene
Redaktion der »Dichterlust«

Schriftsteller Fedor Pappenau an Hans Schwab

Würstlingen, den 15. Dezember 06

Geehrter Herr!
Dieser Tage erhielt ich von Ihrem Verleger den Roman »Paul Weigel« zur Rezension überschickt. Ich habe das Buch gelesen und muß sagen, ich war über die Ruhe und Kühnheit erstaunt, mit der Sie Gedanken und Stimmungen, ja sogar einzelne Figuren meines vor zwei Jahren im »Courier« erschienenen Romans »Sintflut« benützt haben.

Immerhin, Gedanken sind zollfrei, und es liegt mir ferne, kleinlich mit Ihnen rechten zu wollen, falls Sie sich geneigt zeigen, auch Ihrerseits mir entgegenzukommen. Die »Sintflut« erscheint soeben in Buchform bei dem Verleger Biersohn, der sie Ihnen zusenden wird. Ich denke, es wird Ihnen ein Leichtes sein, das Buch in einer größern Zeitung oder Zeitschrift empfehlend und ausfühlich zu besprechen. Sobald dies geschehen sein wird, soll auch meinerseits im hiesigen »Beobachter« Ihr Roman eine eingehende Würdigung erfahren.

Ergebenst
Fedor Pappenau, Schriftsteller

Die Redaktion der »Neuzeit« an Hans Schwab

München, 18. Januar 07

Hochgeschätzter Herr Schwab!

Es ist schon manche Monate her, seit Sie uns zuletzt durch Einsendung von Gedichten erfreut haben. Dürfen wir hoffen, bald wieder solche von Ihnen zu erhalten? Sie werden uns wie immer willkommen sein.

Und dann haben wir diesmal einen neuen Vorschlag. Schon früher haben wir manchmal beim Lesen Ihrer Gedichte gedacht, Ihr bedeutendes Talent werde sich vermutlich auch auf dem Gebiet des Romans und der Novelle betätigen. Wie recht wir damit hatten, das beweist uns Ihr prächtiger Roman »Paul Weigel«, von dessen Lektüre wir eben kommen. Gewiß haben Sie auch andere, noch unveröffentlichte Erzählungen geschrieben, die Sie uns anbieten könnten. Bezüglich des Honorars sehen wir Ihren Vorschlägen entgegen.

In alter Verehrung ergebenst Ihre
Redaktion der »Neuzeit«

Die Redaktion des »Komet« an Hans Schwab

H., den 16. Februar 07

Sehr geehrter Herr!

Wir haben mit ungeteiltem Vergnügen Ihren Roman »Paul Weigel« gelesen und möchten Ihnen nun den Vorschlag machen, uns Ihre nächste Arbeit zum Vorabdruck zu überlassen. Für einen neuen Roman von ähnlichem Umfang würden wir Ihnen ein Honorar von 3000 Mark anbieten.

In der Hoffnung, keine Fehlbitte getan zu haben, und mit dem Ausdruck aufrichtiger Hochachtung

Ihre ergebene
Redaktion des »Komet«

Die Redaktion des »Familienonkel« an Hans Schwab

S., den 11. März 07

Verehrter Herr!

Wir haben mit ungeteiltem Vergnügen Ihren Roman »Paul Weigel« gelesen und möchten Ihnen nun den Vorschlag machen, uns Ihre nächste Arbeit zum Vorabdruck zu überlassen. Für einen Roman von etwa demselben Charakter und Umfang würden wir Ihnen ein Honorar von 4000 Mk. anbieten.

In der angenehmen Hoffnung, keine Fehlbitte getan zu haben, begrüßen wir Sie, verehrter Herr, als Ihre sehr ergebene

Redaktion des »Familienonkel«

Der Verleger E. W. Mundauf an Hans Schwab

Berchtesgaden, den 2. Juni 07

Lieber und verehrter Herr Schwab!

Aus der majestätischen Pracht des Hochgebirges sollen diese Zeilen Ihnen meine Grüße übermitteln. Ich muß Ihnen nämlich das Geständnis machen, daß ich Ihren herrlichen »Paul Weigel« erst hier gelesen habe. War ich auch nach dem Urteil meiner Herren Lektoren und nach dem überraschenden Erfolg des Buches – wir drucken eben die achtzehnte Auflage – von dem hohen Werte Ihrer Arbeit durchaus überzeugt, so hat die Lektüre mich doch ergriffen und zu Ihrem Bewunderer gemacht. Ich werde mich nun mit verdoppeltem Eifer für das Buch verwenden. Namentlich die prächtige Figur des alten Bauern hat mir imponiert!

Sie schrieben kürzlich, daß Sie an der Fertigstellung eines neuen Buches arbeiten. Darf ich Näheres erfahren? Wann? Welcher Umfang? Welches Genre? Wir würden die Novität wohl vorbereiten und im voraus Stimmung für das neue Werk machen können.

Beste Grüße von Ihrem aufrichtig ergebenen
E. W. Mundauf

Hans Schwab an den Verleger E. W. Mundauf

B., den 10. Juni 07

Werter Herr Mundauf!

Danke schön für Ihre freundlichen Zeilen über den »Paul Weigel«. Es kommt zwar kein alter Bauer darin vor, doch ist ja daran wenig gelegen. Ich muß mich heute kurz fassen, meine Zeit wird immer knapper, namentlich nimmt mich die viele Korrespondenz sehr in Anspruch. Zwar sind die meisten Briefe verlogen und bezwecken nichts als ein Geschäft, doch mache ich gute Miene dazu und habe gelegentlich meinen Spaß an der merkwürdigen Beliebtheit, die ich gewonnen habe, und die mit den Auflagen des Weigel Schritt hält. Dabei ist der Erfolg des Buches mir immer noch ein Rätsel; der Roman ist weder gut noch auch schlecht genug für so viele Auflagen, und seine Beliebtheit kommt mir immer mehr wie ein Mißverständnis vor.

Genug davon. Mein neues Buch kriegt allmählich Form und Ordnung. Fertig ist es längst, doch macht die Anordnung und Durchsicht mir noch viel Arbeit. Es ist nämlich ein Band Gedichte. Ich glaube damit mein Bestes zu geben, jedenfalls weit mehr als mit dem Weigel, und hoffe, das Buch werde auch Sie nicht enttäuschen. Könnte man es etwa diesen Winter herausgeben? Den Umfang kann ich noch nicht recht schätzen, es werden wohl zehn Bogen werden.

Mit Grüßen ergebenst Ihr
Hans Schwab

Der Verleger E.W. Mundauf an Hans Schwab

Berchtesgaden, den 3. Juli 07

Lieber Herr Schwab!
Es tut mir leid zu hören, daß Sie gerade jetzt einen Band Gedichte herausgeben wollen. Natürlich mache ich mir ein Vergnügen und eine Ehre daraus, das Buch zu verlegen, falls Sie darauf bestehen wollen. Vorher aber möchte ich Sie bitten, sich das nochmals gut zu überlegen! Es wird Ihr Schade nicht sein, wenn Sie in dieser Sache fachmännischen Rat annehmen.

Der schöne Erfolg Ihres Romans ist, um ein Bild zu gebrauchen, ein Fundament, eine erste Stufe, auf der wir weiter bauen müssen. Nun wäre es sehr falsch, wenn wir das Publikum, dessen Vertrauen Sie sich eben erst erworben haben, durch eine so unerwartete und wenig hoffnungsvolle Publikation scheu machen würden. Bringen Sie bald wieder einen neuen Roman, am liebsten ganz wieder im Genre des ersten, ich garantiere Ihnen einen noch größeren Erfolg als den bisherigen. Und später, sagen wir in fünf, sechs Jahren, wenn Sie Ihrer Gemeinde sicher sind und fest im Sattel sitzen, können Sie ja Gedichte oder was immer bringen, ohne damit etwas zu riskieren. Nur jetzt nicht! Überlegen Sie sich das, bitte, recht gut, und geben Sie mir ohne Eile Antwort.

In alter Hochachtung bestens grüßend Ihr E.W. Mundauf

(1909)

Schwäbische Parodie

Im schönen Schwabenlande gibt es eine Menge von schönen und merkwürdigen Städten und Dörfern voll denkwürdiger Erinnerungen, und viele davon haben denn auch ausgezeichnete, ja klassische Schilderungen gefunden. Ich erinnere nur an Megerles dreibändige Geschichte von Bopfingen und an Mörikes tiefschürfende Forschungen über die Familie Wispel. Als erste Anregung und Grundlage für eine spätere heimatkundliche Darstellung von berufener Hand möchten nachstehende historische Notizen über Knörzelfingen, die Perle des Knörzeltales, angesehen werden. Denn wahrlich, es dürfte an der Zeit sein, endlich einmal eine Lanze für Knörzelfingen zu brechen und diese Perle eines unserer schönsten Heimattäler aus ihrem jahrhundertlangen Dornröschenschlaf zu wecken.

Jedem schwäbischen Schulknaben aus der Heimatkunde wohlbekannt, entspringt in diesem großenteils mit Laubwald bestandenen, von Kalkschichten romantisch durchzogenen Tale ein munterer kleiner Fluß oder Bach, die Knörzel. Es ist eine bekannte Anekdote aus Württembergs glorreicher Geistesgeschichte, wie Ludwig Uhland am Ende seiner Schuljahre bei der Reifeprüfung vor seinem verehrten Professor Hosiander stand und von diesem nach dem einundzwanzigsten linken Nebenfluß des Neckars befragt wurde und zum tiefen Bedauern des verdienstvollen Lehrers die Antwort schuldig blieb. Heute mag es uns bedeutsam erscheinen, daß gerade unser großer Uhland, der so manche Flur- und Dorfnamen Schwabens in seinen Dichtungen für die Ewigkeit aufbewahrt hat, diese merkwürdige Lücke in seinem sonst so reichen Wissen aufwies. So wie der große Dichter die Knörzel vergessen hatte, so wurde sie seit langem von der Literatur sowohl wie vom öffentlichen Interesse vernachlässigt. Und doch rauschte einst auch hier der große Strom der Geschichte, und heute noch weiß der Volksmund zahlreiche Merkwürdigkeiten und Sagen über diese Gegend zu berichten, deren Sammlung tunlichst in Angriff genommen werden sollte, noch ehe die alles nivellierende Flut der gewaltigen Neuzeit auch diese Zeugen der Vorzeit vernichtend überspült hat.

Ursprünglich, das heißt bis zum verhängnisvollen Jahr 1231, gehörte das Tal zu den gewaltigen Besitzungen der Grafen von Calw, während die Burg Knörzelfingen nicht von diesen, sondern schon in grauer Vorzeit von Knorz dem Ersten errichtet worden sein soll. Ihre wohlgelungene Abbildung finden wir noch in den Kupferstichen Merians, heute indessen ist sie vom Erdboden verschwunden, und es kündet nur noch der sogenannte Brennesselberg, eine von Unkraut überwucherte, für den Botaniker beachtenswerte Schutthalde, von dem ehrwürdigen Bauwerk. Die Frage, ob Knorz der Erste, der Erbauer der Burg, identisch sei mit Knorz dem Wunderlichen, der Lieblingsfigur so mancher Volkserzählungen, ist von der Wissenschaft nicht nur nicht gelöst, sondern sogar mit einer gewissen Ängstlichkeit umgangen worden. Ritter Knorz, der Held so vieler gemütvoller Volkssagen, ist indessen von der neueren Forschung als eine lediglich mythische Persönlichkeit erkannt worden, und so lassen wir die zahlreichen Spuren, welche diese ehrwürdige Figur in Sitte und Sage, in Sprache und Brauch der Knörzelfinger hinterlassen hat, besser auf sich beruhen. Erwähnt sei nur, daß die wunderlichen Ausdrücke »knorzen« und »Knorzer« nach den genialen Forschungen Fischers und Bohnenbergers zweifellos jenem Sagenkreise entstammen; sie haben sich inzwischen das gesamte schwäbische Sprachgebiet erobert. Unter den heimatkundlichen Volkserzählungen, welche unser geschätzter Erzähler Martin Kurtz zwar nachweislich geplant, aber beklagenswerterweise nicht geschrieben hat, soll auch ein Roman über Knorz den Wunderlichen gewesen sein.

Ebenfalls noch dem Gebiete sagenhafter Volksüberlieferung entstammt die Erzählung vom Bade Herzog Eugens des Langhaarigen in der Knörzel, wie denn überhaupt die Knörzel vor Zeiten als Heilbad sich eines hohen Ansehens erfreute, worauf wir noch zurückkommen werden. Bekanntlich soll bei diesem Bade Herzog Eugen die hübsche Bauerntochter Barbara Klemm, die sogenannte »Klemmin«, auf seinem Rücken durch die schäumenden Wellen der Knörzel getragen haben, und wir möchten es immerhin als voreilig bezeichnen, wenn Hammelehle in seiner sonst verdienstvollen Dissertation »Herzog Eugen der Langhaarige in seinen Beziehungen zum Humanismus« in diesem Bericht lediglich eine humanistisch-klassizistische Nachdichtung des Abenteuers zwischen Zeus und der Europa glaubt erkennen zu dürfen. Ist doch wahrlich diese Barbara Klemmin als Geliebte des prachtliebenden und verblendeten Fürsten historisch genugsam bezeugt, zum Beispiel in dem anonymen Spottgedicht »Des Herzogs Beklemmung« von 1523. Damals war es ja Achilles Zwilling, der Archidiakon von Stuttgart und Eugens tapferer Hofprediger, der des Herzogs zornigen Befehl, die Klemmin alsbald in öffentlicher Predigt zu rehabilitieren, mit den echt schwäbischen Mannesworten zurückwies: »Ob sie Sie geklemmt hat, Durchlaucht, oder von Ihnen geklemmt worden ist, dies zu untersuchen wird jeder schwäbische Theologe als seiner unwürdig zurückweisen.«

Im achtzehnten Jahrhundert war es ein Knörzelfinger, der Taglöhnerssohn Adam Wulle, der als beliebter Laienprediger und Wortführer einer von ihm begründeten pietistischen Sekte eines großen Rufes im Lande genoß und namentlich allgemeines Staunen erregte durch seine improvisierte anderthalbstündige Predigt voll Zündkraft über das Bibelwort: »Und Joram zeugete den Usia.« Es ist ebenderselbe Adam Wulle, von welchem die drollige Geschichte überliefert worden ist, daß einst ein Kamerad ihn über das Zeichen belehrt habe, an welchem unfehlbar erkannt werden könne, ob eine Frau eine Hexe sei oder nicht. Eine Hexe, so wurde ihm gesagt, sei sofort an den schneeweißen Knien zu erkennen. Einem Verdachte folgend, betrachtete am Abend Wulle die Knie seiner Ehefrau und sprach sie des Verdachtes ledig mit den Worten: »E Hex bisch net, aber e dreckats Säule.«

Überhaupt scheinen die Bürger von Knörzelfingen, nach gut schwäbischem Brauch, sich einer glücklichen Gabe im Prägen kurzer und eindrucksvoller Kernworte erfreut zu haben. Der Schultheiß von Knörzelfingen war es, der die treuherzige Meinung des Volkes über den Pfarrer und Dichter Eduard Mörike zu klassischem Ausdruck gebracht hat. Mörike war einige Zeit in einem Dorfe jener Gegend Pfarrvikar, und als der Schultheiß einst gefragt wurde, ob er denn auch wisse, daß sein Nachbar, der Vikar Mörike, so schöne Gedichte mache, da nickte der brave Mann und sagte: »Der Kerle könnt' au ebbes G'scheiters tun.«

Eine eigene, ausführliche Darstellung verdiente die Geschichte Knörzelfingens als Heilbad. In alten Zeiten soll ein Graf von Württemberg sich auf der Jagd in das Knörzeltal verirrt haben, und, obwohl er und seine Mannen ringsum Hasen, Hirsche, Fasanen und anderes Wild in Menge erlegten, wurden sie doch dieser erlegten Beute nur selten habhaft und entdeckten, als sie der Sache nachgingen, daß die verwundeten Tiere sich zur murmelnden Knörzel schleppten, aus ihr tranken oder sich in ihr wuschen und alsbald gesund wieder in die prächtigen Wälder liefen, die noch heute der Schmuck der Gegend sind. So entstand der Ruf des Knörzelwassers und seiner Heilkraft, und das Tal wurde jahrhundertelang, ähnlich wie so manches andere begnadete Tal unserer Heimat, von Kranken aller Art besucht, namentlich aber von Leuten, welche an Gicht und Rheumatismen litten. Sei es nun, daß der Charakter des Wassers sich im Laufe der Zeiten verändert hat oder daß es auf Menschen nicht dieselbe Wirkung übte wie auf die Tiere des Waldes – kurz, es wurden in diesem Bad ebensowenig wie in andern Bädern Heilungen erzielt, sehr zum Vorteil der Badewirte, denn die Kranken wurden nicht gesund und blieben weg, sondern sie blieben krank und heilungsbegierig und kamen Jahr für Jahr zur Badekur wieder, wie es ja auch in andern Bädern die Sitte ist. Wirte und Kranke waren mit diesem Zustande zufrieden; die Wirte verdienten, und die Kranken konnten Jahr für Jahr wiederkommen, einander ihre Schmerzen klagen und einige Sommerwochen teils in Liegestühlen, teils an den mit den Rebhühnern und Forellen der Gegend wohlbesetzten Wirtstafeln sitzen.

Daß dies angenehme Badeleben ein Ende fand, daran war der Schwabenstreich eines Knörzelfingers schuld, der als Arzt in seinem Städtchen lebte. Er war ein Zeitgenosse und Gesinnungsgenosse des Justinus Kerner, des Dr. Passavant und anderer romantischer Schwarmgeister, und er hätte als Badearzt sein gutes Auskommen haben können, wenn er nicht ein Heißsporn, Idealist und rüder Wahrheitsfanatiker gewesen wäre. Dieser merkwürdige Arzt (sein Name darf bis zum heutigen Tage in Knörzelfingen nicht ausgesprochen werden) hat innerhalb weniger Jahre das beliebte Heilbad vollkommen stillgelegt und ruiniert. Er lachte die Kranken aus, die ihn befragten, wieviel und wie lange Bäder sie nehmen sollten und ob die Bade- oder die Trinkkur wirksamer sei. Er setzte den Badegästen, gestützt auf unleugbare große Kenntnisse und eine zündende Beredsamkeit, auseinander, daß alle diese Gicht- und Gliederschmerzen keineswegs von leiblicher, sondern von seelischer Herkunft seien, und daß weder das Schlucken von Arzneien noch das Baden in irgendwelchen Wässern da irgend nützen könne, denn diese lästigen Krankheiten entstünden nicht aus dem Stoffwechsel und vermittels der Harnsäure, wie eine materialistische Wissenschaft vorgebe, sondern seien eine Folge von Charakterfehlern und daher nur mit seelischen Mitteln heilbar, insofern nämlich überhaupt von »heilbaren« Krankheiten gesprochen werden könne. Und die werten Herrschaften möchten daher sich von den Bädern nichts versprechen, sondern ihre Charakterschwächen bereuen oder sich mit ihnen abfinden. Es gelang diesem Arzt, in wenigen Jahren den Ruf des uralten Heilbades zu vernichten. Eine spätere Generation hat sich zwar energisch um die Wiedereröffnung dieser Geldquelle bemüht. Aber inzwischen hatte die allgemeine Bildung große Fortschritte gemacht, und kein Arzt schickte mehr einen Kranken in ein Bad, bloß um dessen guten Rufes willen, sondern es wurden genaue chemische Analysen des Wassers verlangt. Diese Analysen ergaben beim Knörzelwasser zwar dessen lobenswerte Beschaffenheit als Trinkwasser, weitere Lockmittel für die Ärzte und Patienten aber fanden sich in dem Wasser nicht. Darum reisen die Gichtkranken Jahr um Jahr in andere Bäder, unterhalten sich dort über ihre Leiden und legen Wert auf gute Verpflegung und Kurmusik, nach Knörzelfingen aber geht keiner mehr.

Vieles wäre noch zu berichten, aber angesichts des ungeheuren Stoffes begnüge ich mich mit dem Bewußtsein, den Gegenstand zwar keineswegs erschöpft, aber doch die Anregung zu dessen weiterer Behandlung gegeben zu haben. Meine kleine Schrift über Knörzelfingen gedenke ich der hochverehrten, angeblich von Knorz dem Ersten gestifteten Universität zum Zweck der Erlangung der Rektorswürde vorzulegen, doch bleibt die Wahl der Fakultät noch weiterer Überlegung vorbehalten.

(*1928*)

Casanovas Bekehrung

I

In Stuttgart, wohin der Weltruf des luxuriösen Hofhaltes Karl Eugens ihn gezogen hatte, war es dem Glücksritter Jakob Casanova nicht gut ergangen. Zwar hatte er, wie in jeder Stadt der Welt, sogleich eine ganze Reihe von alten Bekannten wieder getroffen, darunter die Venetianerin Gardella, die damalige Favoritin des Herzogs, und ein paar Tage waren ihm in der Gesellschaft befreundeter Tänzer, Tänzerinnen, Musiker und Theaterdamen heiter und leicht vergangen. Beim österreichischen Gesandten, bei Hofe, sogar beim Herzog selber schien ihm gute Aufnahme gesichert. Aber kaum warm geworden, ging der Leichtfuß eines Abends mit einigen Offizieren zu Weibern, es wurde gespielt und Ungarwein getrunken, und das Ende des Vergnügens war, daß Casanova viertausend Louisdor in Marken verspielt hatte, seine kostbaren Uhren und Ringe vermißte und in jämmerlicher Verfassung sich zu Wagen nach Hause bringen lassen mußte. Daran hatte sich ein unglücklicher Prozeß geknüpft, es war so weit gekommen, daß der Waghals sich in Gefahr sah, unter Verlust seiner gesamten Habe als Zwangssoldat in des Herzogs Regimenter gesteckt zu werden. Da hatte er es an der Zeit gefunden, sich dünn zu machen. Er, den seine Flucht aus den venetianischen Bleikammern zu einer Berühmtheit gemacht hatte, war auch seiner Stuttgarter Haft schlau entronnen, hatte sogar seine Koffer gerettet und sich über Tübingen nach Fürstenberg in Sicherheit gebracht.

Dort rastete er nun im Gasthause. Seine Gemütsruhe hatte er schon unterwegs wieder gefunden; immerhin hatte ihn aber dies Mißgeschick stark ernüchtert. Er sah sich an Geld und Reputation geschädigt, in seinem blinden Vertrauen zur Glücksgöttin enttäuscht und ohne Reiseplan und Vorbereitungen über Nacht auf die Straße gesetzt.

Dennoch machte der bewegliche Mann durchaus nicht den Eindruck eines vom Schicksal Geschlagenen. Im Gasthof ward er seinem Anzug und Auftreten entsprechend als ein Reisender erster Klasse bewirtet. Er trug eine mit Steinen geschmückte goldene Uhr, schnupfte bald aus einer goldenen Dose, bald aus einer silbernen, stak in überaus feiner Wäsche, zartseidenen Strümpfen, holländischen Spitzen, und der Wert seiner Kleider, Steine, Spitzen und Schmucksachen war erst kürzlich von einem Sachverständigen in Stuttgart auf hunderttausend Franken geschätzt worden. Deutsch sprach er nicht, dafür ein tadelfreies Pariser Französisch, und sein Benehmen war das eines reichen, verwöhnten, doch wohlwollenden Vergnügungsreisenden. Er machte Ansprüche, sparte aber auch weder an der Zeche noch an Trinkgeldern.

Nach seiner überhetzten Reise war er abends angekommen. Während er sich wusch und puderte, wurde ihm auf seine Bestellung ein vorzügliches Abendessen bereitet, das ihm nebst einer Flasche Rheinwein den Rest des Tages angenehm und rasch verbringen half. Darauf ging er zeitig zur Ruhe und schlief ausgezeichnet bis zum Morgen. Erst jetzt ging er daran, Ordnung in seine Angelegenheiten zu bringen.

Nach dem Frühstück, das er während des Ankleidens zu sich nahm, klingelte er, um Tinte, Schreibzeug und Papier zu bestellen. In Bälde erschien ein hübsches Mädchen mit guten Manieren und stellte die verlangten Sachen auf den Tisch. Casanova bedankte sich artig, zuerst in italienischer Sprache, dann auf französisch, und es zeigte sich, daß die hübsche Blonde diese zweite Sprache verstand.

»Sie können kein Zimmermädchen sein«, sagte er ernst, doch freundlich. »Gewiß sind Sie die Tochter des Hoteliers.«

»Sie haben es erraten, mein Herr.«

»Nicht wahr? Ich beneide Ihren Vater, schönes Fräulein. Er ist ein glücklicher Mann.«

»Warum denn, meinen Sie?«

»Ohne Zweifel. Er kann jeden Morgen und Abend der schönsten, liebenswürdigsten Tochter einen Kuß geben.«

»Ach, geehrter Herr! Das tut er ja gar nicht.«

»Dann tut er Unrecht und ist zu bedauern. Ich an seiner Stelle wüßte ein solches Glück zu schätzen.«

»Sie wollen mich in Verlegenheit bringen.«

»Aber Kind! Seh' ich aus wie ein Don Juan? Ich könnte Ihr Vater sein, den Jahren nach.«

Dabei ergriff er ihre Hand und fuhr fort: »Auf eine solche Stirne den Kuß eines Vaters zu drücken, muß ein Glück voll Rührung sein.«

Er küßte sie sanft auf die Stirn.

»Gestatten Sie das einem Manne, der selbst Vater ist. Übrigens muß ich Ihre Hand bewundern.«

»Meine Hand?«

»Ich habe Hände von Prinzessinnen geküßt, die sich neben den Ihren nicht sehen lassen dürften. Bei meiner Ehre!«

Damit küßte er ihre Rechte. Er küßte sie zuerst leise und achtungsvoll auf den Handrücken, dann drehte er sie um und küßte die Stelle des Pulses, darauf küßte er jeden Finger einzeln.

Das rot gewordene Mädchen lachte auf, zog sich mit einem halb spöttischen Knicks zurück und verließ das Zimmer

Casanova lächelte und setzte sich an den Tisch. Er nahm einen Briefbogen und setzte mit leichter, eleganter Hand das Datum darauf: »Fürstenberg, 6. April 1760.« Dann begann er nachzudenken. Er schob das Blatt beiseite, zog ein kleines silbernes Toilettenmesserchen aus der Tasche des samtnen Gilets und feilte eine Weile an seinen Fingernägeln.

Alsdann schrieb er rasch und mit wenigen Pausen einen seiner flotten Briefe. Er galt jenen Stuttgarter Offizieren, die ihn so schwer in Not gebracht hatten. Darin beschuldigte er sie, sie hätten ihm im Tokayer einen betäubenden Trank beigebracht, um ihn dann im Spiel zu betrügen und von den Dirnen seiner Wertsachen berauben zu lassen. Und er schloß mit einer schneidigen Herausforderung. Sie möchten sich binnen drei Tagen in Fürstenberg einfinden, er erwarte sie in der angenehmen Hoffnung, sie alle drei im Duell zu erschießen und dadurch seinen Ruhm in Europa zu verdoppeln.

Diesen Brief kopierte er in drei Exemplaren und adressierte sie einzeln nach Stuttgart. Während er dabei war, klopfte es an der Tür. Es war die hübsche Wirtstochter. Sie bat sehr um Entschuldigung, wenn sie störe, aber sie habe vorher das Sandfaß mitzubringen vergessen. Ja, und da sei es nun, und er möge entschuldigen.

»Wie gut sich das trifft!« rief der Kavalier, der sich vom Sessel erhoben hatte. »Auch ich habe vorher etwas vergessen, was ich nun gutmachen möchte.«

»Wirklich? Und das wäre?«

»Es ist eine Beleidigung Ihrer Schönheit, daß ich es unterließ, Sie auch noch auf den Mund zu küssen. Ich bin glücklich, es nun nachholen zu können.«

Ehe sie zurückweichen konnte, hatte er sie um das Mieder gefaßt und zog sie an sich. Sie kreischte und leistete Widerstand, aber sie tat es mit so wenig Geräusch, daß der erfahrene Liebhaber seinen Sieg sicher sah. Mit einem feinen Lächeln küßte er ihren Mund, und sie küßte ihn wieder. Er setzte sich in den Sessel zurück, nahm sie auf den

Schoß und sagte ihr die tausend zärtlich neckischen Worte, die er in drei Sprachen jederzeit zur Verfügung hatte. Noch ein paar Küsse, ein Liebesscherz und ein leises Gelächter, dann fand die Blonde es an der Zeit, sich zurückzuziehen.

»Verraten Sie mich nicht, Lieber. Auf Wiedersehn!«

Sie ging hinaus. Casanova pfiff eine venetianische Melodie vor sich hin, rückte den Tisch zurecht und arbeitete weiter. Er versiegelte die drei Briefe und brachte sie dem Wirt, daß sie per Eilpost wegkämen. Zugleich tat er einen Blick in die Küche, wo zahlreiche Töpfe überm Feuer hingen. Der Gastwirt begleitete ihn.

»Was gibt's heute Gutes?«

»Junge Forellen, gnädiger Herr.«

»Gebacken?«

»Gewiß, gebacken.«

»Was für Öl nehmen Sie dazu?«

»Kein Öl, Herr Baron. Wir backen mit Butter.«

»Ei so. Wo ist denn die Butter?«

Sie wurde ihm gezeigt, er roch daran und billigte sie.

»Sorgen Sie täglich für ganz frische Butter, solange ich da bin. Auf meine Rechnung natürlich.«

»Verlassen Sie sich darauf.«

»Sie haben eine Perle von Tochter, Herr Wirt. Gesund, hübsch und sittsam. Ich bin selbst Vater, das schärft den Blick.«

»Es sind zwei, Herr Baron.«

»Wie, zwei Töchter? Und beide erwachsen?«

»Gewiß. Die Sie bedient hat, war die ältere. Sie werden die andere bei Tisch sehen.«

»Ich zweifle nicht, daß sie Ihrer Erziehung nicht weniger Ehre machen wird als die Ältere. Ich schätze an jungen Mädchen nichts höher als Bescheidenheit und Unschuld.

Nur wer selbst Familie hat, kann wissen, wie viel das sagen will und wie sorgsam die Jugend behütet werden muß.«

Die Zeit vor der Mittagstafel widmete der Reisende seiner Toilette. Er rasierte sich selbst, da sein Diener ihn auf der Flucht aus Stuttgart nicht hatte begleiten können. Er legte Puder auf, wechselte den Rock und vertauschte die Pantoffeln mit leichten, feinen Schuhen, deren goldene Schnallen die Form einer Lilie hatten und aus Paris stammten. Da es noch nicht ganz Essenszeit war, holte er aus einer Mappe ein Heft beschriebenes Papier, an dem er mit dem Bleistift in der Hand sogleich zu studieren begann.

Es waren Zahlentabellen und Wahrscheinlichkeitsrechnungen. Casanova hatte in Paris den arg zerrütteten Finanzen des Königs durch Inszenierung von Lottobüros aufgeholfen und dabei ein Vermögen verdient. Sein System zu vervollkommnen und in geldbedürftigen Residenzen, etwa in Berlin oder Petersburg einzuführen, war einer von seinen hundert Zukunftsplänen. Rasch und sicher überflog sein Blick die Zahlenreihen, vom deutenden Finger unterstützt, und vor seinem inneren Auge balancierten Summen von Millionen und Millionen.

Bei Tische leiteten die beiden Töchter die Bedienung. Man aß vorzüglich, auch der Wein war gut, und unter den Mitgästen fand Casanova wenigstens einen, mit dem ein Gespräch sich lohnte. Es war ein mäßig gekleideter, noch junger Schöngeist und Halbgelehrter, der ziemlich gut italienisch sprach. Er behauptete, auf einer Studienreise durch Europa begriffen zu sein und zur Zeit an einer Widerlegung des letzten Buches von Voltaire zu arbeiten.

»Sie werden mir Ihre Schrift senden, wenn sie gedruckt ist, nicht wahr? Ich werde die Ehre haben, mich mit einem Werk meiner Mußestunden zu revanchieren.«

»Es ist mir eine Ehre. Darf ich den Titel erfahren?«

»Bitte. Es handelt sich um eine italienische Übersetzung der Odyssee, an der ich schon längere Zeit arbeite.«

Und er plauderte fließend und leichthin viel Geistreiches über Eigentümlichkeit, Metrik und Poetik seiner Muttersprache, über Reim und Rhythmus, über Homer und Ariosto, den göttlichen Ariosto, von dem er etwa zehn Verse deklamierte.

Doch fand er daneben auch noch Gelegenheit, den beiden hübschen Schwestern etwas Freundliches zu sagen. Und als man sich vom Tisch erhob, näherte er sich der Jüngeren, sagte ein paar respektvolle Artigkeiten und fragte sie, ob sie wohl die Kunst des Frisierens verstehe. Als sie bejahte, bat er sie, ihm künftig morgens diesen Dienst zu erweisen.

»Oh, ich kann es ebensogut«, rief die Ältere.

»Wirklich. Dann wechseln wir ab.« Und zur Jüngeren: »Also morgen nach dem Frühstück, nicht wahr?«

Nachmittags schrieb er noch mehrere Briefe, namentlich an die Tänzerin Binetti in Stuttgart, die seiner Flucht assistiert hatte und die er nun bat, sich um seinen zurückgebliebenen Diener zu bekümmern. Dieser Diener hieß Leduc, galt für einen Spanier und war ein Taugenichts, aber von großer Treue, und Casanova hing mehr an ihm, als man bei seiner Leichtfertigkeit für möglich gehalten hätte.

Einen weiteren Brief schrieb er an seinen holländischen Bankier und einen an eine ehemalige Geliebte in London. Dann fing er an zu überlegen, was weiter zu unternehmen sei. Zunächst mußte er die drei Offiziere erwarten, sowie Nachrichten von seinem Diener. Beim Gedanken an die bevorstehenden Pistolenduelle wurde er ernst und beschloß, morgen sein Testament nochmals zu revidieren. Wenn alles gut abliefe, gedachte er auf Umwegen nach Wien zu gehen, wohin er manche Empfehlungen hatte.

Nach einem Spaziergang nahm er seine Abendmahlzeit ein, dann blieb er lesend in seinem Zimmer wach, da er um elf Uhr den Besuch der älteren Wirtstochter erwartete.

Ein warmer Föhn blies um das Haus und führte kurze Regenschauer mit. Casanova brachte die beiden folgenden Tage ähnlich zu wie den vergangenen, nur daß jetzt auch das zweite Mädchen ihm öfters Gesellschaft leistete. So hatte er neben Lektüre und Korrespondenz genug damit zu tun, der Liebe froh zu werden und beständig drohende Überraschungs- und Eifersuchtsszenen zwischen den beiden Blonden umsichtig zu verhüten. Er verfügte weise abwägend über die Stunden des Tages und der Nacht, vergaß auch sein Testament nicht und hielt seine schönen Pistolen mit allem Zubehör bereit.

Allein die drei geforderten Offiziere kamen nicht. Sie kamen nicht und schrieben nicht, am dritten Wartetag so wenig wie am zweiten. Der Abenteurer, bei dem der erste Zorn längst verkühlt war, hatte im Grunde nicht viel dagegen. Weniger ruhig war er über das Ausbleiben Leducs, seines Dieners. Er beschloß noch einen Tag zu warten. Mittlerweile entschädigten ihn die verliebten Mädchen für seinen Unterricht in der ars amandi dadurch, daß sie ihm, dem endlos Gelehrigen, ein wenig Deutsch beibrachten.

Am vierten Tage drohte Casanovas Geduld ein Ende zu nehmen. Da kam, noch ziemlich früh am Vormittag, Leduc auf keuchendem Pferde daher gesprengt, von den kotigen Vorfrühlingswegen über und über bespritzt. Froh und gerührt hieß ihn sein Herr willkommen und Leduc begann, noch ehe er über Brot, Schinken und Wein herfiel, eilig zu berichten.

»Vor allem, Herr Ritter«, begann er, »bestellen Sie Pferde und lassen Sie uns noch heute die Schweizer Grenze erreichen. Zwar werden keine Offiziere kommen, um sich mit Ihnen zu schlagen, aber ich weiß für sicher, daß Sie hier in Bälde von Spionen, Häschern und bezahlten Mördern belästigt werden, wenn Sie dableiben. Der Herzog selber soll empört über Sie sein und Ihnen seinen Schutz versagen. Also eilen Sie!«

Casanova überlegte nicht lange. In Aufregung geriet er nicht, das Unheil war ihm zu anderen Zeiten schon weit näher auf den Fersen gewesen. Doch gab er seinem Spanier recht und bestellte Pferde für Schaffhausen.

Zum Abschiednehmen blieb ihm wenig Zeit. Er bezahlte seine Zeche, gab der älteren Schwester einen Schildpattkamm zum Andenken und der jüngeren das heilige Versprechen, in möglichster Bälde wiederzukommen, packte seine Reisekoffer und saß, kaum drei Stunden nach dem Eintritt seines Leduc, schon mit diesem im Postwagen. Tücher wurden geschwenkt und Abschiedsworte gerufen, dann bog der wohlbespannte Eilwagen aus dem Hof auf die Straße und rollte schnell auf der nassen Landstraße davon.

II

Angenehm war es nicht, so Hals über Kopf ohne Vorbereitungen in ein wildfremdes Land entfliehen zu müssen. Auch mußte Leduc dem Betrübten mitteilen, daß sein schöner, vor wenigen Monaten gekaufter Reisewagen in den Händen der Stuttgarter geblieben sei. Dennoch kam er gegen Schaffhausen hin wieder in gute Laune, und da die Landesgrenze überschritten und der Rhein erreicht war, nahm er ohne Ungeduld die Nachricht entgegen, daß zur Zeit in der Schweiz die Einrichtung der Extraposten noch nicht bestehe.

Es wurden also Mietpferde zur Weiterreise nach Zürich bestellt, und bis diese bereit waren, konnte man in aller Ruhe eine gute Mahlzeit einnehmen.

Dabei versäumte der weltgewandte Reisende nicht, sich in aller Eile einigermaßen über Lebensart und Verhältnisse des fremden Landes zu unterrichten. Es gefiel ihm wohl, daß der Gastwirt hausväterlich an der Wirtstafel präsidierte und daß dessen Sohn, obwohl er den Rang eines Hauptmanns bei den Reichstruppen besaß, sich nicht schämte, aufwartend hinter seinem Stuhl zu stehen und ihm die Teller zu wechseln. Dem raschlebigen Weltbummler, der viel auf erste Eindrücke gab, wollte es scheinen, er sei in ein gutes Land gekommen, wo unverdorbene Menschen sich eines schlichten, doch behaglichen Lebens erfreuten. Auch fühlte er sich hier vor dem Zorn des Stuttgarter Tyrannen geborgen und witterte, nachdem er lange Zeit an Höfen verkehrt und in Fürstendiensten gestanden hatte, lüstern die Luft der Freiheit.

Rechtzeitig fuhr der bestellte Wagen vor, die beiden stiegen ein und weiter ging es, einem leuchtend gelben Abendglanz entgegen, nach Zürich.

Leduc sah seinen Herrn in der nachdenksamen Stimmung der Verdauungsstunde im Polster lehnen, wartete längere Zeit, ob er etwa ein Gespräch beliebe, und schlief dann ein. Casanova achtete nicht auf ihn.

Er war, teils durch den Abschied von den Fürstenbergerinnen, teils durch das gute Essen und die neuen Eindrücke in Schaffhausen, wohlig gerührt, und im Ausruhen von den vielen Erregungen dieser letzten Wochen fühlte er mit leiser Ermattung, daß er doch nicht mehr jung sei. Zwar hatte er noch nicht das Gefühl, daß der Stern seines glänzenden Zigeunerlebens sich zu neigen beginne. Doch gab er sich Betrachtungen hin, die den Heimatlosen stets früher befallen als andere Menschen, Betrachtungen über das unaufhaltsame Näherrücken des Alters und des Todes. Er hatte sein Leben ohne Vorbehalt der unbeständigen Glücksgöttin anvertraut, und sie hatte ihn bevorzugt und verwöhnt, sie hatte ihm mehr gegönnt als tausend Nebenbuhlern. Aber er wußte genau, daß Fortuna nur die Jugend liebt, und die Jugend war flüchtig und unwiederbringlich, er fühlte sich ihrer nicht mehr sicher und wußte nicht, ob sie ihn nicht vielleicht schon verlassen habe.

Freilich, er war nicht mehr als fünfunddreißig Jahre alt. Aber er hatte vierfältig und zehnfältig gelebt. Er hatte nicht nur hundert Frauen geliebt, er war auch in Kerkern gelegen, hatte qualvolle Nächte durchwacht, Tage und Wochen im Reisewagen verlebt, die Angst des Gefährdeten und Verfolgten gekostet, dann wieder aufregende Geschäfte betrieben, erschöpfende Nächte mit heißen Augen an den Spieltischen aller Städte verbracht, Vermögen gewonnen und verloren und zurückgewonnen. Er hatte Freunde und Feinde, die gleich ihm als kühne Heimatlose und Glücksjäger über die Erde irrten, in Not und Krankheit, Kerker und Schande geraten sehen. Wohl hatte er in fünfzig Städten dreier Länder Freunde und Frauen, die an ihm hingen, aber würden sie sich seiner erinnern wollen, wenn er je einmal krank, alt und bettelnd zu ihnen käme?«

»Schläfst du, Leduc?«

Der Diener fuhr auf.

»Was beliebt?«

»In einer Stunde sind wir in Zürich.«

»Kann schon sein.«

»Kennst du Zürich?«

»Nicht besser als meinen Vater, und den hab' ich nie gesehen. Es wird eine Stadt sein wie jede andere, jedoch vorwiegend blond, wie ich sagen hörte.«

»Ich habe genug von den Blonden.«

»Ei so. Seit Fürstenberg wohl? Die zwei haben Ihnen doch nicht weh getan?«

»Sie haben mich frisiert, Leduc.«

»Frisiert?«

»Frisiert. Und mir Deutsch beigebracht, sonst nichts.«

»War das zu wenig?«

»Keine Witze jetzt! – Ich werde alt, du.«

»Heute noch?«

»Sei vernünftig. Es wäre auch für dich allmählich Zeit, nicht?«

»Zum Altwerden, nein. Zum Vernünftigwerden, ja, wenn es mit Ehren sein kann.«

»Du bist ein Schwein, Leduc.«

»Mit Verlaub, das stimmt nicht. Verwandte fressen einander nicht auf, und mir geht nichts über frischen Schinken. Der in Fürstenberg war übrigens zu stark gesalzen.«

Diese Art von Unterhaltung war nicht, was der Herr gewollt hatte. Doch schalt er nicht, dazu war er zu müde und in zu milder Stimmung. Er schwieg nur und winkte lächelnd ab. Er fühlte sich schläfrig und konnte seine Gedanken nicht mehr beisammen halten. Und während er in einen ganz leichten, halben Schlummer sank, glitt seine Erinnerung in die Zeiten der ersten Jugend zurück. Er träumte in lichten, verklärten Farben und Gefühlen von einer Griechin, die er einst als blutjunger Fant im Schiffe vor Ancona getroffen hatte, und von seinen ersten, phantastischen Erlebnissen in Konstantinopel und auf Korfu.

Darüber eilte der Wagen weiter und rollte, als der Schläfer emporfuhr, über Steinpflaster und gleich darauf über eine Brücke, unter welcher ein schwarzer Strom rauschte und rötliche Lichter spiegelte. Man war in Zürich vor dem Gasthause zum Schwert angekommen.

Casanova war im Augenblicke munter. Er reckte sich und stieg aus, von einem höflichen Wirt empfangen.

»Also Zürich«, sagte er vor sich hin. Und obwohl er gestern noch die Absicht gehabt hatte, nach Wien zu reisen und nicht im mindesten wußte, was er ungefähr in Zürich treiben solle, blickte er fröhlich um sich, folgte dem Gastwirt ins Haus und suchte sich ein bequemes Zimmer mit Vorraum im ersten Stockwerk aus.

Nach dem Abendessen kehrte er bald zu seinen früheren Betrachtungen zurück. Je geborgener und wohler er sich fühlte, desto bedenklicher kamen ihm nachträglich die Bedrängnisse vor, denen er soeben entronnen war. Sollte er sich freiwillig wieder in solche Gefahren begeben? Sollte er, nachdem das stürmische Meer ihn ohne sein Verdienst an einen friedlichen Strand geworfen hatte, sich ohne Not noch einmal den Wellen überlassen?

Wenn er genau nachrechnete, betrug der Wert seines Besitzes an Geld, Kreditbriefen und fahrender Habe ungefähr hunderttausend Taler. Das genügte für einen Mann ohne Familie, sich für immer ein stilles und bequemes Leben zu sichern.

Mit diesen Gedanken legte er sich zu Bett und erlebte in einem langen ungestörten Schlafe eine Reihe friedvoll glücklicher Träume. Er sah sich als Besitzer eines schönen Landsitzes, frei und heiter lebend, fern von Höfen, Gesellschaft und Intrigen, in immer neuen Bildern voll ländlicher Anmut und Frische.

Diese Träume waren so schön und so gesättigt von reinem Glücksgefühl, daß Casanova das Erwachen am Morgen fast schmerzlich ernüchternd empfand. Doch beschloß er sofort, diesem letzten Wink seiner guten Glücksgöttin zu folgen und seine Träume wahr zu machen. Sei es nun, daß er sich in der hiesigen Gegend ankaufe, sei es, daß er nach

Italien, Frankreich oder Holland zurückkehren würde, jedenfalls wollte er von heute an auf Abenteuer, Glücksjagd
und äußeren Lebensglanz verzichten und sich so bald wie
möglich ein ruhiges, sorglos unabhängiges Leben schaffen.

Gleich nach dem Frühstück befahl er Leduc die Obhut
über seine Zimmer und verließ allein und zu Fuß das Hotel.
Ein lang nicht mehr gefühltes Bedürfnis zog den Vielgerei-
sten seitab auf das Land zu Wiesen und Wald. Bald hatte er
die Stadt hinter sich und wanderte ohne Eile den See entlang.
Milde, zärtliche Frühlingsluft wogte lau und schwellend über
graugrüne Matten, auf denen erste gelbe Blümlein strahlend
lachten und an deren Rande die Hecken voll rötlich warmer,
strotzender Blattknospen standen. Am feuchtblauen Himmel schwammen weich geballte, lichte Wolken hin, und in
der Ferne stand über den mattgrauen und tannenblauen
Vorbergen weiß und feierlich der zackige Halbkreis der
Alpen.

Einzelne Ruderboote und Frachtkähne mit großem Drei-
ecksegel waren auf der nur schwach bewegten Seefläche
unterwegs, und am Ufer führte ein guter, reinlicher Weg
durch helle, meist aus Holz gebaute Dörfer. Fuhrleute und
Bauern begegneten dem Spaziergänger, und manche grüß-
ten ihn freundlich. Das alles ging ihm lieblich ein und be-
stärkte seine tugendhaften und klugen Vorsätze. Am Ende
einer stillen Dorfstraße schenkte er einem weinenden Kin-
de eine kleine Silbermünze, und in einem Wirtshaus, wo
er nach beinahe dreistündigem Gehen Rast hielt und einen
Imbiß nahm, ließ er den Wirt leutselig aus seiner Dose
schnupfen.

Casanova hatte keine Ahnung, in welcher Gegend er sich
nun befinde, und mit dem Namen eines wildfremden Dor-
fes wäre ihm auch nicht gedient gewesen. Er fühlte sich
wohl in der leise durchsonnten Luft. Von den Strapazen

der letzten Zeit hatte er sich genügend ausgeruht, auch war sein ewig verliebtes Herz zur Zeit stille und hatte Feiertag, so wußte er im Augenblick nichts Schöneres, als dieses sorglose Lustwandeln durch ein fremdes, schönes Land. Da er immer wieder Gruppen von Landleuten begegnete, hatte es mit dem Verirren keine Gefahr.

Im Sicherheitsgefühl seiner neuesten Entschlüsse genoß er nun den Rückblick auf sein bewegtes Vagantenleben wie ein Schauspiel, das ihn rührte oder belustigte, ohne ihn doch in seiner jetzigen Gemütsruhe zu stören. Sein Leben war gewagt und oft liederlich gewesen, das gab er sich selber zu, aber nun er es so im ganzen überblickte, war es doch ohne Zweifel ein hübsch buntes, flottes und lohnendes Spiel gewesen, an dem man Freude haben konnte.

Indessen führte ihn, da er anfing ein wenig zu ermüden, der Weg in ein breites Tal zwischen hohen Bergen. Eine große, prächtige Kirche stand da, an die sich weitläufige Gebäude anschlossen. Erstaunt bemerkte er, daß das ein Kloster sein müsse, und freute sich, unvermutet in eine katholische Gegend gekommen zu sein.

Er trat entblößten Hauptes in die Kirche und nahm mit zunehmender Verwunderung Marmor, Gold und kostbare Stickereien wahr. Es wurde eben die letzte Messe gelesen, die er mit Andacht anhörte. Darauf begab er sich neugierig in die Sakristei, wo er eine Anzahl Benediktinermönche sah. Der Abt, erkenntlich durch das Kreuz vor der Brust, war dabei und erwiderte den Gruß des Fremden durch die höfliche Frage, ob er die Sehenswürdigkeiten der Kirche betrachten wolle.

Gern nahm Casanova an und wurde vom Abt selbst in Begleitung zweier Brüder umhergeführt und sah alle Kostbarkeiten und Heiligtümer mit der diskreten Neugier des gebildeten Reisenden an, ließ sich die Geschichte und Legenden der Kirche erzählen und war nur dadurch ein wenig in Verlegenheit gebracht, daß er nicht wußte, wo er eigentlich sei und wie Ort und Kloster heiße.

»Wo sind Sie denn abgestiegen?« fragte schließlich der Abt.

»Nirgends, Hochwürden. Zu Fuß von Zürich her angekommen, trat ich sogleich in die Kirche.«

Der Abt, über den frommen Eifer des Wallfahrers entzückt, lud ihn zu Tische, was jener dankbar annahm. Nun, da der Abt ihn für einen bußfahrenden Sünder hielt, der weite Wege gemacht, um hier Trost zu finden, konnte Casanova vollends nicht mehr fragen, wo er sich denn befinde. Übrigens sprach er mit dem geistlichen Herrn, da es mit dem Deutschen nicht so recht gehen wollte, lateinisch.

»Unsere Brüder haben Fastenzeit«, fuhr der Abt fort, »da habe ich ein Privileg vom heiligen Vater Benedikt dem Vierzehnten, das mir gestattet, täglich mit drei Gästen auch Fleischspeisen zu essen. Wollen Sie gleich mir von dem Privilegium Gebrauch machen, oder ziehen Sie es vor zu fasten?«

»Es liegt mir fern, hochwürdiger Herr, von der Erlaubnis des Papstes wie auch von Ihrer gütigen Einladung keinen Gebrauch zu machen. Es möchte arrogant aussehen.«

»Also speisen wir!«

Im Speisezimmer des Abtes hing wirklich jenes päpstliche Breve unter Glas gerahmt an der Wand. Es waren zwei Couverts aufgelegt, zu denen ein Bedienter in Livree sogleich ein drittes fügte.

»Wir speisen zu dreien, Sie, ich und mein Kanzler. Da kommt er ja eben.«

»Sie haben einen Kanzler?«

»Ja. Als Abt von Maria-Einsiedeln bin ich Fürst des römischen Reiches und habe die Verpflichtungen eines solchen.«

Endlich wußte also der Gast, wo er hingeraten sei, und freute sich, das weltberühmte Kloster unter so besonderen Umständen und ganz unverhofft kennengelernt zu haben. Indessen nahm man Platz und begann zu tafeln.

»Sie sind Ausländer?« fragte der Abt.

»Venetianer, doch schon seit längerer Zeit auf Reisen.«

Daß er verbannt sei, brauchte er ja einstweilen nicht zu erzählen.

»Und reisen Sie weiter durch die Schweiz? Dann bin ich gerne bereit, Ihnen einige Empfehlungen mitzugeben.«

»Ich nehme das dankbar an. Ehe ich jedoch weiterreise, wäre es mein Wunsch, eine vertraute Unterredung mit Ihnen haben zu dürfen. Ich möchte Ihnen beichten und Ihren Rat über manches, was mein Gewissen beschwert, erbitten.«

»Ich werde nachher zu Ihrer Verfügung stehen. Es hat Gott gefallen, Ihr Herz zu erwecken, so wird er auch Frieden für das Herz haben. Der Menschen Wege sind vielerlei, doch sind nur wenige so weit verirrt, daß ihnen nicht mehr zu helfen wäre. Wahre Reue ist das erste Erfordernis der Umkehr, wenn auch die echte, gottgefällige Zerknirschung noch nicht im Zustand der Sünde, sondern erst in dem der Gnade eintreten kann.«

So redete er eine Weile weiter, während Casanova sich mit Speise und Wein bediente. Als er schwieg, nahm jener wieder das Wort.

»Verzeihen Sie meine Neugierde, Hochwürdiger, aber wie machen Sie es möglich, um diese Jahreszeit so vortreffliches Wild zu haben?«

»Nicht wahr? Ich habe dafür ein Rezept. Wild und Geflügel, die Sie hier sehen, sind sämtlich sechs Monate alt.«

»Ist es möglich?«

»Ich habe eine Einrichtung, mittels der ich die Sachen so lange vollkommen luftdicht abschließe.«

»Darum beneide ich Sie.«

»Bitte. Aber wollen Sie gar nichts vom Lachs nehmen?«

»Wenn Sie ihn mir eigens anbieten, gewiß.«

»Ist er doch eine Fastenspeise!«

Der Gast lachte und nahm vom Lachs.

III

Nach Tische empfahl sich der Kanzler, ein stiller Mann, und der Abt zeigte seinem Gaste das Kloster. Alles gefiel dem Venetianer sehr wohl. Er begriff, daß ruhebedürftige Menschen das Klosterleben erwählen und sich darin wohlfühlen konnten. Und schon begann er zu überlegen, ob dies nicht auch für ihn am Ende der beste Weg zum Frieden des Leibes und der Seele sei.

Einzig die Bibliothek befriedigte ihn wenig.

»Ich sehe da«, bemerkte er, »zwar Massen von Folianten, aber die neuesten davon scheinen mir mindestens hundert Jahre alt zu sein, und lauter Bibeln, Psalter, theologische Exegese, Dogmatik und Legendenbücher. Das alles sind ja ohne Zweifel vortreffliche Werke –«

»Ich vermute es«, lächelte der Prälat.

»Aber Ihre Mönche werden doch auch andere Bücher haben, über Geschichte, Physik, schöne Künste, Reisen und dergleichen.«

»Wozu? Unsere Brüder sind fromme, einfache Leute. Sie tun ihre tägliche Pflicht und sind zufrieden.«

»Das ist ein großes Wort. – Aber dort hängt ja, sehe ich eben, ein Bildnis des Kurfürsten von Köln.«

»Der da im Bischofsornat, jawohl.«

»Sein Gesicht ist nicht ganz gut getroffen. Ich habe ein besseres Bild von ihm. Sehen Sie!«

Er zog aus einer inneren Tasche eine schöne Dose, in deren Deckel ein Miniaturporträt eingefügt war. Es stellte den Kurfürsten als Großmeister des deutschen Ordens vor.

»Das ist hübsch. Woher haben Sie das?«

»Vom Kurfürsten selbst.«

»Wahrhaftig?«

»Ich habe die Ehre, sein Freund zu sein.«

Mit Wohlgefallen nahm er wahr, wie er zusehends in der Achtung des Abtes stieg, und steckte die Dose wieder ein.

»Ihre Mönche sind fromm und zufrieden, sagten Sie. Das möchte einem beinahe Lust nach diesem Leben erwecken.«

»Es ist eben ein Leben im Dienst des Herrn.«

»Gewiß, und fern von den Stürmen der Welt.«

»So ist es.«

Nachdenklich folgte er seinem Führer und bat ihn nach einer Weile, nun seine Beichte anzuhören, damit er Absolution erhalten und morgen die Kommunion nehmen könne.

Der Herr führte ihn zu einem kleinen Pavillon, wo sie eintraten. Der Abt setzte sich und Casanova wollte niederknien, doch gab jener das nicht zu.

»Nehmen Sie einen Stuhl«, sagte er freundlich, »und erzählen Sie mir von Ihren Sünden.«

»Es wird lange dauern.«

»Bitte beginnen Sie nur. Ich werde aufmerksam sein.«

Damit hatte der gute Mann nicht zuviel versprochen. Die Beichte des Chevaliers nahm, obwohl er möglichst gedrängt und rasch erzählte, volle drei Stunden in Anspruch. Der hohe Geistliche schüttelte anfangs ein paar Mal den Kopf oder seufzte, denn eine solche Kette von Sünden war ihm doch noch niemals vorgekommen, und er hatte eine unglaubliche Mühe, die einzelnen Frevel so in der Geschwindigkeit einzuschätzen, zu addieren und im Gedächtnis zu behalten. Bald genug gab er das völlig auf und horchte nur mit Erstaunen dem fließenden Vortrag des Italieners, der in zwangloser, flotter, fast künstlerischer Weise sein ganzes Leben erzählte. Manchmal lächelte der Abt und manchmal lächelte auch der Beichtende, ohne jedoch innezuhalten. Seine Erzählung führte in fremde Länder und Städte, durch Krieg und Seereisen, durch Fürstenhöfe, Klöster, Spielhöllen, Gefängnis, durch Reichtum und Not, sie sprang vom Rührenden zum Tollen, vom Harmlosen zum Skandalösen, vorgetragen aber wurde sie nicht wie ein Roman und nicht wie eine Beichte, sondern unbefangen, ja manchmal heitergeistreich und stets mit der selbstverständlichen Sicherheit dessen, der Erlebtes erzählt und weder zu sparen noch dick aufzutragen braucht.

Nie war der Abt und Reichsfürst besser unterhalten worden. Besondere Reue konnte er im Ton des Beichtenden nicht wahrnehmen, doch hatte er selbst bald vergessen, daß er als Beichtvater und nicht als Zuschauer eines aufregenden Theaterstücks hier sitze.

»Ich habe Sie nun lang genug belästigt«, schloß Casanova endlich. »Manches mag ich vergessen haben, doch kommt es ja wohl auf ein wenig mehr oder minder nicht an. Sind Sie ermüdet, Hochwürden?«

»Durchaus nicht. Ich habe kein Wort verloren.«

»Und darf ich die Absolution erwarten?«

Noch ganz benommen sprach der Abt die heiligen Worte aus, durch welche Casanovas Sünden vergeben waren und die ihn des Sakramentes würdig erklärten.

Jetzt wurde ihm ein Zimmer angewiesen, damit er die Zeit bis morgen in frommer Betrachtung ungestört verbringen könnte. Den Rest des Tages verwendete er dazu, sich den Gedanken ans Mönchwerden zu überlegen. Sosehr er Stimmungsmensch und rasch im Ja- oder Neinsagen war, hatte er doch zuviel Selbsterkenntnis und viel zu viel rechnende

Klugheit, um sich nicht voreilig die Hände zu binden und des Verfügungsrechts über sein Leben zu begeben.

Er malte sich also ein zukünftiges Mönchsdasein bis in alle Einzelheiten aus und entwarf einen Plan, um sich für jeden möglichen Fall einer Reue oder Enttäuschung offene Tür zu halten. Den Plan wandte und drehte er um und um, bis er ihm vollkommen erschien, und dann brachte er ihn sorgfältig zu Papier.

In diesem Schriftstück erklärte er sich bereit, als Novize in das Kloster Maria-Einsiedeln zu treten. Um jedoch Zeit zur Selbstprüfung und zum etwaigen Rücktritt zu behalten, erbat er ein zehnjähriges Noviziat. Damit man ihm diese ungewöhnlich lange Frist gewähre, hinterlegte er ein Kapital von zehntausend Franken, das nach seinem Tode oder Wiederaustritt aus dem Orden dem Kloster zufallen sollte. Ferner erbat er sich die Erlaubnis, Bücher jeder Art auf eigene Kosten zu erwerben und in seiner Zelle zu haben; auch diese Bücher sollten nach seinem Tode Eigentum des Klosters werden.

Nach einem Dankgebet für seine Bekehrung legte er sich nieder und schlief gut und fest als einer, dessen Gewissen rein wie Schnee und leicht wie eine Feder ist. Und am Morgen nahm er in der Kirche die Kommunion.

Der Abt hatte ihn zur Schokolade eingeladen. Bei dieser Gelegenheit übergab Casanova ihm sein Schriftstück mit der Bitte um eine günstige Antwort.

Jener las das Gesuch sogleich, beglückwünschte den Gast zu seinem Entschluß und versprach, ihm nach Tische Antwort zu geben.

»Finden Sie meine Bedingungen zu selbstsüchtig?«

»O nein, Herr Chevalier, ich denke, wir werden wohl einig werden. Mich persönlich würde das aufrichtig freuen. Doch muß ich Ihr Gesuch zuvor dem Konvent vorlegen.«

»Das ist nicht mehr als billig. Darf ich Sie bitten, meine Eingabe freundlich zu befürworten?«

»Mit Vergnügen. Also auf Wiedersehn bei Tische!«

Der Weltflüchtige machte nochmals einen Gang durchs Kloster, sah sich die Brüder an, inspizierte einige Zellen und fand alles nach seinem Herzen. Freudig lustwandelte er durch Einsiedeln, sah Wallfahrer mit einer Fahne einziehen und Fremde in Züricher Mietwagen abreisen, hörte nochmals eine Messe und steckte einen Taler in die Almosenbüchse.

Während der Mittagstafel, die ihm diesmal ganz besonders durch vorzügliche Rheinweine Eindruck machte, fragte er, wie es mit seinen Angelegenheiten stehe.

»Seien Sie ohne Sorge«, meinte der Abt, »obwohl ich Ihnen im Augenblick noch keine entscheidende Antwort habe. Der Konvent will noch Bedenkzeit.«

»Glauben Sie, daß ich aufgenommen werde?«

»Ohne Zweifel.«

»Und was soll ich inzwischen tun?«

»Was Sie wollen. Gehen Sie nach Zürich zurück und erwarten Sie dort unsere Antwort, die ich Ihnen übrigens persönlich bringen werde. Heut über vierzehn Tage muß ich ohnehin in die Stadt, dann suche ich Sie auf, und wahrscheinlich werden Sie dann sogleich mit mir hierher zurückkehren können. Paßt Ihnen das?«

»Vortrefflich. Also heut über vierzehn Tage. Ich wohne im Schwert. Man ißt dort recht gut; wollen Sie dann zu Mittag mein Gast sein?«

»Sehr gerne.«

»Aber wie komme ich heute nach Zürich zurück? Sind irgendwo Wagen zu haben?«

»Sie fahren nach Tisch in meiner Reisekutsche.«

»Das ist allzuviel Güte. –«

»Lassen Sie doch! Es ist schon Auftrag gegeben. Sehen Sie lieber zu, sich noch ordentlich zu stärken. Vielleicht noch ein Stückchen Kalbsbraten?«

Kaum war die Mahlzeit beendet, so fuhr des Abtes Wagen vor. Ehe der Gast einstieg, gab ihm jener noch zwei versiegelte Briefe an einflußreiche Züricher Herrn mit. Herzlich nahm Casanova von dem gastfreien Herrn Abschied, und mit dankbaren Gefühlen fuhr er in dem sehr bequemen Wagen durch das lachende Land und am See entlang nach Zürich zurück.

Als er vor seinem Gasthause vorfuhr, empfing ihn der Diener mit unverhohlenem Grinsen.

»Was lachst du?«

»Na, es freut mich nur, daß Sie in dieser fremden Stadt schon Gelegenheit gefunden haben, sich volle zwei Tage außer dem Haus zu amüsieren.«

»Dummes Zeug. Geh jetzt und sage dem Wirt, daß ich vierzehn Tage hier bleibe und für diese Zeit einen Wagen und einen guten Lohndiener haben will.«

Der Wirt kam selber und empfahl einen Diener, für dessen Redlichkeit er sich verbürgte. Auch besorgte er einen offenen Mietwagen, da andere nicht zu haben waren.

Am folgenden Tage gab Casanova seine Briefe an die Herren Orelli und Pestalozzi persönlich ab. Sie waren nicht zu Hause, machten ihm aber beide nach Mittag einen Besuch im Hotel und luden ihn für morgen und übermorgen zu Tische und für heute abend ins Konzert ein. Er sagte zu und fand sich rechtzeitig ein.

Das Konzert, das einen Taler Eintrittsgeld kostete, gefiel ihm gar nicht. Namentlich mißfiel ihm die langweilige Einrichtung, daß Männer und Frauen abgesondert je in einem Teil des Saales saßen. Sein scharfes Auge entdeckte unter den Damen mehrere Schönheiten, und er begriff nicht, warum die Sitte ihm verbiete, ihnen den Hof zu machen. Nach dem Konzert wurde er den Frauen und Töchtern der Herren vorgestellt und fand besonders in Fräulein Pestalozzi eine überaus hübsche und liebenswürdige Dame. Doch enthielt er sich jeder leichtfertigen Galanterie.

Obwohl ihm dies Benehmen nicht ganz leicht fiel, schmeichelte es doch seiner Eitelkeit. Er war seinen neuen Freunden in den Briefen des Abtes als ein bekehrter Mann und angehender Büßer vorgestellt worden und er merkte, daß man ihn mit fast ehrerbietiger Achtung behandelte, obwohl er meist mit Protestanten verkehrte. Diese Achtung tat ihm wohl und ersetzte ihm teilweise das Vergnügen, das er seinem ernsten Auftreten opfern mußte.

Und dieses Auftreten gelang ihm so gut, daß er bald sogar auf der Straße mit einer gewissen Ehrerbietung gegrüßt wurde. Ein Geruch von Askese und Heiligkeit umwehte den merkwürdigen Mann, dessen Leumund so wechselnd war wie sein Leben.

Immerhin konnte er es sich nicht versagen, vor seinem Rücktritt aus dem Weltleben dem Herzog von Württemberg noch einen unverschämt gesalzenen Brief zu schreiben. Das wußte ja niemand. Und es wußte auch niemand, daß er manchmal im Schutz der Dunkelheit abends ein Haus aufsuchte, in dem weder Mönche wohnten noch Psalmen gesungen wurden.

IV

Die Vormittage widmete der fromme Herr Chevalier dem Studium der deutschen Sprache. Er hatte einen armen Teufel von der Straße aufgelesen, einen Genuesen namens Giustiniani. Der saß nun täglich in den Morgenstunden bei Casanova und brachte ihm Deutsch bei, wofür er jedesmal sechs Franken Honorar bekam.

Dieser entgleiste Mann, dem sein reicher Schüler übrigens die Adresse jenes Hauses verdankte, unterhielt seinen Gönner hauptsächlich dadurch, daß er über Mönchtum und Klosterleben in allen Tonarten schimpfte und lästerte. Er wußte nicht, daß sein Schüler im Begriffe war, Benediktinerbruder zu werden, sonst wäre er zweifellos vorsichtiger gewesen. Casanova nahm ihm jedoch nichts übel. Der Genuese war vor Zeiten Kapuzinermönch gewesen und der Kutte wieder entschlüpft. Nun fand der merkwürdige Bekehrte ein Vergnügen darin, den armen Kerl seine klosterfeindlichen Ergüsse vortragen zu lassen.

»Es gibt aber doch auch gute Leute unter den Mönchen«, wandte er etwa einmal ein.

»Sagen Sie das nicht! Keinen gibt es, keinen einzigen! Sie sind ohne Ausnahme Tagdiebe und faule Bäuche.«

Sein Schüler hörte lachend zu und freute sich auf den Augenblick, in dem er das Lästermaul durch die Nachricht von seiner bevorstehenden Einkleidung verblüffen würde.

Immerhin begann ihm bei dieser stillen Lebensweise die Zeit etwas lang zu werden, und er zählte die Tage bis zum vermutlichen Eintreffen des Abtes mit Ungeduld. Nachher, wenn er dann im Klosterfrieden säße und in Ruhe seinem Studium obläge, würden Langeweile und Unrast ihn schon verlassen. Er plante eine Homerübersetzung, ein Lustspiel und eine Geschichte Venedigs und hatte, um einstweilen doch etwas in diesen Sachen zu tun, bereits einen starken Posten gutes Schreibpapier gekauft.

So verging ihm die Zeit zwar langsam und unlustig, aber sie verging doch, und am Morgen des 23. April stellte er aufatmend fest, daß dies sein letzter Wartetag sein sollte, denn andern Tages stand die Ankunft des Abtes bevor.

Er schloß sich ein und prüfte noch einmal seine weltlichen wie geistlichen Angelegenheiten, bereitete auch das
Einpacken seiner Sachen vor und freute sich, endlich dicht
vor dem Beginn eines neuen, friedlichen Lebens zu stehen.
An seiner Aufnahme in Maria-Einsiedeln zweifelte er nicht,
denn nötigenfalls war er entschlossen, das versprochene Kapital zu verdoppeln. Was lag in diesem Falle an zehntausend
Franken?

Gegen sechs Uhr abends, da es im Zimmer leis zu däm-
mern begann, trat er ans Fenster und schaute hinaus. Er
konnte von dort den Vorplatz des Hotels und die Limmat-
brücke übersehen.

Eben fuhr ein Reisewagen an und hielt vor dem Gasthaus.
Casanova schaute neugierig zu. Der Kellner sprang herzu
und öffnete den Schlag. Heraus stieg eine in Mäntel gehüllte
ältere Frau, dann noch eine, hierauf eine dritte, lauter matro-
nenhaft ernste, ein wenig säuerliche Damen.

»Die hätten auch anderswo absteigen dürfen«, dachte er
am Fenster.

Aber diesmal kam das schlanke Ende nach. Es stieg eine
vierte Dame aus, eine hohe schöne Figur in einem Kostüm,
das damals viel getragen und Amazonenkleid genannt wurde. Auf dem schwarzen Haar trug sie eine kokette, blausei-
dene Mütze mit einer silbernen Quaste.

Casanova stellte sich auf die Zehen und schaute vorge-
beugt hinab. Es gelang ihm, ihr Gesicht zu sehen, ein junges,
schönes, brünettes Gesicht mit schwarzen Augen unter stolzen, dichten Brauen. Zufällig blickte sie am Hause hinauf,
und da sie den im Fenster Stehenden gewahr wurde und
seinen Blick auf sich gerichtet fühlte, seinen Casanovablick,
betrachtete sie ihn einen kleinen Augenblick mit Aufmerksamkeit – einen kleinen Augenblick.

Dann ging sie mit den andern ins Haus. Der Chevalier

eilte in sein Vorzimmer, durch dessen Glastür er auf den Korridor schauen konnte. Richtig kamen die Viere, und als letzte die Schöne in Begleitung des Wirtes die Treppe herauf und an seiner Türe vorbei. Die Schwarze, als sie sich unversehens von demselben Manne fixiert sah, der sie soeben vom Fenster aus angestaunt hatte, stieß einen leisen Schrei aus, faßte sich aber sofort und eilte kichernd den anderen nach.

Casanova glühte. Seit Jahren glaubte er nichts Ähnliches gesehen zu haben.

»Amazone, meine Amazone!« sang er vor sich hin und warf seinen Kleiderkoffer ganz durcheinander, um in aller Eile große Toilette zu machen. Denn heute mußte er unten an der Tafel speisen, mit den Neuangekommenen! Bisher hatte er sich im Zimmer servieren lassen, um sein weltfeindliches Auftreten zu wahren. Nun zog er hastig eine Sammethose, neue weißseidene Strümpfe, eine goldgestickte Weste, den Gala-Leibrock und seine Spitzenmanschetten an. Dann klingelte er dem Kellner.

»Sie befehlen?«

»Ich speise heute an der Tafel, unten.«

»Ich werde es bestellen.«

»Sie haben neue Gäste?«

»Vier Damen.«

»Woher?«

»Aus Solothurn.«

»Spricht man in Solothurn französisch?«

»Nicht durchwegs. Aber diese Damen sprechen es.«

»Gut. – Halt, noch was. Die Damen speisen doch unten?«

»Bedaure. Sie haben das Souper auf ihr Zimmer bestellt.«

»Da sollen doch dreihundert junge Teufel! Wann servieren Sie dort?«

»In einer halben Stunde.«

»Danke. Gehen Sie!«

»Aber werden Sie nun an der Tafel essen oder –?«

»Gottesdonner, nein! Gar nicht werde ich essen. Gehen Sie!«

Wütend stürmte er im Zimmer auf und ab. Es mußte heut abend etwas geschehen. Wer weiß, ob die Schwarze nicht morgen schon weiterfuhr. Und außerdem kam ja morgen der Abt. Er wollte ja Mönch werden. Zu dumm! Zu dumm!

Aber es wäre seltsam gewesen, wenn der Lebenskünstler nicht doch eine Hoffnung, einen Ausweg, ein Mittel, ein Mittelchen gefunden hätte. Seine Wut dauerte nur Minuten. Dann sann er nach. Und nach einer Weile schellte er den Kellner wieder herauf.

»Was beliebt?«

»Ich möchte dir einen Louisdor zu verdienen geben.«

»Ich stehe zu Diensten, Herr Baron.«

»Gut. So geben Sie mir Ihre grüne Schürze.«

»Mit Vergnügen.«

»Und lassen Sie mich die Damen bedienen.«

»Gerne. Reden Sie bitte mit Leduc, da ich unten servieren muß, habe ich ihn schon gebeten, mir das Aufwarten da oben abzunehmen.«

»Schicken Sie ihn sofort her. – Werden die Damen länger hier bleiben?«

»Sie fahren morgen früh nach Einsiedeln, sie sind katholisch. Übrigens hat die Jüngste mich gefragt, wer Sie seien.«

»Gefragt hat sie? Wer ich sei? Und was haben Sie ihr gesagt?«

»Sie seien Italiener, nicht mehr.«

»Gut. Seien Sie verschwiegen!«

Der Kellner ging und gleich darauf kam Leduc herein, aus vollem Halse lachend.

»Was lachst du, Schaf?«

»Über Sie als Kellner.«

»Also weißt du schon. Und nun hat das Lachen ein Ende oder du siehst nie mehr einen Sou von mir. Hilf mir jetzt die Schürze umbinden. Nachher trägst du die Platten herauf und ich nehme sie dir unter der Tür der Damen ab. Vorwärts!«

Er brauchte nicht lange zu warten. Die Kellnerschürze über der Goldweste umgebunden, betrat er das Zimmer der Fremden.

»Ist's gefällig, meine Damen?«

Die Amazone hatte ihn erkannt und schien vor Verwunderung starr. Er servierte tadellos und hatte Gelegenheit, sie genau zu betrachten und immer schöner zu finden. Als er einen Kapaun künstlerisch tranchierte, sagte sie lächelnd: »Sie servieren gut. Dienen Sie schon lange hier?«

»Sie sind gütig, darnach zu fragen. Erst drei Wochen.«

Aber als er ihr nun vorlegte, bemerkte sie seine zurückgeschlagenen, aber noch sichtbaren Manschetten. Sie stellte fest, daß es echte Spitzen seien, berührte seine Hand und befühlte die feinen Spitzen. Er war selig.

»Laß das doch!« rief eine der älteren Frauen tadelnd, und sie errötete. Sie errötete! Kaum konnte Casanova sich halten.

Nach der Mahlzeit blieb er, solange er irgendeinen Vorwand dazu fand, im Zimmer. Die drei Alten zogen sich ins Schlafkabinett zurück, die Schöne aber blieb da, setzte sich wieder und fing zu schreiben an.

Er war endlich mit dem Aufräumen fertig und mußte nun schlechterdings gehen. Doch zögerte er in der Türe.

»Auf was warten Sie noch?« fragte die Amazone.

»Gnädige Frau, Sie haben die Stiefel noch an und werden schwerlich mit ihnen zu Bett gehen wollen.«

»Ach so, Sie wollen sie ausziehen? Machen Sie sich nicht so viel Mühe mit mir!«

»Das ist mein Beruf, gnädige Frau.«

Er kniete vor ihr auf den Boden und zog ihr, während sie scheinbar weiterschrieb, die Schnürsenkel auf, langsam und sorglich.

»Es ist gut. Genug, genug! Danke.«

»Ich danke vielmehr Ihnen.«

»Morgen abend sehen wir uns ja wieder, Herr Kellner.«

»Sie speisen wieder hier?«

»Gewiß. Wir werden vor Abend von Einsiedeln zurück sein.«

»Danke, gnädige Frau.«

»Also gute Nacht, Kellner.«

»Gute Nacht, Madame. Soll ich die Stubentür schließen oder auflassen?«

»Ich schließe selbst.«

Das tat sie denn auch, als er draußen war, wo ihn Leduc mit ungeheurem Grinsen erwartete.

»Nun?« sagte sein Herr.

»Sie haben Ihre Rolle großartig gespielt. Die Dame wird Ihnen morgen einen Dukaten Trinkgeld geben. Wenn Sie mir aber den nicht überlassen, verrate ich die ganze Geschichte.«

»Du kriegst ihn schon heute, Scheusal.«

Am folgenden Morgen fand er sich rechtzeitig mit den geputzten Stiefeln wieder ein. Doch erreichte er nicht mehr, als daß die Amazone sich diese wieder von ihm anziehen ließ.

Er schwankte, ob er ihr nicht nach Einsiedeln nachfahren sollte. Doch kam gleich darauf ein Lohndiener mit der Nachricht, der Herr Abt sei in Zürich und werde sich die Ehre geben, um zwölf Uhr mit dem Herrn Chevalier allein auf seinem Zimmer zu speisen.

Herrgott, der Abt! An den hatte der gute Casanova nicht

mehr gedacht. Nun, mochte er kommen. Er bestellte ein höchst luxuriöses Mahl, zu dem er selber in der Küche einige Anweisungen gab. Dann legte er sich, da er vom Frühaufstehen müde war, noch zwei Stunden aufs Bett und schlief.

Am Mittag kam der Abt. Es wurden Höflichkeiten gewechselt und Grüße ausgerichtet, dann setzten sich beide zu Tische. Der Prälat war über die prächtige Tafel entzückt und vergaß über den guten Platten für eine halbe Stunde ganz seine Aufträge. Endlich fielen sie ihm wieder ein.

»Verzeihen Sie«, sagte er plötzlich, »daß ich Sie so ungebührlich lange in der Spannung ließ! Ich weiß gar nicht, wie ich das so lang vergessen konnte.«

»O bitte.«

»Nach allem, was ich in Zürich über Sie hörte – ich habe mich begreiflicherweise ein wenig erkundigt, sind Sie wirklich durchaus würdig, unser Bruder zu werden. Ich heiße Sie willkommen, lieber Herr, herzlichst willkommen. Sie können nun über Ihre Tür schreiben: *Inveni pertum. Spes et fortuna valete!*«

»Zu deutsch: Lebe wohl, Glücksgöttin; ich bin im Hafen! Der Vers stammt aus Euripides und ist wirklich sehr schön, wenn auch in meinem Falle nicht ganz passend.«

»Nicht passend? Sie sind zu spitzfindig.«

»Der Vers, Hochwürden, paßt nicht auf mich, weil ich nicht mit Ihnen nach Einsiedeln kommen werde. Ich habe gestern meinen Vorsatz geändert.«

»Ist es möglich?«

»Es scheint so. Ich bitte Sie, mir das nicht übel zu nehmen und in aller Freundschaft noch das Glas Champagner mit mir zu leeren.«

»Auf Ihr Wohl denn! Möge Ihr Entschluß Sie niemals reuen! Das Weltleben hat auch seine Vorzüge.«

»Die hat es, ja.«

Der freundliche Abt empfahl sich nach einer Weile und fuhr in seiner Equipage davon. Casanova aber schrieb Briefe nach Paris und Anweisungen an seinen Bankier, verlangte auf den Abend die Hotelrechnung und bestellte für morgen einen Wagen nach Solothurn.

(1906)

Weinstudien

Ungebildete Leute hört man oft schlechthin von »Waadtländer« reden, wie sie auch von »Rheinwein« oder von »Champagner« sprechen. Als ob es beim Wein auf die Nationalität und nicht auf die Persönlichkeit ankäme!

In der trügerischen Hoffnung, dies Vorurteil literarisch widerlegen zu können, beschloß mein Freund Konrad Pfeuffer, ein schweizerisches Weinbüchlein zu schreiben. Es sollte ein zuverlässiger Baedeker für die schweizerischen Weingegenden sein und Konrad hatte mehrere Notizbücher voll wertvoller Studien gesammelt. Er lebte als Angestellter im Laboratorium einer chemischen Fabrik in behaglichen Verhältnissen, nichtsdestoweniger hatten ihn jene Studien in bedeutende Schulden gebracht, so daß er jetzt vor der bitteren Notwendigkeit stand, seine önologische Arbeit einstellen und damit das schon gesammelte Material verlorengeben zu müssen. Denn obwohl Chemiker, war er doch ein harmloser und kindlich ehrlicher Mensch. Und so kam er eines Tages zu mir, klagte mir sein Leid und fragte mich, ob ich nicht einen Geldmann wisse, der für die Sache zu gewinnen wäre.

Seine Einfalt rührte mich und ich beschloß, ihm und mir selber nach Möglichkeit zu einem uneingeschränkten Weinstudium zu verhelfen. Er gab mir Vollmacht, und bald war die Sache schön im Gange. Von einem angesehenen Verlagsbuchhändler ließ ich mir schriftlich bestätigen, daß das von Pfeuffer und mir zu bearbeitende Buch sein volles Interesse habe und nach Vollendung des Manuskripts wohlausgestattet in seinem Verlage erscheinen und in Vertrieb gebracht werden solle. Alsdann verschaffte ich mir durch einen befreundeten Kaufmann die Adressen aller nennenswerten Weinbauern und Winzervereine. Diese wurden durch hektographierte Briefe von unserem dankenswerten Unternehmen unterrichtet und zur Einsendung von Proben sowie zur Erlaubnis einer fachmännischen Kellerprobe aufgefordert. In dem Prospekt waren Pfeuffers sämtliche wissenschaftliche Examina und Atteste, Ruf und Einfluß des Verlegers und meine eigenen literarischen Verdienste in sachlich ruhigem Tone erwähnt, und der hübsch stilisierte Brief machte wirklich einen wohltuend schlichten, vertrauenerweckenden Eindruck.

Der Erfolg ließ nicht lange auf sich warten. Manche von den Eingeladenen gaben keine Antwort, andere schickten lächerlich winzige Musterfläschchen, sehr viele aber gingen verständnisvoll auf die diskrete Anregung ein und sendeten uns Kistchen voll großer Flaschen, einige auch kleine Fäßchen. An Vollständigkeit war zunächst nicht zu denken, aber der Fortgang unserer Studien war einstweilen gesichert.

Wir begannen damit, daß wir die eingegangenen Vorräte in sachgemäßer Ordnung auf Lager brachten. Konrad Pfeuffer machte von den ihm noch unbekannten Marken sorgfältige Analysen, während ich mich daran machte, zehnfarbig auszuführende Karten der einzelnen Kantone als Grundlage einer zuverlässigen Weingeographie vorzubereiten. Ich sage vorzubereiten, denn bis heute ist leider noch keine von diesen Karten fertig geworden. Sie sind im Maßstab 1:75 000 angelegt und haben mich nicht wenig Zeit und Mühe gekostet.

Und nun begannen die Schwierigkeiten. Zum Glück war ich mit Konrad wenigstens darin einig, daß wir beide die chemische Analyse nur als ein notdürftiges Fundament betrachteten. Mein Freund war ein zu guter Trinker, als daß er an die Möglichkeit einer rein wissenschaftlichen Bestimmmung der Geschmacksunterschiede geglaubt hätte. Die feineren Nuancen konnten nur auf künstlerischem Wege, nur impressionistisch erfaßt und ausgedrückt werden.

Und da zeigten sich sogleich Differenzen. Es gab Weine, die auf Pfeuffer wesentlich anders wirkten als auf mich, außerdem gaben auch bei ähnlicher Geschmacksauffassung sich die Sinneseindrücke ihm unter ganz anderen Formen zu erkennen als mir.

Konrad Pfeuffer sah Farben, wenn er trank. Es gab Weine, die ihm den Eindruck von Rot, von Rosa, von Ultramarin, von Opalblau, von Grün oder Gelb erweckten, bis in alle erdenklichen Nuancen von Lila, Braun und Violett. An gewissen Lieblingsweinen, deren koloristischer Eindruck ihm untrüglich feststand, besaß er eine zuverlässige Stimmgabel, so daß er jede Weinliste fehlerlos in Farben hätte charakterisieren können. Aber wer sollte das verstehen? Das war nicht schlechter und nicht besser als eine Spektralanalyse.

Bei mir hingegen löste der Wein nicht Farben, sondern Erinnerungen aus. Es gab Weinsorten, die mich in früheste Kinderzeiten zurückversetzten, andere weckten Gymnasial- und Studienerinnerungen oder ließen das Andenken von Reisen, Liebeserlebnissen, Freundschaften usw. aufleben. Sorgfältige Vergleiche ergaben, daß zwischen Pfeuffers Farben und meinen Erinnerungsgruppen ein unleugbarer Parallelismus bestand; doch war uns damit nur wenig gedient. Es galt, zwischen seiner koloristischen und meiner mnemonischen Tonleiter eine allgemein verständliche Skala zu finden. Ich machte den Vorschlag, mein Freund möge zu jedem Wein eine möglichst exakte Realbeschreibung geben, während ich eine Art Gedicht in Prosa dazu liefern wollte. Aber als er zwei von diesen Dichtungen angehört hatte, lehnte er mit höflicher Entschiedenheit ab. Und als ich einige mir besonders sympathische Marken ausgetrunken hatte, noch ehe er dazu gekommen war, sie zu analysieren, da hätte es um ein Haar Händel zwischen uns gegeben.

Schließlich kamen wir überein, einander in Ruhe zu lassen und zunächst jeder für sich zu arbeiten. Ein halbes Jahr reichte unser Probenvorrat aus, und ich werde die heitere, friedlich arbeitsame Stimmung jener schönen Monate nie vergessen. Namentlich ein kleines Fäßchen milden Weißweines aus der Nähe von Villeneuve schenkte mir reiche, stillbeglückte Abende, deren tiefen Märchenzauber ich noch einmal erleben möchte. Dieser Wein weckte in mir die Erinnerung an einen verliebten Frühsommer meiner ersten, längst in Asche verwehten Gedichte. Auf Konrad wirkte er als ein weiches, ins Orangerote spielendes Gelb.

Könnte ich doch länger bei diesen teuren Erinnerungen verweilen! – Leider dauerte diese schöne Zeit, wie alle schönen Zeiten, nicht lange. Es kam der Tag, an dem ich die letzte Flasche (es war ein vorzüglicher Grumella) öffnete und trank und ihren Heimatort auf meiner Karte hellrot bezeichnete.

Da wir nun einmal im Zug waren, konnte von einem plötzlichen Aufhören keine Rede sein. Wir besuchten noch einige Weinberge und Kellereien in der Westschweiz, deren Besitzer uns eingeladen hatten. Dann hatte auch das ein Ende. Wir waren wieder auf die Kneipen angewiesen und hatten bald im »Schlüssel«, im »Helm«, im »Scharfen Eck«, in der »Reblaube« und im »Wilden Mann« unseren Kredit erschöpft. Keiner von uns konnte mehr, wie früher, naiv draufloszechen oder gar nötigenfalls für einige Tage den Wein entbehren. Es kamen Tage, an denen mein Mittagessen aus einem Stück Brot oder aus zwei Kartoffeln bestand, aber abends mußte ich an einer guten Quelle sitzen und solide, reine, nicht billige Weine trinken. Meinem armen Freunde ging es nicht anders, wir kamen mehr und mehr zurück, und ich mußte allmählich wertvolle Stücke aus meiner sorgfältig geschonten Büchersammlung preisgeben. Mit Wehmut vertrank ich eine Erstausgabe des Tasso, dann einen Vergil des 16. Jahrhunderts mit Holzschnitten, und so einen Schatz um den anderen.

Schmerzlich war der Tag, an welchem Konrad Pfeuffer wegen üblen Leumundes und verminderter Brauchbarkeit seinen Abschied erhielt und in seine Heimat am Unterrhein zurückreiste. Ich selber erhielt mich noch ein Jahr lang auf schwankendem Grunde. Schließlich konnte ich mir nicht mehr verhehlen, daß ich mich hoffnungslos auf einer schiefen Ebene bewege. Da packte ich den Rest meiner Garderobe in eine alte Handtasche und den Rest meiner Bibliothek in eine Kiste und fuhr davon.

Seither habe ich mich von experimentalwissenschaftlichen Studien jeder Art sorgfältig ferngehalten und es ist mir in mühsamen Jahren gelungen, die ersten Stufen zum Rufe eines moralisch und ökonomisch achtbaren Mannes zu erklimmen. Wenn ich aber abends einmal in meinen Notizen von damals blättere und die großen Kartenskizzen betrachte, kann ich mich des wehmütigen Gefühles nicht erwehren, es seien doch schöne Zeiten gewesen – damals.

(1905)

Doktor Knölges Ende

Herr Doktor Knölge, ein ehemaliger Gymnasiallehrer, der sich früh zur Ruhe gesetzt und privaten philologischen Studien gewidmet hatte, wäre gewiß niemals in Verbindung mit den Vegetariern und dem Vegetarismus gekommen, wenn nicht eine Neigung zu Atemnot und Rheumatismen ihn einst zu einer vegetarischen Diätkur getrieben hätte. Der Erfolg war so ausgezeichnet, daß der Privatgelehrte von da an alljährlich einige Monate in irgend einer vegetarischen Heilstätte oder Pension zubrachte, meist im Süden, und so trotz seiner Abneigung gegen alles Ungewöhnliche und Sonderbare in einen Verkehr mit Kreisen und Individuen geriet, die nicht zu ihm paßten und deren seltene, nicht ganz zu vermeidende Besuche in seiner Heimat er keineswegs liebte.

Manche Jahre hatte Doktor Knölge die Zeit des Frühlings und Frühsommers oder auch die Herbstmonate in einer der vielen freundlichen Vegetarierpensionen an der südfranzösischen Küste oder am Lago Maggiore hingebracht. Er hatte vielerlei Menschen an diesen Orten kennengelernt und sich an manches gewöhnt, an Barfußgehen und langhaarige Apostel, an Fanatiker des Fastens und an vegetarische Gourmands. Unter den letzteren hatte er manche Freunde gefunden, und er selbst, dem sein Leiden den Genuß schwerer Speisen immer mehr verbot, hatte sich zu einem bescheidenen Feinschmecker auf dem Gebiete der Gemüse und des Obstes ausgebildet. Er war keineswegs mit jedem Endiviensalat zufrieden und hätte niemals eine kalifornische Orange für eine italienische gegessen. Im übrigen kümmerte er sich wenig um den Vegetarismus, der für ihn nur ein Kurmittel war, und interessierte sich höchstens gelegentlich für alle die famosen sprachlichen Neubildungen auf diesem Gebiete, die ihm als einem Philologen merkwürdig waren. Da gab es Vegetarier, Vegetarianer, Vegetabilisten, Rohkostler, Frugivoren und Gemischtkostler! Der Doktor selbst gehörte nach dem Sprachgebrauch der Eingeweihten zu den Gemischtkostlern, da er nicht nur Früchte und Ungekochtes, sondern auch gekochte Gemüse, ja auch Speisen aus Milch und Eiern zu sich nahm. Daß dies den wahren Vegetariern, vor allem den reinen Rohkostlern strenger Observanz, ein Greuel war, entging ihm nicht. Doch hielt er sich den fanatischen Bekenntnisstreitigkeiten dieser Brüder fern und gab seine Zugehörigkeit zur Klasse der Gemischtkostler nur durch die Tat zu erkennen, während manche Kollegen, namentlich Österreicher, sich ihres Standes auf den Visitenkarten rühmten.

Wie gesagt, Knölge paßte nicht recht zu diesen Leuten. Er sah schon mit seinem friedlichen, roten Gesicht und der breiten Figur ganz anders aus als die meist hageren, asketisch blickenden, oft phantastisch gekleideten Brüder vom reinen Vegetarismus, deren manche die Haare bis über die Schultern hinab wachsen ließen und deren jeder als Fanatiker, Bekenner und Märtyrer seines speziellen Ideals durchs Leben ging. Knölge war Philolog und Patriot, er teilte weder die Menschheitsgedanken und sozialen Reformideen noch die absonderliche Lebensweise seiner Mitvegetarier. Er sah so aus, daß an den Bahnhöfen und Schiffshaltestellen von Locarno oder Pallanza ihm die Diener der weltlichen Hotels, die sonst jeden »Kohlrabiapostel« von weitem rochen, vertrauensvoll ihre Gasthäuser empfahlen und ganz erstaunt waren, wenn der so anständig aussehende Mensch seinen Koffer dem Diener einer Thalysia oder Ceres oder dem Eselsführer des Monte Verità übergab.

Trotzdem fühlte er sich mit der Zeit in der ihm fremden Umgebung ganz wohl. Er war ein Optimist, ja beinahe ein Lebenskünstler, und allmählich fand er unter den Pflanzenessern aller Länder, die jene Orte besuchten, namentlich unter den Franzosen, manchen friedliebenden und rotwangigen Freund, an dessen Seite er seinen jungen Salat und seinen Pfirsich ungestört in behaglichen Tischgesprächen verzehren konnte, ohne daß ihm ein Fanatiker der strengen Observanz seine Gemischtkostlerei oder ein reiskauender Buddhist seine religiöse Indifferenz vorwarf. Da geschah es, daß Doktor Knölge erst durch die Zeitungen, dann durch direkte Mitteilungen aus dem Kreise seiner Bekannten von der großen Gründung der Internationalen Vegetarier-Gesellschaft hörte, die ein gewaltiges Stück Land in Kleinasien erworben hatte und alle Brüder der Welt bei mäßigsten Preisen einlud, sich dort besuchsweise oder dauernd niederzulassen. Es war eine Unternehmung jener idealistischen Gruppe deutscher, holländischer und österreichischer Pflanzenesser, deren Bestrebungen eine Art von vegetarischem Zionismus waren und dahin zielten, den Anhängern und Bekennern ihres Glaubens ein eigenes Land mit eigener Verwaltung irgendwo in der Welt zu erwerben, wo die natürlichen Bedingungen zu einem Leben vorhanden wären, wie es ihnen als Ideal vor Augen stand. Ein Anfang dazu war diese Gründung in Kleinasien. Ihre Aufrufe wandten sich »an alle Freunde der vegetarischen und vegetabilistischen Lebensweise, der Nacktkultur und Lebensreform«, und sie versprachen so viel und klangen so schön, daß auch Herr Knölge dem sehnsüchtigen Ton aus dem Paradiese nicht widerstand und sich für den kommenden Herbst als Gast dort anmeldete.

Das Land sollte Obst und Gemüse in wundervoller Zartheit und Fülle liefern, die Küche des großen Zentralhauses wurde vom Verfasser der »Wege zum Paradiese« geleitet, und als besonders angenehm empfanden viele den Umstand, daß es sich dort ganz ungestört ohne den Hohn der argen Welt würde leben lassen. Jede Art von Vegetarismus und von Kleidungsreformbestrebung war zugelassen und es gab kein Verbot als das des Genusses von Fleisch und Alkohol.

Und aus allen Teilen der Welt kamen flüchtige Sonderlinge, teils um dort in Kleinasien endlich Ruhe und Behagen in einem ihrer Natur gemäßen Leben zu finden, teils um von den dort zusammenströmenden Heilsbegierigen ihren Vorteil und Unterhalt zu ziehen. Da kamen flüchtig gegangene Priester und Lehrer aller Kirchen, falsche Hindus, Okkultisten, Sprachlehrer, Masseure, Magnetopathen, Zauberer, Gesundbeter. Dieses ganze kleine Volk exzentrischer Existenzen bestand weniger aus Schwindlern und bösen Menschen als aus harmlosen Betrügern im Kleinen, denn große Vorteile waren nicht zu gewinnen, und die meisten suchten denn auch nichts anderes als ihren Lebensunterhalt, der für einen Pflanzenesser in südlichen Ländern sehr wohlfeil ist. Die meisten dieser in Europa und Amerika entgleisten Menschen trugen als einziges Laster die so vielen Vegetariern eigene Arbeitsscheu mit sich. Sie wollten nicht Gold und Genuß, Macht und Vergnügen, sondern sie wollten vor allem ohne Arbeit und Belästigung ihr bescheidenes Leben führen können. Mancher von ihnen hatte zu Fuß ganz Europa wiederholt durchmessen als bescheidener Türklinkenputzer bei wohlhabenden Gesinnungsgenossen oder als predigender Prophet oder als Wunderdoktor, und Knölge fand bei seinem Eintreffen in Quisisana manchen alten Bekannten, der ihn je und je in Leipzig als harmloser Bettler besucht hatte.

Vor allem aber traf er Größen und Helden aus allen Lagern des Vegetariertums. Sonnenbraune Männer mit langwallenden Haaren und Bärten schritten alttestamentlich in weißen Burnussen auf Sandalen einher, andere trugen Sportkleider aus heller Leinwand. Einige ehrwürdige Männer gingen nackt mit Lendentüchern aus Bastgeflecht eigener Arbeit. Es hatten sich Gruppen und sogar organisierte Vereine gebildet, an gewissen Orten trafen sich die Frugivoren, an anderen die asketischen Hungerer, an anderen die Theosophen oder Lichtanbeter. Ein Tempel war von Verehrern des amerikanischen Propheten Davis erbaut, eine Halle diente dem Gottesdienst der Neoswedenborgisten.

In diesem merkwürdigen Gewimmel bewegte sich Doktor Knölge anfangs nicht ohne Befangenheit. Er besuchte die Vorträge eines früheren badischen Lehrers namens Klauber, der in reinem Alemannisch die Völker der Erde über die Geschehnisse des Landes Atlantis unterrichtete, und bestaunte den Yogi Vishinanda, der eigentlich Beppo Cinari hieß und es in jahrzehntelangem Streben dahin gebracht hatte, die Zahl seiner Herzschläge willkürlich um etwa ein Drittel vermindern zu können. In Europa zwischen den Erscheinungen des gewerblichen und politischen Lebens hätte diese Kolonie den Eindruck eines Narrenhauses oder einer phantastischen Komödie gemacht. Hier in Kleinasien sah das alles ziemlich verständig und gar nicht unmöglich aus. Man sah zuweilen neue Ankömmlinge in Verzückung über diese Erfüllung ihrer Lieblingsträume mit geisterhaft leuchtenden Gesichtern oder in hellen Freudentränen umhergehen, Blumen in den Händen, und jeden Begegnenden mit dem Friedenskuß begrüßend. Die auffallendste Gruppe war jedoch die der reinen Frugivoren. Diese hatten auf Tempel und Haus und Organisation jeder Art verzichtet und zeigten kein anderes Streben als das, immer natürlicher zu werden und, wie sie sich ausdrückten, »der Erde näher zu kommen«. Sie wohnten unter freiem Himmel und aßen nichts, als was von Baum oder Strauch zu brechen war. Sie verachteten alle anderen Vegetarier unmäßig, und einer von ihnen erklärte dem Doktor Knölge ins Gesicht, das Essen von Reis und Brot sei genau dieselbe Schweinerei wie der Fleischgenuß und zwischen einem sogenannten Vegetarier, der Milch zu sich nehme, und irgend einem Säufer und Schnapsbruder könne er keinen Unterschied finden.

Unter den Frugivoren ragte der verehrungswürdige Bruder Jonas hervor, der konsequenteste und erfolgreichste Vertreter dieser Richtung. Er trug zwar ein Lendentuch, doch war es kaum von seinem behaarten braunen Körper zu unterscheiden, und er lebte in einem kleinen Gehölz, in dessen Geäste man ihn mit gewandter Hurtigkeit sich bewegen sah. Seine Daumen und großen Zehen waren in einer wunderbaren Rückbildung begriffen, und sein ganzes Wesen und Leben stellte die beharrlichste und gelungenste Rückkehr zur Natur vor, die man sich denken konnte. Wenige Spötter nannten ihn unter sich den Gorilla, im übrigen genoß Jonas die Bewunderung und Verehrung der ganzen Provinz.

Auf den Gebrauch der Sprache hatte der große Rohkostler Verzicht getan. Wenn Brüder oder Schwestern sich am Rande seines Gehölzes unterhielten, saß er zuweilen auf einem Aste zu ihren Häupten, grinste ermunternd oder lachte mißbilligend, gab aber keine Worte von sich und suchte durch Gebärden anzudeuten, seine Sprache sei die unfehlbare der Natur und werde später die Weltsprache aller Vegetarier und Naturmenschen sein. Seine nächsten Freunde waren täglich bei ihm, genossen seinen Unterricht in der Kunst des Kauens und Nüsseschälens und sahen seiner fortschreitenden Vervollkommnung mit Ehrfurcht zu, doch hegten sie die Besorgnis, ihn bald zu verlieren, da er vermutlich binnen kurzem, ganz eins mit der Natur, sich in die heimatliche Wildnis der Gebirge zurückziehen werde.

Einige Schwärmer schlugen vor, diesem wundersamen Wesen, das den Kreislauf des Lebens vollendet und den Weg zum Ausgangspunkt der Menschwerdung zurückgefunden hatte, göttliche Ehren zu erweisen. Als sie jedoch eines Morgens bei Aufgang der Sonne in dieser Absicht das Gehölz aufsuchten und ihren Kult mit Gesang begannen, erschien der Gefeierte auf seinem großen Lieblingsaste, schwang sein gelöstes Lendentuch höhnisch in Lüften und bewarf die Anbeter mit harten Pinienzapfen.

Dieser Jonas der Vollendete, der »Gorilla«, war unserem Doktor Knölge im Innersten seiner bescheidenen Seele zuwider. Alles, was er in seinem Herzen je gegen die Auswüchse vegetarischer Weltanschauung und fanatisch-tollen Wesens schweigend bewegt hatte, trat ihm in dieser Gestalt schreckhaft entgegen und schien sogar sein eigenes maßvolles Vegetariertum grell zu verhöhnen. In der Brust des anspruchslosen Privatgelehrten erhob sich gekränkt die Würde des Menschen und er, der so viele Andersmeinende gelassen und duldsam ertragen hatte, konnte an dem Wohnort des Vollkommenen nicht vorübergehen, ohne Haß und Wut gegen ihn zu empfinden. Und der Gorilla, der auf seinem Aste alle Arten von Gesinnungsgenossen, Verehrern und Kritikern mit Gleichmut betrachtet hatte, fühlte ebenfalls wider diesen Menschen, dessen Haß sein Instinkt wohl witterte, eine zunehmende tierische Erbitterung. Sooft der Doktor vorüber kam, maß er den Baumbewohner mit vorwurfsvoll beleidigten Blicken, die dieser mit Zähnefletschen und zornigem Fauchen erwiderte.

Schon hatte Knölge beschlossen, im nächsten Monat die Provinz zu verlassen und nach seiner Heimat zurückzukehren, da führte ihn, beinahe wider seinen Willen in einer strahlenden Vollmondnacht ein Spaziergang in die Nähe des Gehölzes. Mit Wehmut dachte er früherer Zeiten, da er noch in voller Gesundheit als ein Fleischesser und gewöhnlicher Mensch unter seinesgleichen gelebt hatte, und im Gedächtnis schönerer Jahre begann er unwillkürlich ein altes Studentenlied vor sich hin zu pfeifen.

Da brach krachend aus dem Gebüsch der Waldmensch

hervor, durch die Töne erregt und wild gemacht. Bedrohlich stellte er sich vor dem Spaziergänger auf, eine ungefüge Keule schwingend. Aber der überraschte Doktor war so erbittert und erzürnt, daß er nicht die Flucht ergriff, sondern die Stunde gekommen fühlte, da er sich mit seinem Feinde auseinandersetzen müsse. Grimmig lächelnd verbeugte er sich und sagte mit so viel Hohn und Beleidigung in der Stimme, als er aufzubringen vermochte: Sie erlauben, daß ich mich vorstelle. Doktor Knölge.

Da warf der Gorilla mit einem Wutschrei seine Keule fort, stürzte sich auf den Schwachen und hatte ihn im Augenblick mit seinen furchtbaren Händen erdrosselt. Man fand ihn am Morgen, manche ahnten den Zusammenhang, doch wagte niemand etwas gegen den Affen Jonas zu tun, der gleichmütig im Geäste seine Nüsse schälte. Die wenigen Freunde, die sich der Fremde während seines Aufenthaltes im Paradiese erworben hatte, begruben ihn in der Nähe und steckten auf sein Grab eine einfache Tafel mit der kurzen Inschrift: Dr. Knölge, Gemischtkostler aus Deutschland.

(1910)

Wenn der Krieg noch zwei Jahre dauert

Seit meiner Jugend hatte ich die Gewohnheit, von Zeit zu Zeit zu verschwinden und zur Erfrischung in andere Welten unterzutauchen; man pflegte mich dann zu suchen und nach einiger Zeit als vermißt auszuschreiben, und wenn ich schließlich wiederkam, so war es mir stets ein Vergnügen, die Urteile der sogenannten Wissenschaft über mich und meine »Abwesenheits«- oder Dämmerzustände anzuhören. Während ich nichts anderes tat als das, was meiner Natur selbstverständlich war und was früher oder später die meisten Menschen werden tun können, wurde ich von diesen seltsamen Menschen für eine Art Phänomen angesehen, von den einen als ein Besessener, von den andern als ein mit Wunderkräften Begnadeter.

Kurz, ich war also wieder eine Weile fortgewesen. Nach zwei oder drei Kriegsjahren hatte die Gegenwart viel an Reiz für mich verloren, und ich drückte mich hinweg, um eine Weile andere Luft zu atmen. Auf dem gewohnten Wege verließ ich die Ebene, in der wir leben, und hielt mich gastweise auf anderen Ebenen auf. Ich war eine Zeitlang in fernen Vergangenheiten, jagte unbefriedigt durch Völker und Zeiten, sah den üblichen Kreuzigungen, Händeln, Fortschritten und Verbesserungen auf Erden zu und zog mich dann für einige Zeit ins Kosmische zurück.

Als ich wiederkam, war es 1920, und zu meiner Enttäuschung standen sich überall noch immer mit der gleichen geistlosen Hartnäckigkeit die Völker im Kriege gegenüber. Es waren einige Grenzen verschoben, einige ausgesuchte Regionen älterer höherer Kulturen mit Sorgfalt zerstört worden, aber alles in allem hatte sich äußerlich auf der Erde nicht viel geändert.

Groß war der erreichte Fortschritt in der Gleichheit auf

Erden. Wenigstens in Europa sah es in allen Ländern, wie ich hörte, genau gleich aus, auch der Unterschied zwischen Kriegführenden und Neutralen war fast ganz verschwunden. Seit man die Beschießung der Zivilbevölkerung mechanisch durch Freiballons betrieb, welche aus Höhen von 15 000 bis 20 000 Metern im Dahintreiben ihre Geschosse fallen ließen, seither waren die Landesgrenzen, obwohl nach wie vor scharf bewacht, so ziemlich illusorisch geworden. Die Streuung dieser vagen Schießerei aus der Luft herab war so groß, daß die Absender solcher Ballons ganz zufrieden waren, wenn sie nur ihr eigenes Gebiet nicht trafen, und sich nicht mehr darum kümmerten, wie viele ihrer Bomben auf neutrale Länder oder schließlich auch auf das Gebiet von Bundesgenossen fielen.

Dies war eigentlich der einzige Fortschritt, den das Kriegswesen selbst gemacht hatte; in ihm sprach sich endlich einigermaßen klar der Sinn des Krieges aus. Die Welt war eben in zwei Parteien geteilt, welche einander zu vernichten suchten, weil sie beide das gleiche begehrten, nämlich die Befreiung der Unterdrückten, die Abschaffung der Gewalttat und die Aufrichtung eines dauernden Friedens. Gegen einen Frieden, der möglicherweise nicht ewig währen könnte, war man überall sehr eingenommen – wenn der ewige Friede nicht zu haben war, so zog man mit Entschiedenheit den ewigen Krieg vor, und die Sorglosigkeit, mit welcher die Munitionsballons aus ungeheuren Höhen ihren Segen über Gerechte und Ungerechte regnen ließen, entsprach dem Sinn dieses Krieges vollkommen. Im übrigen wurde er jedoch auf die alte Weise mit bedeutenden, aber unzulänglichen Mitteln weitergeführt. Die bescheidene Phantasie der Militärs und Techniker hatte noch einige wenige Vernichtungsmittel erfunden – jener Phantast aber, der den mechanischen Streuballon ausgedacht hatte, war der letzte seiner

Art gewesen; denn seither hatten die Geistigen, die Phantasten, Dichter und Träumer sich mehr und mehr vom Interesse für den Krieg zurückgezogen. Er blieb, wie gesagt, den
Militärs und Technikern überlassen und machte also wenig
Fortschritte. Mit ungeheurer Ausdauer standen und lagen
sich überall die Heere gegenüber, und obwohl der Material-
mangel längst dazu geführt hatte, daß die soldatischen Aus-
zeichnungen nur noch aus Papier bestanden, hatte die Tapferkeit sich nirgends erheblich vermindert.

Meine Wohnung fand sich zum Teil durch Flugzeugge-
schosse zertrümmert, doch ließ es sich noch darin schlafen.
Immerhin war es kalt und unbehaglich, der Schutt am Boden und der feuchte Schimmel an den Wänden mißfiel mir,
und ich ging bald wieder weg, um einen Spaziergang zu
machen.

Ich ging durch einige Gassen der Stadt, die sich stark gegen früher verändert hatten. Vor allem waren keine Läden
mehr zu sehen. Die Straßen waren ohne Leben. Ich war
noch nicht lange unterwegs, da trat ein Mann mit einer
Blechnummer am Hut auf mich zu und fragte, was ich da
tue. Ich sagte, ich gehe spazieren. Er: Haben Sie Erlaubnis?
Ich verstand ihn nicht, es gab einen Wortwechsel, und er
forderte mich auf, ihm in das nächste Amtshaus zu folgen.

Wir kamen in eine Straße, deren Häuser alle mit weißen
Schildern behängt waren, auf denen ich Bezeichnungen von
Ämtern und Nummern und Buchstaben las.

»Beschäftigungslose Zivilisten« stand auf einem Schilde,
und die Nummer 2487 B 4 dabei. Dort gingen wir hinein.
Es waren die üblichen Amtsräume, Wartezimmer und Korridore, in welchen es nach Papier, nach feuchten Kleidern
und Amtsluft roch. Nach manchen Fragen wurde ich auf
Zimmer 72 d abgeliefert und dort verhört.

Ein Beamter stand vor mir und musterte mich. »Können

Sie nicht strammstehen?« fragte er streng. Ich sagte: »Nein.« Er fragte: »Warum nicht?« »Ich habe es nie gelernt«, sagte ich schüchtern.

»Also Sie sind dabei festgenommen worden, wie Sie ohne Erlaubnisschein spazierengegangen sind. Geben Sie das zu?« »Ja«, sagte ich, »das stimmt wohl. Ich hatte es nicht gewußt. Sehen Sie, ich war längere Zeit krank –«

Er winkte ab. »Sie werden dadurch bestraft, daß Ihnen für drei Tage das Gehen in Schuhen untersagt wird. Ziehen Sie Ihre Schuhe aus!«

Ich zog meine Schuhe aus.

»Mensch!« rief der Beamte da entsetzt. »Mensch, Sie tragen ja Lederschuhe! Woher haben Sie die? Sind Sie denn völlig verrückt?«

»Ich bin geistig vielleicht nicht völlig normal, ich kann das selbst nicht genau beurteilen. Die Schuhe habe ich früher einmal gekauft.«

»Ja, wissen Sie nicht, daß das Tragen von Leder in jedweder Form den Zivilpersonen streng verboten ist? – Ihre Schuhe bleiben hier, die werden beschlagnahmt. Zeigen Sie übrigens doch einmal Ihre Ausweispapiere!«

Lieber Gott, ich hatte keine.

»Das ist mir doch seit einem Jahr nimmer vorgekommen!« stöhnte der Beamte und rief einen Schutzmann herein. »Bringen Sie den Mann ins Amt Nummer 194, Zimmer 8!«

Barfuß wurde ich durch einige Straßen getrieben, dann traten wir wieder in ein Amtshaus, gingen durch Korridore, atmeten den Geruch von Papier und Hoffnungslosigkeit, dann wurde ich in ein Zimmer gestoßen und von einem andern Beamten verhört. Dieser trug Uniform.

»Sie sind ohne Ausweispapiere auf der Straße getroffen worden. Sie zahlen zweitausend Gulden Buße. Ich schreibe sofort die Quittung.«

»Um Vergebung«, sagte ich zaghaft, »so viel habe ich nicht bei mir. Können Sie mich nicht statt dessen einige Zeit einsperren?«

Er lachte hell auf.

»Einsperren? Lieber Mann, wie denken Sie sich das? Glauben Sie, wir hätten Lust, Sie auch noch zu füttern? – Nein, mein Guter, wenn Sie die Kleinigkeit nicht zahlen können, bleibt Ihnen die härteste Strafe nicht erspart. Ich muß Sie zum provisorischen Entzug der Existenzbewilligung verurteilen! Bitte geben Sie mir Ihre Existenzbewilligungskarte!«

Ich hatte keine.

Der Beamte war nun ganz sprachlos. Er rief zwei Kollegen herein, flüsterte lange mit ihnen, deutete mehrmals auf mich, und alle sahen mich mit Furcht und tiefem Erstaunen an. Dann ließ er mich, bis mein Fall beraten wäre, in ein Haftlokal abführen.

Dort saßen oder standen mehrere Personen herum, vor der Tür stand eine militärische Wache. Es fiel mir auf, daß ich, abgesehen von dem Mangel an Stiefeln, weitaus der am besten Gekleidete war. Man ließ mich mit einer gewissen Ehrfurcht sitzen, und sogleich drängte ein kleiner scheuer Mann sich neben mich, bückte sich vorsichtig zu meinem Ohr herab und flüsterte mir zu: »Sie, ich mache Ihnen ein fabelhaftes Angebot. Ich habe zu Hause eine Zuckerrübe! Eine ganze, tadellose Zuckerrübe! Sie wiegt beinahe drei Kilo. Sie können sie haben. Was bieten Sie?«

Er bog sein Ohr zu meinem Munde, und ich flüsterte: »Machen Sie mir selbst ein Angebot! Wieviel wollen Sie haben?«

Leise flüsterte er mir ins Ohr: »Sagen wir hundertfünfzehn Gulden!«

Ich schüttelte den Kopf und versank in Nachdenken.

Ich sah, ich war zu lange weggewesen. Es war schwer, sich wieder einzuleben. Viel hätte ich für ein Paar Schuhe oder Strümpfe gegeben, denn ich hatte an den bloßen Füßen, mit denen ich durch die nassen Straßen hatte gehen müssen, schrecklich kalt. Aber es war niemand in dem Zimmer, der nicht barfuß gewesen wäre.

Nach einigen Stunden holte man mich ab. Ich wurde in das Amt Nr. 285, Zimmer 19f geführt. Der Schutzmann blieb diesmal bei mir; er stellte sich zwischen mir und dem Beamten auf. Es schien mir ein sehr hoher Beamter zu sein.

»Sie haben sich in eine recht böse Lage gebracht«, fing er an. »Sie halten sich in hiesiger Stadt auf und sind ohne Existenzbewilligungsschein. Es wird Ihnen bekannt sein, daß die schwersten Strafen darauf stehen.«

Ich machte eine kleine Verbeugung.

»Erlauben Sie«, sagte ich, »ich habe eine einzige Bitte an Sie. Ich sehe vollkommen ein, daß ich der Situation nicht gewachsen bin und daß meine Lage nur immer schwieriger werden muß. – Ginge es nicht an, daß Sie mich zum Tode verurteilen? Ich wäre sehr dankbar dafür!«

Milde sah der hohe Beamte mir in die Augen.

»Ich begreife«, sagte er sanft. »Aber so könnte schließlich jeder kommen! Auf alle Fälle müßten Sie vorher eine Sterbekarte lösen. Haben Sie Geld dafür? Sie kostet viertausend Gulden.«

»Nein, so viel habe ich nicht. Aber ich würde alles geben, was ich habe. Ich habe großes Verlangen danach zu sterben.«

Er lächelte sonderbar.

»Das glaube ich gerne, da sind Sie nicht der einzige. Aber so einfach geht das mit dem Sterben nicht. Sie gehören einem Staate an, lieber Mann, und sind diesem Staate verpflichtet, mit Leib und Leben. Das dürfte Ihnen doch bekannt sein. Übrigens – ich sehe da eben, daß Sie als Sinclair, Emil, eingetragen sind. Sind Sie vielleicht der Schriftsteller Sinclair?«

»Gewiß, der bin ich.«

»Oh, das freut mich sehr. Ich hoffe, Ihnen gefällig sein zu können. Schutzmann, Sie können inzwischen abtreten.«

Der Schutzmann ging hinaus, der Beamte bot mir die Hand.

»Ich habe Ihre Bücher mit viel Interesse gelesen«, sagte er verbindlich, »und ich will Ihnen gern nach Möglichkeit behilflich sein. – Aber sagen Sie mir doch, lieber Gott, wie Sie in diese unglaubliche Lage geraten konnten?«

»Ja, ich war eben eine Zeitlang weg. Ich flüchtete mich für einige Zeit ins Kosmische, es mögen so zwei, drei Jahre gewesen sein, und offen gestanden hatte ich so halb und halb angenommen, der Krieg würde inzwischen sein Ende gefunden haben. – Aber sagen Sie, können Sie mir eine Sterbekarte verschaffen? Ich wäre Ihnen fabelhaft dankbar.«

»Es wird vielleicht gehen. Vorher müssen Sie aber eine Existenzbewilligung haben. Ohne sie wäre natürlich jeder Schritt aussichtslos. Ich gebe Ihnen eine Empfehlung an das Amt 127 mit, da werden Sie auf meine Bürgschaft hin wenigstens eine provisorische Existenzkarte bekommen. Sie gilt allerdings nur zwei Tage.«

»Oh, das ist mehr als genug!«

»Nun gut! Kommen Sie dann, bitte, zu mir zurück.«

Ich drückte ihm die Hand.

»Noch eines!« sagte ich leise. »Darf ich noch eine Frage an Sie stellen? Sie können sich denken, wie schlecht orientiert ich in allem Aktuellen bin.«

»Bitte, bitte.«

»Ja, also – vor allem würde es mich interessieren, zu wissen, wie es möglich ist, daß bei diesen Zuständen das Leben überhaupt noch weitergeht. Hält denn ein Mensch das aus?«

»O ja, Sie sind ja in einer besonders schlimmen Lage, als Zivilperson und gar ohne Papiere! Es gibt sehr wenig Zivilpersonen mehr. Wer nicht Soldat ist, der ist Beamter. Schon damit wird für die meisten das Leben viel erträglicher, viele sind sogar sehr glücklich. Und an die Entbehrungen hat man sich eben so allmählich gewöhnt. Als das mit den Kartoffeln allmählich aufhörte und man sich an den Holzbrei gewöhnen mußte – er wird jetzt leicht geteert und dadurch recht schmackhaft –, da dachte jeder, es sei nicht mehr auszuhalten. Und jetzt geht es eben doch. Und so ist es mit allem.«

»Ich verstehe«, sagte ich. »Es ist eigentlich weiter nicht erstaunlich. Nur eins begreife ich nicht ganz. Sagen Sie mir: wozu eigentlich macht nun die ganze Welt diese riesigen Anstrengungen? Diese Entbehrungen, diese Gesetze, diese tausend Ämter und Beamte – was ist es eigentlich, was man damit beschützt und aufrechterhält?«

Erstaunt sah der Herr mir ins Gesicht.

»Ist das eine Frage!« rief er mit Kopfschütteln. »Sie wissen doch, daß Krieg ist, Krieg in der ganzen Welt! Und das ist es, was wir erhalten, wofür wir Gesetze geben, wofür wir Opfer bringen. Der Krieg ist es. Ohne diese enormen Anstrengungen und Leistungen könnten die Armeen keine Woche länger im Felde stehen. Sie würden verhungern – es wäre unausstehlich!«

»Ja«, sagte ich langsam, »das ist allerdings ein Gedanke! Also der Krieg ist das Gut, das mit solchen Opfern aufrechterhalten wird! Ja, aber – erlauben Sie eine seltsame Frage – warum schätzen Sie den Krieg so hoch? Ist er denn das alles wert? Ist denn der Krieg überhaupt ein Gut?«

Mitleidig zuckte der Beamte die Achseln. Er sah, ich verstand ihn nicht.

»Lieber Herr Sinclair«, sagte er, »Sie sind sehr weltfremd geworden. Aber bitte, gehen Sie durch eine einzige Straße, reden Sie mit einem einzigen Menschen, strengen Sie Ihre Gedanken nur ein klein wenig an und fragen Sie sich: Was haben wir noch? Worin besteht unser Leben? Dann müssen Sie doch sofort sagen: Der Krieg ist das einzige, was wir noch haben! Vergnügen und persönlicher Erwerb, gesellschaftlicher Ehrgeiz, Habgier, Liebe, Geistesarbeit – alles existiert nicht mehr. Der Krieg ist es einzig und allein, dem wir es verdanken, daß noch so etwas wie Ordnung, Gesetz, Gedanke, Geist in der Welt vorhanden ist. – Können Sie denn das nicht sehen?«

Ja, nun sah ich es ein, und ich dankte dem Herrn sehr.

Dann ging ich davon und steckte die Empfehlung an das Amt 127 mechanisch in meine Tasche. Ich hatte nicht im Sinne, von ihr Gebrauch zu machen, es war mir nichts daran gelegen, noch irgendeines dieser Ämter zu belästigen. Und noch ehe ich wieder bemerkt und zur Rede gestellt werden konnte, sprach ich den kleinen Sternensegen in mich hinein, stellte meinen Herzschlag ab, ließ meinen Körper im Schatten eines Gebüsches verschwinden und setzte meine vorherige Wanderung fort, ohne mehr an Heimkehr zu denken.

(1917)

Gespräch mit einem Ofen

Er stellte sich mir vor: dick, breit, das große Maul voll Feuer.

»Ich heiße Franklin«, sagte er.

»Bist du Benjamin Franklin?« fragte ich.

»Nein, nur Franklin. Oder Francolino. Ich bin ein italienischer Ofen, eine vorzügliche Erfindung. Ich wärme zwar nicht besonders –«

»Ja«, sagte ich, »das ist mir bekannt. Alle Öfen mit schönen Namen sind vorzügliche Erfindungen, heizen aber mäßig. Ich liebe sie sehr, sie verdienen Bewunderung. Aber sage, Franklin, wie kommt das, daß ein italienischer Ofen einen amerikanischen Namen hat? Ist das nicht sonderbar?«

»Sonderbar? Nein, das ist eines der geheimen Gesetze, weißt du. Ein geheimes Gesetz der Beziehungen und Ergänzungen, die Natur ist ja voll von solchen Gesetzen. Die feigen Völker haben Volkslieder, in denen der Mut verherrlicht wird. Die lieblosen Völker haben Theaterstücke, in denen die Liebe verherrlicht wird. So ist es auch mit uns, mit uns Öfen. Ein italienischer Ofen heißt meistens amerikanisch, so wie ein deutscher Ofen meistens griechisch heißt. Sie sind deutsch, und glaube mir, sie wärmen um nichts besser als ich, aber sie heißen Heureka oder Phönix oder Hektors Abschied. Es weckt große Erinnerungen. So heiße auch ich Franklin. Ich bin ein Ofen, aber ich könnte, nach manchen Kennzeichen, ebensogut ein Staatsmann sein. Ich habe einen großen Mund, verbrauche viel, wärme wenig, speie Rauch durch ein Rohr, trage einen guten Namen und wecke große Erinnerungen. So ist das mit mir.«

»Gewiß«, sagte ich, »ich habe die größte Achtung vor Ihnen. Da Sie ein italienischer Ofen sind, kann man gewiß auch Kastanien in Ihnen braten?«

»Man kann es, gewiß. Es ist ein Zeitvertreib. Viele lieben das. Manche machen auch Verse, oder spielen Schach. Gewiß kann man auch Kastanien in mir braten, warum nicht? Sie verbrennen zwar, aber der Zeitvertreib ist da. Die Menschen lieben den Zeitvertreib, und ich bin Menschenwerk. Wir tun eben unsre Pflicht, wir Denkmäler, nicht mehr, nicht weniger.«

»Warten Sie! ›Denkmäler‹ – sagen Sie? Betrachten Sie sich als ein Denkmal?«

»Aber ja. Wir alle sind Denkmäler. Wir Erzeugnisse der Industrie sind alle Denkmäler einer menschlichen Eigenschaft oder Tugend, einer Eigenschaft, welche in der Natur selten ist und in höherer Ausbildung sich nur beim Menschen findet.«

»Welche Eigenschaft ist das, bitte?«

»Der Sinn für das Unzweckmäßige. Ich bin, neben vielem anderem, ein Denkmal dieses Sinnes. Ich heiße Franklin, ich bin ein Ofen, ich habe einen großen Mund, der das Holz frißt, und ein großes Rohr, durch welches die Wärme den raschesten Weg ins Freie findet. Ich habe auch Ornamente, und ich habe zwei Klappen, die man öffnen und schließen kann. Auch dies ist ein hübscher Zeitvertreib. Man kann damit spielen, wie mit einer Flöte.«

»Sie entzücken mich, Franklin. Sie sind der klügste Ofen, den ich je gesehen habe. Aber wie ist das nun: sind Sie nun eigentlich ein Ofen, oder ein Denkmal?«

»Wieviel Sie fragen! Ist es Ihnen nicht bekannt, daß der Mensch das einzige Wesen ist, das den Dingen einen ›Sinn‹ beilegt? Für die ganze Natur ist die Eiche eine Eiche, der Wind ein Wind, das Feuer ein Feuer. Für den Menschen aber ist alles anders, ist alles sinnvoll, alles beziehungsvoll! Alles wird ihm heilig, alles Symbol. Ein Totschlag ist eine Heldentat, eine Seuche ist Gottes Finger, ein Krieg ist Evo-

lution. Wie sollte da ein Ofen nur ein Ofen sein können?!
Nein, auch er ist Symbol, er ist Denkmal, er ist Verkünder.
Darum liebt man ihn, darum zollt man ihm Achtung. Darum hat er Ornamente und Klappen. Darum sieht er in dem bißchen Heizen nicht seine einzige Bestimmung. Darum heißt er Franklin.«

(1919)

Bericht aus Normalien

Lieber und ergebenst hochgeschätzter Freund, da Sie in Ihrer Güte mich dazu ermuntern, will ich denn unsern Briefwechsel, der ja stets mehr ein von mir bestrittener Monolog
als ein Gespräch und nun während dieser Unglücksjahre
unterbrochen war, wieder aufnehmen und Ihnen wieder
einmal von meinem Leben und von den hiesigen Zuständen
berichten. Ich weiß zwar freilich nicht, ob Sie über uns,
unsern Staat und seine Einrichtungen nicht besser unterrichtet sind als ich, der ich, in meiner Subjektivität befangen,
mich hier zwar wohl und zuhause fühle, aber doch nicht
ohne durch manches Eigentümliche, Widerspruchsvolle oder
Befremdende in unsrer Gemeinschaft und unsrem Leben
mich gelegentlich bald überrascht oder auch erschreckt, bald
auch verhöhnt und überlistet oder an der Nase herumge-
führt zu fühlen. Nun, so ist es eben, möglicherweise ist und
war es überall und jederzeit auf Erden so, und wie gesagt,
fühle ich mich hier wohl und habe nicht die Absicht und das
Bedürfnis, Kritik an den Zuständen zu üben oder gar mich
über sie zu beklagen. Im Gegenteil, es lebt sich gut in unsrer
so gewaltig ausgedehnten Anstalt, und die Rätsel, die unser
Leben in Normalien uns aufgibt, sind vielleicht von denen
in Ihrem Nordblock, oder wie Ihr Land sich zur Zeit nun
nennen mag, nicht allzu sehr verschieden. Uns beschäftigt
und beunruhigt zum Beispiel die Frage, wer nun eigentlich
unser Direktor – – aber lassen Sie mich über diese Kardinal-
frage vorläufig lieber noch schweigen! Sehr wenig unterrichtet sind wir auch über die Frage, wie es bei uns nach
dem Sturze der letzten Tyrannis eigentlich zu der »Diktatur
der Stände« gekommen sei, als die wir uns offiziell bezeichnen. Aber Sie dürften sich eher für eine andere Frage, vielmehr einen Komplex von Fragen interessieren, für jene Fra-

ge nämlich, die sich auf die Legende von der Vorgeschichte unsrer Anstalt – nein, unsres so umfangreichen und dicht bevölkerten Gemeinwesens bezieht. Sie wissen: wir Normalier leben hier als freiwillige und sich autonom regierende Insassen eines Länderkomplexes, der dem westöstlichen, föderativ-diktatorischen Staatenkonglomerat angehört. Hervorgegangen aber ist unser Land und Gemeinwesen aus einer kleinen, kaum eine Quadratmeile umfassenden Parklandschaft im Norden Aquitaniens, und dieser Park mit seinem Dutzend Gebäuden war zur Zeit vor den letzten politischen und kriegerischen Umwälzungen nichts anderes als eine mittelgroße, sehr gut geführte Irrenanstalt. Das Anwachsen dieser Anstalt zu einem ganzen Staat und Lande wird von den offiziellen Historikern daraus erklärt, daß infolge der Angst- und Massenpsychosen seit dem Beginn der Gloriosen Epoche jene weitbekannte Anstalt einen solchen Zustrom an Patienten zu bewältigen hatte, daß aus der Siedlung ein Dorf, ein Komplex von Dörfern, endlich ein Komplex von Landschaften und Städten, kurz unser jetziges Land entstanden sei. Dabei sei den Bedürfnissen der reich abgestuften Kategorien von Patienten entsprechend ein System von Anstalten für schwer und weniger schwer Gestörte, für Süchtige, für Neurotiker, für nur Nervöse etc. etc. entstanden, und während die Heilstätten für ernstlich Kranke nach wie vor von Ärzten nach den Spielregeln der damaligen Psychiatrie geleitet wurden, habe sich um sie herum eine kleine Welt von Siedlungen und Wohngemeinschaften gebildet, in welchen es weder Arzt noch Psychiatrie gab, und welche infolge ihrer eher angenehmen Existenzbedingungen einen gewaltigen Zulauf von Ruhesuchenden aus dem ganzen Abendlande erfuhr. Und so sei es, so glauben wir und so berichtet die Legende, kurz nach der Stabilisierung des W.O. Staatenkonglomerats zur Entstehung unsrer Gemeinschaft auf der Basis der Diktatur der Stände gekommen, eines dreißig Millionen fassenden Instituts für Vernünftige und Vollsinnige, in welches jeder Vernünftige und Vollsinnige, einige Prüfungen und Verpflichtungen vorausgesetzt, einzutreten das Recht hat. Es sind also, im Gegensatz zur ursprünglichen Bestimmung der Anstalt, in unsrem zum Staate erweiterten Institut die Gesunden und Normalen vereinigt, während der übrige und sehr viel größere Teil des von Ost-Westwinden zusammengewehten Konglomerats von den mehr oder weniger Kranken und Gestörten bevölkert und regiert wird. So sagt die Legende, und im Grunde sind wir damit zufrieden und glauben wir an sie wie jedes lebende Wesen an seine eigene Existenz glaubt und glauben muß. Nur hat sich in neuerer Zeit, Hand in Hand mit anderen irritierenden Theorien und Gedanken, auch folgender lästige Gedanke bei uns eingeschlichen: es sei ein uraltes Erkennungszeichen der Verrückten, daß sie sich gern als die Normalen und Gesunden vorkommen oder aufspielen, und so sei es auch bei uns in unserem Staat, wir seien keineswegs vernünftig und vollsinnig, sondern seien Geisteskranke, und unser Aufenthalt in diesem Scheinstaat sei kein freiwilliger und unser Staat kein Staat, sondern wir seien ganz einfach eine große Anstalt voll Verrückter. Wie gesagt, es ist dies eine Frage, mit der sich nur gelegentlich einige von uns ernster befassen, diese gehören aber allerdings zu den feineren und begabteren Köpfen unter uns, und die Frage, ob wir oder die andern die Verrückten seien, bildet den Hauptinhalt für die Philosophien und Spekulationen unsrer Genies. Wir andern, wir Kühleren und Älteren, halten uns allerdings mehr an die allgemeinen Spielregeln und glauben entweder treu und schlicht an die überlieferte Legende, also an unsre Vernünftigkeit und an die Freiwilligkeit unseres Aufenthaltes in Normalien, oder aber wir

sind der Meinung, es führe zu nichts, sich über diese unlös-
baren Fragen aufzuregen, und es komme nicht so sehr darauf an festzustellen, ob man verrückt oder normal, ob man
Affe im Affenkäfig oder durch das Gitter glotzender Abon-
nent des zoologischen Gartens sei, sondern es sei richtiger
und bekömmlicher, sowohl das Dasein wie die Metaphysik
als ein zwar nicht problemloses, doch recht sinnvolles und
charmantes Spiel aufzufassen und sich des vielen Guten und
Schönen zu freuen, das wir innerhalb dieses Spieles erleben
können. Nur allerdings, was die Person und die Funktionen
unsres Herrn Direktors betrifft, kann auch ich mir allerlei
Zweifel und vielleicht vorlaute Deutungsversuche nicht versagen. Doch davon vorerst kein Wort, es muß sich da noch
so vieles erst beruhigen und klären, ehe man sich an dies
heikelste Problem mit den groben Mitteln der Sprache und
Logik heranwagen könnte. Halten wir uns, verehrter Gönner, an das Nahe und scheinbar Gewisse, und suchen wir
das Spekulieren möglichst in bekömmlichen Grenzen zu
halten.

Ich lebe zur Zeit, nach manchen Ortswechseln, wieder
wie vor Jahren im eigentlichen Herzen von Normalien, nämlich auf dem Terrain des ehemaligen Irrenhauses, in einem
neuen Nebengebäude nicht weit von der Hecke, die den
berühmten alten Park vom großen Nutzgarten trennt. Dieser Wohnort hat, wie jeder andre in unserem Staat, seine
Vorzüge und Nachteile, seine besonderen örtlichen Tradi-
tionen, Privilegien und Servitute, wie denn in einem relativ
noch jungen, aus Landesteilen mit äußerst verschiedener
Vorgeschichte zusammengesetzten Föderativstaat auch die
mächtigste Verfassung und Ideologie die Fortdauer starken
provinzialen Eigenlebens nicht vernichten kann. Zum Beispiel brauchen wir Insassen von Alt- und Urnormalien uns
um die staatsbürgerlichen Pflichten nicht sehr viel zu küm-

mern, das heißt wir haben das Wahlrecht, aber keine Wahlpflicht, und die wichtigste staatsbürgerliche Tätigkeit, das Bezahlen der Steuern, besorgt die Anstaltsleitung für uns, wir brauchen uns darum nicht zu kümmern, die Beträge werden uns auf die Rechnung geschrieben, solange wir noch ein Guthaben stehen haben, und ist dieses erschöpft, nun so sendet uns der Staat, damit wir wieder zu Steuerquellen werden, in eine andere Gegend, in irgendeinen seiner Betriebe, selbstverständlich mit voller Wahrung des Prinzips der Freiwilligkeit und Selbstbestimmung. Vorläufig, soweit ich unterrichtet bin, reicht mein Guthaben noch für manche Quartalsrechnung und manche Steuerzahlung aus, es sei denn, es komme wieder einmal zu einer jener recht ernsten Krisen, bei welchen die Bevölkerung in einmütiger Empörung ihr gesamtes Vermögen auf die Steuerämter trägt und diese unter Bedrohung und eventueller Anwendung von Gewalt zur Annahme zwingt, sehr zum Mißvergnügen der Beamten, denn nach unserer Verfassung wird jedesmal, wenn der Staat Alleinbesitzer allen Vermögens geworden ist, die gesamte Beamtenschaft entlassen, da nichts mehr zum Einziehen da ist. Doch das sind Einrichtungen, über welche Sie, verehrter Freund, vermutlich besser Bescheid wissen als ich, denn ich bin, innerhalb gewisser Grenzen, auch im heutigen so sehr vervollkommneten Konglomerats-Staatsleben ein Individualist und Träumer, ein Ignorant und uninteressierter Mitläufer geblieben. Lassen Sie mich, nach einer so langen Unterbrechung unsres Austausches, nur erst die Vertraulichkeit wiedergewinnen und zum Schildern und Erzählen gelangen, so werde ich Ihnen Interessanteres mitteilen können, ich meine damit Einzelheiten meines und unseres Lebens, die Ihnen vielleicht neu sind und Spaß machen können. Dazu gehört unter anderm, wie ich schon andeutete, das Vorhandensein so mancher regionaler Eigentümlichkeiten und Eigengesetzlichkeiten in unseren verschiedenen Distrikten, Provinzen und Städten, Eigentümlichkeiten von historischer, zum Teil uralter Bedingtheit, welche ungeachtet der freiwillig-diktatorischen Einigkeit mit großer Zähigkeit fortbestehen. So war ich zum Beispiel vor drei oder vier Jahren einst, von den Amtsorganen zu Betätigung des freiwilligen und spontanen Ortswechsels ermahnt, nach der Stadt Flachsenfingen gezogen, über die ich manches Interessante gelesen hatte. Ich hatte einen Gartenpavillon gemietet und bezogen, einige Spaziergänge gemacht und soeben, auf einer angenehmen Bank im Grünen, mit der Niederschrift einer kleinen Dichtung begonnen, als mit der Schnelligkeit des Sturmwindes ein Polizeimann auf dem Motorrad herangebraust kam und mich fragte, was ich da treibe.

»Ich dichte«, sagte ich, »wenn Sie nichts dagegen haben.«

»Oh«, sagte er mit korrigierendem Ton, »ich wäre meines Amtes recht wenig würdig, wenn ich nichts dagegen hätte. Sie dichten, sagen Sie? Nun, und wo ist der Ausweis Ihrer Berechtigung und Zulassung? Wo ist Ihr Zunftausweis?«

Eingeschüchtert gestand ich, daß ich nichts dergleichen besitze, erlaubte mir aber doch hinzuzufügen, daß meines Wissens nirgends in der Verfassung Normaliens von Zunftzwang und Zunftausweisen die Rede sei.

»Sie wollen mich belehren?« rief er unwillig. »Normalien hin und Normalien her, wir sind hier in Flachsenfingen. Sie haben also keinen Ausweis? Wollen Sie damit etwa sagen, daß Sie überhaupt keiner Zunft angehören?«

So stand es in der Tat mit mir, und ich erfuhr nun, daß in dieser Stadt nichts so absolut verpönt und unmöglich war, als irgendwelche Tätigkeit auszuüben, ohne einer Zunft anzugehören. Ich mußte Papier und Bleistift ausliefern und dem strengen Manne folgen, ich wurde aufs Rathaus und zum Bürgermeister geführt, einem recht sympathischen Manne übrigens, mußte ihm Rede und Antwort stehen und bat, nachdem ich begriffen hatte, um was es gehe, um meine Zuweisung zur Dichter- oder Literatenzunft. Nun war es der Bürgermeister, der etwas in Verlegenheit geriet, denn eine solche Zunft gab es in seiner Stadt nicht. Es wurde denn eine Ratssitzung einberufen, nachdem man mich eidlich verpflichtet hatte, bis zu meiner Einreihung in eine Zunft keinerlei Tätigkeit auszuüben, und in der Sitzung wurde nach umständlichem und lebhaftem Debattieren beschlossen, es sei die Schneiderzunft, in welche ich am ehesten zu passen scheine und welche also ersucht werden solle, mich aufzunehmen. Wieder vergingen einige Tage, bis die Obmänner der Schneiderzunft mich aufsuchten und mir erzählten, sie hätten mich ihren Statuten gemäß eigentlich weder aufnehmen können noch wollen, aber nun sei soeben ihr ältestes Mitglied gestorben und damit ein Platz für mich freigeworden, falls ich vom Plenum genehmigt werde und willig sei, mich für meinen Gehorsam gegen die Zunftgesetze zu verbürgen. Ich versprach natürlich alles, wenn es irgend mit meiner Ehre als Mensch und Dichter vereinbar sei. Und wieder nach einer Sitzung, bei welcher ich der Zunft zur Besichtigung vorgeführt wurde, lud man mich ein, probeweise einem feierlichen Akte der Innung beizuwohnen, nämlich der Beerdigung jenes ältesten Zunftbruders. So schritt ich denn etwas bangen Herzens mit im Leichenzuge hinter der Zunftfahne her; sie soll noch in Flachsenfingens Glanzzeit unter des Legationsrats Richter Auspizien gestiftet worden sein. Nach stattgehabter Feier und Niederlegung unsres Kranzes zogen wir in das Gasthaus zur Linde zu einem Imbiß mit gutem Weißwein, von dem wir ziemlich viel genossen. Ich benützte die eingetretene heitere, gelöste und lebensfrohe Stimmung, um einen der würdigen Männer beiseite zu nehmen und ihn zu fragen, ob ich wohl Aussicht habe, als Mitglied aufgenommen zu werden.

»Ach«, sagte er wohlwollend, »warum eigentlich nicht? Sie gefallen uns soweit ganz gut, und daß wir bisher einen Dichter noch nicht unter uns gehabt haben, ist im Grunde auch kein Hindernis. Offen gesagt, was meine Person betrifft, so war ich bisher immer der Meinung, ein Dichter sei jemand, der gesammelte Werke geschrieben hat und schon lange tot ist. Nur sollten Sie freilich Ihrerseits auch etwas tun, das Sie beliebt macht und Ihre gute Gesinnung beweist.«

Ich erklärte, dazu sei ich von Herzen bereit, und bat ihn, mir zu raten, wie ich mich bei den Herren am besten einführen könnte.

»Nun«, meinte er, »es braucht nicht gleich die Welt zu kosten. Sie könnten zum Beispiel ans Glas klopfen, sich erheben und den Kameraden erklären, aus Sympathie mit der Zunft und ihrem in Gott ruhenden Senior empfänden Sie Lust, ein Gedicht auf den Entschlafenen anzufertigen und den heutigen Verbrauch an Weißwein zu bezahlen.«

»Die Idee mit dem Wein«, sagte ich dankbar, »gefällt mir sehr. Aber wie soll ich ein Gedicht auf einen verstorbenen alten Herrn machen, den ich nicht gekannt und nie gesehen habe und von dem ich nichts weiß, als daß der Schneider war und die Ehre hatte, Ihrer Zunft anzugehören?«

»Sie sind fremd hier«, sagte mein Gönner, »sonst würden Sie wissen, daß unser Senior kein Schneider war, so wenig wie der Zunftmeister oder ich oder irgendein anderes Mitglied. Sie selbst sind ja auch nicht Schneider und wollen doch unser Mitglied werden.«

»Aber was war denn der Verstorbene von Beruf?«

»Ich weiß es nicht genau, ich glaube, er hat früher eine Likörfabrik geleitet oder besessen, er war ein Mann von

Bildung und besten Manieren. Aber wegen Ihres Gedichtes machen Sie sich ganz unnötige Sorgen, es brauchen keine Schneider darin vorzukommen, nur vielleicht die rotseidene Fahne mit der goldenen Schere, und irgend so etwas Schönes vom Tod und vom Menschenleben und Wiedersehen und dergleichen. Das ist es, was man bei einem solchen Anlaß gern hören mag.«

Er begann ungeduldig zu werden, wir standen im Haustor, und drinnen im kleinen Saale klangen die Gläser. Ich hatte nicht den Mut, ihn noch weiter aufzuhalten, ich ließ ihn zurückkehren, folgte ihm nach einer Weile recht kleinlaut, fand aber bei den Brötchen und dem guten Weine allmählich die Courage und gute Laune wieder, erhob mich und rhapsodierte aus dem Stegreif ein Gedicht, von dem es vielleicht schade ist, daß es nie aufgeschrieben wurde. Es hatte viel mehr Kraft, Schwung und Volkstümlichkeit als meine anderen Gedichte, und es gefiel den Herren ganz unbändig, sie wurden richtig tiefsinnig, nickten schwer mit gerührter Zustimmung, riefen Bravo und erhoben sich allesamt, um mit mir anzustoßen, mir Komplimente zu machen und mich als ihren Zunftgenossen willkommen zu heißen. Ich war zu Tränen gerührt und wollte nach all den Händedrücken nun auch noch die Weinspende ankündigen, als mir einer jener lichten Momente, wie sie nach reichlichem Zechen richtig gleich Blitzen aufzucken können, die Einsicht schenkte, daß es dieser Spende, vor der mein schmaler Beutel sich doch etwas fürchtete, ja gar nicht mehr bedürfe. So schwieg ich überwältigt und glücklich und hielt mein Glas den vielen mir Zutrinkenden stumm entgegen. Sie nahmen mich mit Ehren in ihre altehrwürdige Zunft auf, ich war geborgen, niemals mehr wurde meine Arbeit überwacht oder verboten, es war der Ordnung und Form Genüge geschehen. Und auch von der Schneiderzunft hörte ich niemals wieder. Dieses einzige Mal war ich ihrer schönen seidenen Fahne gefolgt, hatte, ein Nichtschneider unter Nichtschneidern, Brötchen gegessen und Wein getrunken, hatte den Kameraden Verse aufgetischt und mich mit ihnen verbrüdert. Wohl geschah es zu seltenen Malen, daß ein Gesicht mir wie bekannt erscheinen wollte und ich mich besann, ob es nicht das eines Zunftgenossen sei, doch der Träger des Gesichtes ging an mir vorüber und verschwand, und so blieb von dem ganzen Erlebnis nichts in mir haften als die Erinnerung an jene zwei Stunden im Kreise der trauernden Zecher.

Was aber das Gedicht betrifft, das ich bei jenem Anlaß auf so ungewöhnliche Art hervorbrachte und das so viel Beifall fand, so muß ich bei nüchterner Betrachtung doch sagen: es ist besser und ist ein Glück, daß es nicht aufgeschrieben und aufbewahrt worden ist. Es war das Produkt von Umständen, die zu mir nicht passen, und zu deren Vermeidung und Verhütung ich mein Leben lang viele Opfer gebracht hatte: es war entstanden aus notgedrungener Anpassung an ein mir Fremdes und Ungemäßes, und war entstanden aus einem Zustande der Berauschtheit, und zwar Berauschtheit nicht so sehr durch den vortrefflichen Weißwein, der mir in angenehmster Erinnerung geblieben ist, als vielmehr durch das ungewohnte Klima von Geselligkeit, Zugehörigkeit, Gemeinschaft, Brust an Brust und Schulter an Schulter, ein gutes Klima vielleicht für Politiker, Pastoren und die Löwen der Vortragssäle, nicht aber für Dichter oder Leute mit ähnlichen Berufen, denen nicht die Gemeinschaft, sondern die Verborgenheit und Einsamkeit förderlich ist. Ich habe das Gedicht, das so schön schien und so viel Erfolg hatte, zwar vergessen, was allein schon beweist, daß die Verse schlecht waren, aber nicht vergessen, sondern mit einiger Reue und Scham im Gedächtnis behalten habe ich den Schlußgedanken jenes gereimten Sermons, den törichten und feigen, fatalen und geschmacklosen Gedanken, daß zwar der Tod auf uns alle warte, daß es aber ein Trost sei, Kameraden zu wissen, welche, wenn uns das Grab verschlungen hat, unter der teuren alten Fahne gemeinsam unser gedenken und unsrem Gedächtnis ein Trankopfer darbringen. Solches Öl, solch salbungsvoller Blödsinn war von meinen Lippen geflossen, zum Entzücken der ehrbaren Tafelrunde, deren Herzen dabei höher schlugen; und so wie mein Gefühl von Zugehörigkeit und Geborgenheit in dieser Runde ein Schwindel war und mich genau so einsam, wach und gegen den Geselligkeitszauber mißtrauisch zurückließ, wie ich immer gewesen war, so war vermutlich auch die Begeisterung, Kameradschaft und Menschenfreundlichkeit der anderen nur eine Seifenblase und hübsche Lüge gewesen. Und wie ich nachher sehr damit einverstanden gewesen war, daß meine Aufnahme in die Zunft der »Schneider« ohne störende Folgen blieb, daß keine neuen Zusammenkünfte, Verbrüderungen und Feste stattfanden, keine Bindungen und Pflichten für mich sich ergaben, so hatten ja auch sie, die teuren Brüder und Mitschneider, die ergriffenen und dankbar begeisterten Zuhörer meiner Verse, die wackeren Schüttler meiner Hände sich nachher den Teufel um mich gekümmert. Dies gerade war ja das Hübsche, das Entzückende an meiner Zunftgeschichte, daß sich da wieder einmal die Gesellschaft, die Allgemeinheit, die offizielle Welt mir mit drohenden Ansprüchen genähert hatte, daß es nach dem Erscheinen des Polizisten auf dem knatternden Rade ausgesehen hatte, als wolle mir die Welt meinen Beruf wieder einmal entweder verbieten, oder mich seine Duldung mit unverhältnismäßigen, mit übergroßen und unerträglichen Opfern bezahlen lassen – und daß dann alles auf eine Zeremonie und auf einen Spaß hinauslief und die Welt nichts weiter von mir verlangte als zwei oder drei Stunden Zecherei mit einer Stube voll harmloser Leute, die mich am nächsten Tage nicht mehr kannten noch von mir verlangten, daß ich sie kenne.

Dies, Verehrter, war mein Flachsenfinger Erlebnis. Ganz anders wieder ging es mir bald darauf im West-Kulturgau, wohin ich, wiederum zur Betätigung des freiwilligen und spontanen Ortswechsels ermahnt, übersiedelt war. Bei der Wahl dieses Bezirkes wirkte mitbestimmend der Ruf besonders eifriger kultureller Interessiertheit und Unternehmungslust, in welchem der Gau steht, und allerdings auch die weitverbreitete, wenn schon unverbürgte Sage, daß hier der mit Scheu und Ehrfurcht genannte Direktor von Normalien sich häufig aufhalte. Offen gesagt, waren es immerhin in erster Linie opportunistische Erwägungen, die mich zu diesem Versuch mit dem Westgau bestimmten. Meine ökonomischen Verhältnisse bedurften einer Neuordnung. Nicht nur hatte ich in Flachsenfingen es zu nennenswerten Einkünften nicht bringen können, ich hatte dort auch Schulden gemacht, und daß ich schon nach einem verhältnismäßig kurzen Aufenthalt die Einladung zu freiwilligem Ortswechsel erhielt, dürfte wohl mehr diesen ökonomischen Unregelmäßigkeiten als anderen Gründen zuzuschreiben sein. Im West-Kulturgau nun waren, wenn meine Informationen nicht alle logen, Künste und Wissenschaften geschätzt und in Blüte, es sollten dort Schule, Universität, Kunstpflege, Museen und Bibliotheken, Verlags- und Zeitschriftenwesen auf hoher Stufe stehen, es sollte daselbst Wettbewerbe, Staatsaufträge, Akademien geben. Gelang es mir dort, sei es durch meine Leistungen, sei es auf Grund meiner früheren geachteten Stellung im literarischen Leben, Fuß zu fassen und meinem einst wohlbekannten Namen wieder Geltung zu verschaffen, so konnte auch der materielle Erfolg nicht ausbleiben. Ob ich dann fernerhin, ein geachteter und wohlgeborgener Mann des Erfolges, im Westgau bleiben und mich eines satten und befriedeten Lebens erfreuen, hohe Steuern zahlen und hohes Ansehen genießen, oder aber mit dem hier Erworbenen in die mir so teure Parklandschaft von Urnormalien zurückkehren und mich dort wieder auf lange, auf Lebenszeit als Pensionär einkaufen würde, darüber machte ich mir vorläufig noch nicht viele Gedanken. Die Lockung zurück zum Park, zur Urzelle unsres Staates, hatte mich niemals ganz aus ihrem Bann entlassen, und bei allem Respekt vor der geistigen Hochblüte des Kulturgaues schien mir doch das Glück des Mitschwimmens in einer emsigen kulturellen Betriebsamkeit nicht unbedingt der damit verbundenen Anstrengungen wert, es mochte dies »Glück« für jüngere und ehrgeizigere Leute mehr bedeuten als für alte und ruheliebende. Aber anderseits besaß der Gau für mich eine starke Anziehungskraft durch jene schon erwähnten Gerüchte über das besondere Verhältnis, in dem der Herr Direktor zu dieser Provinz seines Reiches stehen sollte. Von ihm, dem großen Unbekannten, mehr zu erfahren, zu ihm oder doch zu seinen höheren Funktionären und Mitarbeitern in Beziehungen zu treten und etwa von den vielen ihn umgebenden Geheimnissen das eine oder andre gedeutet zu bekommen, das hätte mir, wie Sie, verehrter Gönner, sich ja denken können, viel bedeutet. Im Flachsenfinger Sammellager für freiwillige Umsiedler hatte ich nur wenige Tage zu warten, bis ein Transport nach dem West-Kulturgau abging. Der Omnibus mochte dreißig bis vierzig Personen fassen, und alle waren wir Intellektuelle oder Künstler, nur zwei junge Leute mit heiteren und angenehmen Gesichtern und Manieren gehörten, wie ich durch einen mitreisenden Journalisten erfuhr, dem Stand der Barbiere an. Diese beiden gefielen mir besser als die Mehrzahl meiner Kollegen, unter welchen eigentlich nur zwei mir sympathisch waren, zwei greise, langhaarige und langbärtige Männer von jenem verschollenen und heute nur noch sehr selten anzutreffenden Künstlertyp, den, nächst Haar, Bart und Kostüm, eine edle Weltfremdheit und arglose Zerstreutheit kennzeichnet und für den ich, wie ich beschämt gestehe, immer eine gewisse Zuneigung empfunden habe, während allerdings gerade diese beiden edel-weltfremden, schönen Greise ihrer gänzlich unmodischen Frisur und Kleidung wegen von den jungen Barbieren mit Spott und unverhohlener Verachtung angesehen wurden. Es fehlte den munteren Jungen eben das Wissen um die künstlerische Tradition, welche die trefflichen Greise zumindest in ihrer äußeren Erscheinung fortzuführen sich berufen wußten. Übrigens war der eine von diesen Silberhaarigen ein Kollege von mir, ein Dichter. Ich erfuhr es durch jenen mitteilsamen Journalisten, und ich hatte, während wir an einer Rast- und Tankstelle im Saal eines Gasthauses gefüttert wurden, sogar das Glück, einen Blick in eine, wie es schien, von ihm eben erst begonnene Dichtung werfen zu können. Er saß nämlich neben mir an der Tafel und hatte vor sich ein kleines Notizbüchlein liegen, es war noch neu und leer, nur auf der ersten Seite standen ein paar in koketter Schönschrift geschriebene Zeilen, die ich mit von der Neugier geschärftem Späherauge entzifferte. Sie lauteten:

Papagallo

Vor kurzem wurde, so hörten wir berichten, in der Gegend von Morbio ein Papagei geboren, der übertraf, noch während er die Schule besuchte, schon alle seine Brüder und

Kollegen an Alter, Weisheit, Verstand, Tugend und Wohlgefallen vor Gott und den Menschen so gewaltig, daß sein
Ruhm die Städte und Länder zu erfüllen begann, ähnlich
dem Ruhm Achmeds des Weisen oder dem des nur mit
höchster Ehrerbietung zu nennenden Scheichs Ibrahim.

Ich war voll Bewunderung für den Stil dieser Erzählung,
der die Gepflegtheit, Rundung und Glätte einer klassischen
Überlieferung mit dem modernen Sinn für das Einfache
und Monumentale in glücklicher Weise verband. Ich hätte
dem Silberbarte, so gut er mir auch gefiel, diese Leistung
nicht zugetraut, und es wäre mir ein Vergnügen gewesen,
seine nähere Bekanntschaft zu machen, aber leider muß sein
empfindlicher Künstlersinn gespürt haben, daß seine im
Entstehen begriffene Dichtung vom Blick eines Neugierigen, vielleicht eines Banausen, vielleicht gar eines neidischen Kollegen belauert werde. Er klappte sein Heftchen
plötzlich und mit Heftigkeit zu und strafte mich mit einem
Genieblick voll so unsäglicher Verachtung, daß ich beschämt
und traurig in mich zurücksank und den Tisch noch vor
Beendigung des Mahles verließ ...

(Hier bricht das Manuskript ab, 1948)

Bei den Massageten

So sehr auch ohne Zweifel mein Vaterland, falls ich wirklich ein solches hätte, alle übrigen Länder der Erde an Annehmlichkeiten und herrlichen Einrichtungen überträfe, spürte ich vor kurzem doch wieder einmal Wanderlust und tat eine Reise in das ferne Land der Massageten, wo ich seit der Erfindung des Schießpulvers nie mehr gewesen war. Es gelüstete mich, zu sehen, inwieweit dieses so berühmte und tapfere Volk, dessen Krieger einst den großen Cyrus überwunden haben, sich inzwischen verändert und den Sitten der jetzigen Zeit möchte angepaßt haben.

Und in der Tat, ich hatte in meinen Erwartungen die wackeren Massageten keineswegs überschätzt. Gleich allen Ländern, welche zu den vorgeschritteneren zu zählen den Ehrgeiz haben, sendet auch das Land der Massageten neuerdings jedem Fremdling, der sich seiner Grenze nähert, einen Reporter entgegen – abgesehen natürlich von jenen Fällen, in denen es bedeutende, ehrwürdige und distinguierte Fremde sind, denn ihnen wird, je nach Rang, selbstverständlich weit mehr Ehre erwiesen. Sie werden, wenn sie Boxer oder Fußballmeister sind, vom Hygieneminister, wenn sie Wettschwimmer sind, vom Kultusminister, und wenn sie Inhaber eines Weltrekords sind, vom Reichspräsidenten oder von dessen Stellvertreter empfangen. Nun, mir blieb es erspart, solche Aufmerksamkeiten auf mich gehäuft zu sehen, ich war Literat, und so kam mir denn ein einfacher Journalist an der Grenze entgegen, ein angenehmer junger Mann von hübscher Gestalt, und ersuchte mich, vor dem Betreten des Landes ihn einer kurzen Darlegung meiner Weltanschauung und speziell meiner Ansichten über die Massageten zu würdigen. Dieser hübsche Brauch war also auch hier inzwischen eingeführt worden.

»Mein Herr«, sagte ich, »lassen Sie mich, der ich Ihre herrliche Sprache nur unvollkommen beherrsche, mich auf das Unerläßlichste beschränken. Meine Weltanschauung ist diejenige des Landes, in welchem ich jeweils reise, dies versteht sich ja wohl von selbst. Was nun meine Kenntnisse über Ihr hochberühmtes Land und Volk betrifft, so stammen sie aus der denkbar besten und ehrwürdigsten Quelle, nämlich aus dem Buch »Klio« des großen Herodot. Erfüllt von tiefer Bewunderung für die Tapferkeit Ihres gewaltigen Heeres und für das ruhmreiche Andenken Ihrer Heldenkönigin Tomyris, habe ich schon in früheren Zeiten Ihr Land zu besuchen die Ehre gehabt, und habe diesen Besuch nun endlich erneuern wollen.«

»Sehr verbunden«, sprach etwas düster der Massagete. »Ihr Name ist uns nicht unbekannt. Unser Propagandaministerium verfolgt alle Äußerungen des Auslandes über uns mit größter Sorgfalt, und so ist uns nicht entgangen, daß Sie der Verfasser von dreißig Zeilen über massagetische Sitten und Bräuche sind, die Sie in einer Zeitung veröffentlicht haben. Es wird mir eine Ehre sein, Sie auf Ihrer diesmaligen Reise durch unser Land zu begleiten und dafür zu sorgen, daß Sie bemerken können, wie sehr manche unsrer Sitten sich seither verändert haben.«

Sein etwas finsterer Ton zeigte mir an, daß meine früheren Äußerungen über die Massageten, die ich doch so sehr liebte und bewunderte, hier im Lande keineswegs vollen Beifall gefunden hatten. Einen Augenblick dachte ich an Umkehr, ich erinnerte mich an jene Königin Tomyris, die den Kopf des großen Cyrus in einen mit Blut gefüllten Schlauch gesteckt hatte, und an andere rassige Äußerungen dieses lebhaften Volksgeistes. Aber schließlich hatte ich meinen Paß und das Visum, und die Zeiten der Tomyris waren vorüber.

»Entschuldigen Sie«, sagte mein Führer nun etwas freundlicher, »wenn ich darauf bestehen muß, Sie erst im Glaubensbekenntnis zu prüfen. Nicht daß etwa das Geringste gegen Sie vorläge, obwohl Sie unser Land schon früher einmal besucht haben. Nein, nur der Formalität wegen, und weil Sie sich etwas einseitig auf Herodot berufen haben. Wie Sie wissen, gab es zur Zeit jenes gewiß hochbegabten Ioniers noch keinerlei offiziellen Propaganda- und Kulturdienst, so mögen ihm seine immerhin etwas fahrlässigen Äußerungen über unser Land hingehen. Daß hingegen ein heutiger Autor sich auf Herodot berufe, und gar ausschließlich auf ihn, können wir nicht zugeben. – Also bitte, Herr Kollege, sagen Sie mir in Kürze, wie Sie über die Massageten denken und was Sie für sie fühlen.«

Ich seufzte ein wenig. Nun ja, dieser junge Mann war nicht gesonnen, es mir leicht zu machen, er bestand auf den Förmlichkeiten. Hervor also mit den Förmlichkeiten! Ich begann:

»Selbstverständlich bin ich darüber genau unterrichtet, daß die Massageten nicht nur das älteste, frömmste, kultivierteste und zugleich tapferste Volk der Erde sind, daß ihre unbesieglichen Heere die zahlreichsten, ihre Flotte die größte, ihr Charakter der unbeugsamste und zugleich liebenswürdigste, ihre Frauen die schönsten, ihre Schulen und öffentlichen Einrichtungen die vorbildlichsten der Welt sind, sondern daß sie auch jene in der ganzen Welt so hochgeschätzte und manchen anderen großen Völkern so sehr mangelnde Tugend in höchstem Maße besitzen, nämlich gegen Fremde im Gefühl ihrer eigenen Überlegenheit gütig und nachsichtig zu sein und nicht von jedem armen Fremdling zu erwarten, daß er, einem geringeren Lande entstammend, sich selbst auf der Höhe der massagetischen Vollkommenheit befinde. Auch hierüber werde ich nicht ermangeln, in meiner Heimat wahrheitsgetreu zu berichten.«

»Sehr gut«, sprach mein Begleiter gütig, »Sie haben in der Tat bei der Aufzählung unserer Tugenden den Nagel, oder vielmehr die Nägel auf den Kopf getroffen. Ich sehe, daß Sie über uns besser unterrichtet sind, als es anfangs den Anschein hatte, und heiße Sie aus treuem massagetischem Herzen aufrichtig in unserem schönen Lande willkommen. Einige Einzelheiten in Ihrer Kenntnis bedürfen ja wohl noch der Ergänzung. Namentlich ist es mir aufgefallen, daß Sie unsre hohen Leistungen auf zwei wichtigen Gebieten nicht erwähnt haben: im Sport und im Christentum. Ein Massagete, mein Herr, war es, der im internationalen Hüpfen nach rückwärts mit verbundenen Augen den Weltrekord von 11,098 erzielt hat.«

»In der Tat«, log ich höflich, »wie konnte ich daran nicht denken! Aber Sie erwähnten auch noch das Christentum als ein Gebiet, auf dem Ihr Volk Rekorde aufgestellt habe. Darf ich darüber um Belehrung bitten?«

»Nun ja«, sagte der junge Mann. »Ich wollte ja nur andeuten, daß es uns willkommen wäre, wenn Sie über diesen Punkt Ihrem Reisebericht den einen oder anderen freundlichen Superlativ beifügen könnten. Wir haben zum Beispiel in einer kleinen Stadt am Araxes einen alten Priester, der in seinem Leben nicht weniger als 63 000 Messen gelesen hat, und in einer andern Stadt gibt es eine berühmte moderne Kirche, in welcher alles aus Zement ist, und zwar aus einheimischem Zement: Wände, Turm, Böden, Säulen, Altäre, Dach, Taufstein, Kanzel usw., alles bis auf den letzten Leuchter, bis auf die Opferbüchsen.«

Na, dachte ich, da habt ihr wohl auch einen zementierten Pfarrer auf der Zementkanzel stehen. Aber ich schwieg.

»Sehen Sie«, fuhr mein Führer fort, »ich will offen gegen Sie sein. Wir haben ein Interesse daran, unseren Ruf als Christen möglichst zu propagieren. Obgleich nämlich unser Land ja seit Jahrhunderten die christliche Religion angenommen hat und von den einstigen massagetischen Göttern und Kulten keine Spur mehr vorhanden ist, gibt es doch eine kleine, allzu hitzige Partei im Lande, welche darauf ausgeht, die alten Götter aus der Zeit des Perserkönigs Cyrus und der Königin Tomyris wieder einzuführen. Es ist dies lediglich die Schrulle einiger Phantasten, wissen Sie, aber natürlich hat sich die Presse der Nachbarländer dieser lächerlichen Sache bemächtigt und bringt sie mit der Reorganisation unseres Heerwesens in Verbindung. Wir werden verdächtigt, das Christentum abschaffen zu wollen, um im nächsten Krieg auch noch die paar letzten Hemmungen im Anwenden aller Vernichtungsmittel leichter fallenlassen zu können. Dies der Grund, warum eine Betonung der Christlichkeit unseres Landes uns willkommen wäre. Es liegt uns natürlich fern, Ihre objektiven Berichte im geringsten beeinflussen zu wollen, doch kann ich Ihnen immerhin unter vier Augen anvertrauen, daß Ihre Bereitschaft, etwas Weniges über unsere Christlichkeit zu schreiben, eine persönliche Einladung bei unserm Reichskanzler zur Folge haben könnte. Dies nebenbei.«

»Ich will es mir überlegen«, sagte ich. »Eigentlich ist Christentum nicht mein Spezialfach. – Und nun freue ich mich sehr darauf, das herrliche Denkmal wiederzusehen, das Ihre Vorväter dem heldenhaften Spargapises errichtet haben.«

»Spargapises?« murmelte mein Kollege. »Wer soll das denn sein?«

»Nun, der große Sohn der Tomyris, der die Schmach, von Cyrus überlistet worden zu sein, nicht ertragen konnte und sich in der Gefangenschaft das Leben nahm.«

»Ach ja, natürlich, rief mein Begleiter, »ich sehe, Sie landen immer wieder bei Herodot. Ja, dies Denkmal soll in der Tat sehr schön gewesen sein. Es ist auf sonderbare Weise vom Erdboden verschwunden. Hören Sie! Wir haben, wie Ihnen bekannt ist, ein ganz ungeheures Interesse für Wissenschaft, speziell für Altertumsforschung, und was die Zahl der zu Forschungszwecken aufgegrabenen oder unterhöhlten Quadratmeter Landes betrifft, steht unser Land in der Weltstatistik an dritter oder vierter Stelle. Diese gewaltigen Ausgrabungen, welche vorwiegend prähistorischen Funden galten, führten auch in die Nähe jenes Denkmals aus der Tomyris-Zeit, und da gerade jenes Terrain große Ausbeute, namentlich an massagetischen Mammutknochen, versprach, versuchte man in gewisser Tiefe das Denkmal zu untergraben. Und dabei ist es eingestürzt! Reste davon sollen aber im Museum Massageticum noch zu sehen sein.«

Er führte mich zum bereitstehenden Wagen, und in lebhafter Unterhaltung fuhren wir dem Innern des Landes entgegen.

(1927)

Die Fremdenstadt im Süden

Diese Stadt ist eine der witzigsten und einträglichsten Unternehmungen modernen Geistes. Ihre Entstehung und Einrichtung beruht auf einer genialen Synthese, wie sie nur von sehr tiefen Kennern der Psychologie des Großstädters ausgedacht werden konnte, wenn man sie nicht geradezu als eine direkte Ausstrahlung der Großstadtseele, als deren verwirklichten Traum bezeichnen will. Denn diese Gründung realisiert in idealer Vollkommenheit alle Ferien- und Naturwünsche jeder durchschnittlichen Großstädterseele. Bekanntlich schwärmt der Großstädter für nichts so sehr wie für die Natur, für Idylle, Friede und Schönheit. Bekanntlich aber sind alle diese schönen Dinge, die er so sehr begehrt und von welchen bis vor kurzem die Erde noch übervoll war, ihm völlig unbekömmlich, er kann sie nicht vertragen. Und da er sie nun dennoch haben will, da er sich die Natur nun einmal in den Kopf gesetzt hat, so hat man ihm hier, wie es koffeinfreien Kaffee und nikotinfreie Zigaretten gibt, eine naturfreie, eine gefahrlose, hygienische, denaturierte Natur aufgebaut. Und bei alledem war jener oberste Grundsatz des modernen Kunstgewerbes maßgebend, die Forderung nach absoluter »Echtheit«. Mit Recht betont ja das moderne Gewerbe diese Forderung, welche in früheren Zeiten nicht bekannt war, weil damals jedes Schaf in der Tat ein echtes Schaf war und echte Wolle gab, jede Kuh echt war und echte Milch gab und künstliche Schafe und Kühe noch nicht erfunden waren. Nachdem sie aber erfunden waren und die echten nahezu verdrängt hatten, wurde in Bälde auch das Ideal der Echtheit erfunden. Die Zeiten sind vorüber, wo naive Fürsten sich in irgendeinem deutschen Tälchen künstliche Ruinen, eine nachgemachte Einsiedelei, eine kleine unechte Schweiz, einen imitierten Posillipo bauen ließen. Fern liegt heutigen Unternehmern der absurde Gedanke, dem großstädtischen Kenner etwa ein Italien in der Nähe Londons, eine Schweiz bei Chemnitz, ein Sizilien am Bodensee vortäuschen zu wollen. Der Naturersatz, den der heutige Städter verlangt, muß unbedingt echt sein, echt wie das Silber, mit dem er tafelt, echt wie die Perlen, die seine Frau trägt, und echt wie die Liebe zu Volk und Republik, die er im Busen hegt.

Dies alles zu verwirklichen, war nicht leicht. Der wohlhabende Großstädter verlangt für den Frühling und Herbst einen Süden, der seinen Vorstellungen und Bedürfnissen entspricht, einen echten Süden mit Palmen und Zitronen, blaue Seen, malerische Städtchen, und dies alles war ja leicht zu haben. Er verlangt aber auch außerdem Gesellschaft, verlangt Hygiene und Sauberkeit, verlangt Stadtatmosphäre, verlangt Musik, Technik, Eleganz, er erwartet eine dem Menschen restlos unterworfene und von ihm umgestaltete Natur, eine Natur, die ihm zwar Reize und Illusionen gewährt, aber lenkbar ist und nichts von ihm verlangt, in die er sich mit allen seinen großstädtischen Gewohnheiten, Sitten und Ansprüchen bequem hineinsetzen kann. Da nun die Natur das Unerbittlichste ist, was wir kennen, scheint das Erfüllen solcher Ansprüche nahezu unmöglich; aber menschlicher Tatkraft ist bekanntlich nichts unmöglich. Der Traum ist erfüllt.

Die Fremdenstadt im Süden konnte natürlich nicht in einem einzigen Exemplar hergestellt werden. Es wurden dreißig oder vierzig solche Idealstädte gemacht, an jedem irgend geeigneten Ort sieht man eine stehen, und wenn ich eine dieser Städte zu schildern versuche, ist es natürlich nicht diese oder jene, sie trägt keinen Eigennamen, so wenig wie ein Ford-Automobil, sie ist ein Exemplar, ist eine von vielen.

Zwischen langhin gedehnten, sanft geschwungenen Kaimauern liegt mit kleinen, kurzen Wellchen ein See aus blauem Wasser, an dessen Rand findet der Naturgenuß statt. Am Ufer schwimmen unzählige kleine Ruderboote mit farbig gestreiften Sonnendächern und bunten Fähnchen, elegante hübsche Boote mit kleinen Kissen und sauber wie Operationstische. Ihre Besitzer gehen auf dem Kai auf und nieder und bieten allen Vorübergehenden unaufhörlich ihre Schiffchen zum Mieten an. Diese Männer gehen in matrosenähnlichen Anzügen mit bloßer Brust und braunen Armen, sie sprechen echtes Italienisch, sind jedoch imstande, auch in jeder anderen Sprache Auskunft zu geben, sie haben leuchtende Südländeraugen, rauchen lange, dünne Zigarren und wirken malerisch.

Längs dem Ufer schwimmen die Boote, längs dem Seerand läuft die Seepromenade, eine doppelte Straße, der seewärts gekehrte Teil unter sauber geschnittenen Bäumen ist den Fußgängern reserviert, der innere Teil ist eine blendende und heiße Verkehrsstraße voll von Hotelomnibussen, Autos, Trambahnen und Fuhrwerken. An dieser Straße steht die Fremdenstadt, welche eine Dimension weniger hat als andere Städte, sie erstreckt sich nur in die Länge und Höhe, nicht in die Tiefe. Sie besteht aus einem dichten, stolzen Gürtel von Hotelgebäuden. Hinter diesem Gürtel aber, eine nicht zu übersehende Attraktion, findet der echte Süden statt, dort nämlich steht tatsächlich ein altes italienisches Städtchen, wo auf engem, stark riechendem Markt Gemüse, Hühner und Fische verkauft werden, wo barfüßige Kinder mit Konservenbüchsen Fußball spielen und Mütter mit fliegenden Haaren und heftigen Stimmen die wohllautenden klassischen Namen ihrer Kinder ausbrüllen. Hier riecht es nach Salami, nach Wein, nach Abtritt, nach Tabak und Handwerken, hier stehen in Hemdsärmeln joviale Männer unter offenen Ladentüren, sitzen Schuhmacher auf offener Straße, das Leder klopfend, alles echt und sehr bunt und originell, es könnte auf dieser Szene jederzeit der erste Akt einer Oper beginnen. Hier sieht man die Fremden mit großer Neugierde Entdeckungen machen und hört häufig von Gebildeten verständnisvolle Äußerungen über die fremde Volksseele. Eishändler fahren mit kleinen rasselnden Karren durch die engen Gassen und brüllen ihre Näschereien aus, da und dort beginnt in einem Hofe auf einem Plätzchen ein Drehklavier zu spielen. Täglich bringt der Fremde in dieser kleinen, schmutzigen und interessanten Stadt eine Stunde oder zwei zu, kauft Strohflechtereien und Ansichtskarten, versucht Italienisch zu sprechen und sammelt südliche Eindrücke. Hier wird auch sehr viel photographiert.

Noch weiter entfernt, hinter dem alten Städtchen, liegt das Land, da liegen Dörfer und Wiesen, Weinberge und Wälder, die Natur ist dort noch wie sie immer war, wild und ungeschliffen, doch bekommen die Fremden davon wenig zu sehen, denn wenn sie je und je in Automobilen durch diese Natur fahren, sehen sie die Wiesen und Dörfer genauso verstaubt und feindselig am Rand der Autostraße liegen wie überall.

Bald kehrt daher der Fremde von solchen Exkursionen wieder in die Idealstadt zurück. Dort stehen die großen, vielstöckigen Hotels, von intelligenten Direktoren geleitet, mit wohlerzogenem, aufmerksamem Personal. Dort fahren niedliche Dampfer über den See und elegante Wagen auf der Straße, überall tritt der Fuß auf Asphalt und Zement, überall ist frisch gefegt und gespritzt, überall werden Galanteriewaren und Erfrischungen angeboten. Im Hotel Bristol wohnt der frühere Präsident von Frankreich und im Parkhotel der deutsche Bundeskanzler, man geht in elegante Cafés und trifft da die Bekannten aus Berlin, Frankfurt und

München an, man liest die heimatlichen Zeitungen und ist aus dem Operetten-Italien der Altstadt wieder in die gute, solide Luft der Heimat getreten, der Großstadt; man drückt frischgewaschene Hände, lädt einander zu Erfrischungen ein, ruft zwischenein am Telefon die heimatliche Firma an, bewegt sich nett und angeregt zwischen netten, gutgekleideten, vergnügten Menschen. Auf Hotelterrassen, hinter Säulenbalustraden und Oleanderbäumen sitzen berühmte Dichter und starren mit sinnendem Auge auf den Spiegel des Sees, zuweilen empfangen sie Vertreter der Presse, und bald erfährt man, an welchem Werk dieser und jener Meister nun arbeitet. In einem feinen, kleinen Restaurant sieht man die beliebteste Schauspielerin der heimatlichen Großstadt sitzen, sie trägt ein Kostüm, das ist wie ein Traum, und füttert einen Pekinghund mit Dessert. Auch sie ist entzückt von der Natur und oft bis zur Andacht gerührt, wenn sie abends in Nr. 178 des Palace-Hotels ihr Fenster öffnet und die endlose Reihe der schimmernden Lichter sieht, die sich dem Ufer entlang zieht und träumerisch jenseits der Bucht verliert.

Sanft und befriedigt wandelt man auf der Promenade, Müllers aus Darmstadt sind auch da, und man hört, daß morgen ein italienischer Tenor im Kursaale auftreten wird, der einzige, der sich nach Caruso wirklich hören lassen kann. Man sieht gegen Abend die Dampferchen heimkehren, mustert die Aussteigenden, trifft wieder Bekannte, bleibt eine Weile vor einem Schaufenster voll alter Möbel und Stickereien stehen, dann wird es kühl, und nun kehrt man ins Hotel zurück, hinter die Wände von Beton und Glas, wo der Speisesaal schon von Porzellan, Glas und Silber funkelt und wo nachher ein kleiner Ball stattfinden wird. Musik ist ohnehin schon da, kaum hat man Abendtoilette gemacht, so wird man schon vom süßen, wiegenden Klang empfangen.

Vor dem Hotel erlischt langsam im Abend die Blumen-
pracht. Da stehen in Beeten zwischen Betonmauern dicht
und bunt die blühendsten Gewächse, Kamelien und Rho-
dodendren, hohe Palmen dazwischen, alles echt, und voll
dicker, kühlblauer Kugeln, die fetten Hortensien. Morgen
findet eine große Gesellschaftsfahrt nach -aggio statt, auf
die man sich freut. Und sollte man morgen aus Versehen
statt nach -aggio an irgendeinen anderen Ort gelangen, nach
-iggio oder -ino, so schadet das nichts, denn man wird dort
ganz genau die gleiche Idealstadt antreffen, denselben See,
denselben Kai, dieselbe malerisch-drollige Altstadt und die-
selben guten Hotels mit den hohen Glaswänden, hinter welchen uns die Palmen beim Essen zuschauen, und dieselbe
gute weiche Musik und all das, was so zum Leben des Städ-
ters gehört, wenn er es gut haben will.

(1925)

[Die Übervölkerung der Erde]

Die Übervölkerung der Erde hat mir seit langem nicht mehr so übel entgegengeschrien wie hier, wo um die Zeit der Ostern sich die Fremden zusammenscharen wie die Heuschrecken. In dem kleinen Lugano sind ein Viertel der Einwohner von Berlin, ein Drittel von Zürich, ein Fünftel von Frankfurt und Stuttgart anzutreffen, auf das Quadratmeter kommen etwa zehn Menschen, täglich werden viele erdrückt, und dennoch spürt man keine Abnahme, nein jeder ankommende Schnellzug bringt 500 bis 1000 neue Gäste. Es sind selbstverständlich reizende Menschen, sie nehmen mit unendlich wenigem vorlieb, zu dreien schlafen sie in einer Badewanne oder auf dem Ast eines Apfelbaumes, atmen dankbar und ergriffen den Staub der Autostraßen ein, blicken durch große Brillen aus bleichen Gesichtern klug und dankbar auf die blühenden Wiesen, welche ihretwegen mit Stacheldraht umzäumt sind, während sie noch vor einigen Jahren frei und vertraulich in der Sonne lagen, von kleinen Fußwegen durchzogen. Es sind reizende Menschen, diese Fremden, wohlerzogen, dankbar, unendlich bescheiden, sie überfahren einander gegenseitig mit ihren Autos ohne zu klagen, irren tagelang von Dorf zu Dorf, um ein noch freies Bett zu suchen, vergebens natürlich, sie photographieren und bewundern die in längst verschollene Tessiner Trachten gekleideten Kellnerinnen der Weinlokale und versuchen italienisch mit ihnen zu reden, sie finden alles reizend und entzückend, und merken gar nicht, wie sie da, Jahr um Jahr mehr, eine der wenigen im mittlern Europa noch vorhandenen Paradiesgegenden eiligst in eine Vorstadt von Berlin verwandeln. Jahr um Jahr vermehren sich die Autos, werden die Hotels voller, auch noch der letzte, gutmütigste alte Bauer wehrt sich mit Stacheldraht gegen die Touristenflut, die ihm seine Wiesen zertritt, und eine Wiese um die andre, ein schöner, stiller Waldrand um den andern geht verloren, wird Bauplatz und eingezäunt. Das Geld, die Industrie, die Technik, der moderne Geist haben sich längst auch dieser vor kurzem noch zauberhaften Landschaft bemächtigt, und wir alten Freunde, Kenner und Entdecker dieser Landschaft gehören mit zu den unbequemen altmodischen Dingen, welche an die Wand gedrückt und ausgerottet werden. Der Letzte von uns wird sich am letzten alten Kastanienbaum des Tessins, am Tag eh der Baum im Auftrag eines Bauspekulanten gefällt wird, aufhängen.

Einstweilen allerdings genießen wir noch einen bescheidenen Schutz. Erstens gibt es im Lande noch einige Gegenden, in welchen der Typhus häufig auftritt (im vorigen Jahr ist ein Freund von mir samt seiner Frau in seinem Tessiner Dorf daran gestorben), und zweitens geht noch immer die Sage, die Luganer Landschaft sei am schönsten im April (wo meistens die alljährliche Regenzeit ist), und im Sommer sei es hier vor Hitze nicht auszuhalten. Nun, den Sommer mit seiner schönen Hitze gönnt man uns vorerst noch, und wir sind dessen froh. Jetzt aber, im Frühling, drücken wir ein Auge zu, oft auch beide, halten unsre Haustüren gut verschlossen und sehen hinter geschlossenen Läden hervor der schwarzen Menschenschlange zu, die sich, ein fast ununterbrochener Heerwurm, Tag für Tag durch alle unsere Dörfer zieht und ergreifende Massenandachten vor den Resten einer einst wahrhaft schön gewesenen Landschaft begeht.

Wie voll es doch auf der Erde geworden ist! Wohin ich blicke neue Häuser, neue Hotels, neue Bahnhöfe, alles vergrößert sich, überall wird ein Stockwerk aufgebaut; irgendwie auf Erden eine Stunde lang zu spazieren, ohne auf Menschenscharen zu stoßen, scheint nicht mehr möglich. Auch nicht in der Wüste Gobi, auch nicht in Turkestan.

(1927)

Abstecher in den Schwimmsport

Wenn ein Dichter so seine zwanzig, dreißig Jahre lang sich Mühe gegeben und sich eine Anzahl von Freunden und Feinden erworben hat, dann wird er nicht nur mit allerlei Ehren überhäuft und erlebt es, daß die selben Redaktionen, die ihm seine Gedichte immer wieder mit höflichem Bedauern zurücksenden, Studienräte beschäftigen, um lange Artikel über ihn zu schreiben, nein, er bekommt die Stimme des Volkes auch unmittelbar zu hören. Jeden Morgen bringt ihm die Post ein Häufchen Briefe und Päckchen, aus denen er ersehen kann, daß er nicht vergebens sich Mühe gegeben hat. Er wird gewürdigt, die Manuskripte und ersten Bücher zahlreicher junger Kollegen zu lesen, er wird von denselben Redaktionen, die beständig seine Mitarbeit erbitten und ihm seine Gedichte dann beständig wieder zurücksenden, dringend und oft sogar telegraphisch um seine feuilletonistische Meinung über den Völkerbund oder über die Zukunft des Segelflugsports befragt, er wird von jungen Leserinnen um seine Photographie gebeten und von älteren Leserinnen in die Geheimnisse ihres Lebens und die Gründe ihres Beitrittes zur Theosophie oder zur Christian Science eingeweiht, und er wird aufgefordert, Konversationslexika zu abonnieren, da in ihnen auch sein geschätzter Name sich finde. Kurz, es beweist einem solchen Dichter jeden Morgen die Post, daß sein Leben und Tun nicht vergeblich gewesen sei. Jedem Dichter geht es so.

Manchmal aber ist man nun aber nicht gestimmt, schon gleich beim ersten Schluck Kaffee und Brot sich respektvoll dieser Gemeinde gegenüberzustellen und ihre Grüße, ihre Wünsche und Ratschläge zur Abfassung künftiger Bücher entgegenzunehmen. So ging es gestern auch mir, und ich schob die Post, die diesmal ganz unerwartet reichlich eingetroffen war, beiseite, setzte den Hut auf und ging erst ein wenig spazieren.

Ich ging die Treppe hinab, an der Zimmertür meines Nachbarn H. vorüber, der jetzt wohl in seiner Bank saß und Zahlen schrieb. Denn er war Bankangestellter, aber sein Ehrgeiz ging nach anderen Sphären; im Herzen war er Sportsmann und hatte dieser Tage, wie ich aus der Zeitung und aus Gesprächen der Nachbarn wußte, mit einer von ihm erfundenen Spezialität den ersten großen Erfolg gehabt. Herr H. war nämlich Sportschwimmer und hatte mir mehrmals geklagt, wie beschränkt auf diesem Gebiete die Möglichkeiten seien. Er hatte den Zürichsee in etwa 10 Minuten durchschwommen, ich weiß nicht mehr, ob der Breite oder Länge nach, es war unglaublich fix gegangen, und ich hatte ihn sehr bewundert, aber er hatte mit düsterem Blick gesagt, im Schwimmen sei nicht mehr viel zu machen. Man sei jetzt in diesem Sport so weit trainiert, daß binnen kurzem der äußerste Punkt erreicht sein werde: man werde dann den Kilometer in einer Minute zurücklegen, und selbst wenn dieser Rekord noch überboten werden sollte, so würde man es nach Ansicht der Fachleute doch niemals weiter bringen, als daß der Schwimmer bestenfalls zur gleichen Zeit am jenseitigen Ufer ankomme, in der er das diesseitige verlassen habe.

Aber mein Nachbar H. war kein gewöhnlicher Schwimmer, er war ein Genie. Er erfand von einem Tag auf den andern einfach eine neue Schwimmkunst. Es sei so, sagte er, bisher ja recht gut und brav geschwommen worden, und das letzte Kleinkinderwettschwimmen von Gibraltar nach Afrika habe ja gezeigt, daß man in der Tat im Schwimmsport eigentlich keine Hindernisse und Grenzen mehr kenne. Aber naiverweise war man eben bisher immer der Luftlinie nach und an der Oberfläche des Wassers geschwommen.

Freund H., der schon immer eine guter Taucher gewesen war, brachte nun den neuen Sport auf, bei dem der Schwimmer am Grunde der See wie ein Gratwanderer den Erhebungen und Vertiefungen des Geländes folgt. Er hatte den Bodensee vor wenigen Tagen auf diese Weise durchschwommen, immer zwanzig Zentimeter über dem Seeboden, und alle Welt war über die Leistung außer sich.

Dennoch, so dachte ich bei mir, haben wir Dichter es besser. Es wird der Tag kommen, da wird jeder gut trainierte Schwimmer das leisten, was H. neulich geleistet hat, und sein Ruhm wird erblassen, und wieder wird der Schwimmsport sich um neue Aufgaben bemühen müssen. Bei uns Dichtern dagegen, wie war da alles noch offen, wie weit und noch kaum betreten lag die ganze Welt vor uns! Zugegeben, daß in den 2500 Jahren seit Homer wirklich ein Fortschritt erzielt worden war – und selbst darüber konnte man streiten, – wie klein war dieser Fortschritt! Der Gedanke erfrischte mich, in guter Laune kehrte ich nach Hause zurück und wollte eigentlich sofort an meine Arbeit gehen. Aber da lag noch diese Morgenpost, und bei Gott, sie war heute drei- oder viermal so umfangreich als gewöhnlich! Etwas verdrießlich schnitt ich zunächst einmal ein Dutzend Briefe auf und begann zu lesen. Aber das war heute wirklich ein Glückstag. Brief für Brief, alle waren sie erfreulich. Jeder begann mit der Anrede ›Hochverehrter Meister‹ und enthielt nur Angenehmes und Schmeichelhaftes. Die Universität meines Landes, obwohl ich doch weder Fabrikant noch Tenorsänger war, hatte beschlossen, mich zum Ehrendoktor zu ernennen. Die berühmte ›Schweinfurter Zeitung‹, die mir immer meine eingesandten Gedichte wieder zurückgesandt hatte, forderte mich flehentlich zur Mitarbeit auf, sei es in welcher Form und auf welchem Gebiete auch immer, jede Zeile von mir werde der Redaktion und den Lesern hoch willkommen sein. Und so ging es weiter, Schlag auf Schlag. Die Sängerin Ida vom Stadttheater, diese süße braune Hexe, lud mich zu einer Autofahrt ein. Ein Photograph in Dortmund und einer in Karlsruhe baten mich flehentlich, sich zum Zweck einer Aufnahme hierher verfügen zu dürfen. Man bot mir kostenlos für ein Vierteljahr einen neuen Wagen zum Versuch an. Weder von Theosophinnen noch von Anhängerinnen des Mazdaznan waren Briefe da, weder römische Tragödien von Quintanern noch Revolutionsdramen von Sekundanern waren dabei. Er war erstaunlich, es war ein großer Tag. Weder mein fünfzigster noch mein sechzigster Geburtstag hatte mir auch nur annähernd solche Triumphe gebracht.

Es war mir beinahe zu viel. Ich beschloß, den Rest der Briefe erst später nach Tisch zu lesen. Aber ein hübsches, flaches Päckchen lag noch da, das machte mich neugierig. Man sah es ihm an, daß weder ein Buch noch ein Manuskript darin verborgen sein konnte, sein Inhalt konnte nur ein erfreulicher sein. Ich schnitt also die Schnur auf und faltete die Umhüllung auseinander. Rosa Seidenpapiere kamen zum Vorschein, und ein zarter Duft verbreitete sich, weich und zart fühlte der Inhalt sich an. Ich enthüllte ihn sorgfältig und feierlich wie ein Denkmal und fand eine Handarbeit aus feinem, trikotartigem Stoff. Verwundert legte ich das Ding auseinander und breitete es über einem Stuhl aus. Es war ein schwarzer Badeanzug, aus seidig schimmerndem Trikot, und auf der Brust des Anzuges war ein großes hellrotes Herz aufgenäht und mit Kreuzstich eingefaßt, und in dem roten Herzen stand mit schwarzen Buchstaben gestickt: ›Dem großen Heinrich, dem unvergleichlichen Unterwasserschwimmer.‹

Teufel, und jetzt begriff ich endlich und sah, daß diese ganze ausgiebige Morgenpost gar nicht mir gehört hatte, sondern meinem Nachbarn H., dem Schwimmer, der jetzt auf seiner Bank saß und Bleistifte spitzte, der aber morgen seine Stelle kündigen und einem der zahllosen ehrenvolle Rufe nach Berlin, nach Amerika, nach Paris oder London folgen würde, die ihn jetzt täglich erreichten.

Ärgerlich und ein wenig betrübt ging ich nochmals aus, und schlenderte an den Quai hinaus. Da lag der Zürichsee, und ich sah ihn mir an und überlegte sehr, ob ich nicht wohl daran täte, zum Schwimmsport überzugehen. Konnte ich auch nicht auf Weltrekorde zählen, so war ich doch noch leidlich rüstig, und einst als Knabe hatte ich sehr gut schwimmen können. Zu schönen Achtungserfolgen bei kantonalen Seniorenwettschwimmen würde es mir vielleicht doch noch reichen. Aber dann sah der See so widerlich kalt und naß aus, und ich dachte daran, daß Meister H. die unabsehbare Strecke von hier bis zum andern Ufer in zehn Minuten durchschwommen hatte, und es fiel mir auch wieder ein, wieviel dankbare und nie auszuschöpfende Ziele und Aufgaben meiner in der Dichtkunst noch warteten.

Nein, ich würde meinem Nachbarn H. seine Post mit höflichen Entschuldigungen überschicken, würde ihn um eine Eintrittskarte zu seinem nächsten Schauschwimmen bitten und ihn gelegentlich ersuchen, bei ein paar Redaktionen großer Blätter ein Wort für mich einzulegen behufs Abdruck meiner Gedichte. Im übrigen aber wollte ich den Schwimmsport den Karpfen und Hechten überlassen und es weiter mit dem Dichten probieren. Es beschäftigte mich da seit einigen Tagen ein Gedicht über den Frühling, oder vielmehr über den merkwürdigen Geruch von jungen harzigen Baumknospen und seine Wirkung auf junge und alte Menschen, eine außerordentlich verschiedene Wirkung, und wenn es auch schwer und nahezu unmöglich schien, diese Sache mit den Knospen den Herzen der Menschen jemals

einigermaßen befriedigend zu formulieren, so wollte ich
doch nicht derjenige sein, der sein Handwerk vernachläs-
sigte und sich um seine Lebensaufgabe drückte.

(1928)

[Ein Hermann Hesse-Abend]

Es war die Zeit vor einem großen jährlichen Feste, das den Sinn hat, einesteils die Industrie zu fördern und einige Wochen lang den Handel zu beleben, andererseits aber durch das Ausstellen von abgesägten jungen Bäumen in allen städtischen Wohnungen eine Art von Erinnerung an die Natur und den Wald zu erwecken und die Freuden des Familienlebens zu feiern. Auch dies war ein Spiel und Übereinkommen, das ich bald durchschaute. Weder gab es jemand, dem die Erinnerung an Natur und Wald ein Bedürfnis gewesen oder der doch so töricht gewesen wäre, diese Zimmertannen für ein geeignetes Mittel zur Pflege der Naturfreude zu halten, noch auch wurde Familie, Ehe und Kindersegen von der Mehrzahl des Volkes sehr verehrt, sondern nahezu allgemein als eine Last empfunden. Aber das Fest beschäftigte vier Wochen lang Millionen von Angestellten und machte zwei Tage lang der gesamten Bevölkerung sichtlichen Spaß. Sogar mir, dem Fremden, bot man süßes Backwerk an und wünschte frohe Feiertage, und einige Stunden lang wurden in Häusern, denen dies recht ungewohnt war, Orgien von Familienglück begangen.

In dieser Zeit sah übrigens die Stadt reizend aus. In den breiten Geschäftsstraßen strahlte Tag und Nacht Haus an Haus und Fenster an Fenster von Lichtüberfluß, von ausgestellten Waren, von Blumen, von Spielzeug, und es schien das ganze so schwere und ernste Arbeitsleben all der Millionen in der Tat ein witziges und gut ausgedachtes Unterhaltungsspiel zu sein. Störend freilich für den Fremdling war die Sitte der Gastwirte, auch an jenen Stätten der Betäubung, wo man Natur, Familie, Geschäft und alles für Stunden zu vergessen und in wohlschmeckenden Getränken wegzuspülen sucht – auch an diesen stillen Trink- und

Rauchstätten Lichterbäume mit oder ohne Musik aufzustellen, welche hier noch mehr als in den Privathäusern einen Glanz und eine Sentimentalität ausstrahlten, in welcher das Atmen schwer wurde.

Eines Abends, noch ehe die Festtage begonnen hatten, saß ich bei einer Eierspeise und einem halben Liter Rotwein leidlich zufrieden in einem Wirtshause, da fiel mir die Ankündigung einer Zeitung ins Auge, die mich sofort fesselte. Es war da ein Hermann Hesse-Abend von einem literarischen Verein veranstaltet, dessen Besuch sehr empfohlen wurde. Schleunigst ging ich hin, fand das Haus und den Saal und an der Saaltür einen Kassierer, den fragte ich, ob Herr Hesse selber auftrete. Er verneinte und suchte sich zu entschuldigen, aber ich beruhigte ihn mit der Bemerkung, daß ich nicht den mindesten Wert auf die Mitwirkung dieses Herrn lege.

Ich bezahlte eine Mark und bekam ein Programm, und nachdem ich eine Weile gesessen und gewartet hatte, ging die Veranstaltung los. Da hörte ich eine Reihe von Dichtungen, die ich in meinen jüngeren Jahren geschrieben hatte. Ich hatte damals, als ich sie schrieb, noch die Neigungen und Ideale der Jugend, und es war mir mehr um Schwärmen und Idealismus zu tun als um Aufrichtigkeit; ich sah darum das Leben vorwiegend hell und bejahenswert, während ich es heute weder liebe noch verneine, sondern eben hinnehme. Es war mir daher merkwürdig, in diesen Dichtungen meine eigene Stimme aus der Jugendzeit her reden zu hören. Die Dichtungen waren zum Teil durch Kompositionen in Musik gesetzt und wurden von hübsch gekleideten Damen vorgesungen, teils auch wurden sie deklamiert oder vorgelesen, und ich konnte zusehen, wie derjenige Teil der Zuhörerschaft, der jugendlich und sentimental fühlte, die Darbietungen einschluckte und dazu empfindsam lächelte, während ein anderer, kühlerer Teil der Hörer, zu dem auch ich zählte, unbewegt blieb und entweder ein wenig mißachtend lächelte oder einschlief. Und mitten in alldem Beobachten und in der Verwunderung über die hübsche Seichtigkeit dieser Dichtungen, die mir doch einst so wichtig und heilig gewesen waren, konnte ich in mir trotz allem ein gutes Stück Eitelkeit beobachten, denn ich war jedesmal enttäuscht und etwas verletzt, wenn Sängerin oder Vorleser, wie dies ja üblich ist, einzelne Worte in den Gedichten ausließen oder durch andere ersetzten. Indessen bekam diese ganze Abendunterhaltung mir nicht gut, ich konnte den Schluß nicht abwarten, weil ein trockenes und bitteres Gefühl in Kehle und Magen mich von dannen trieb, das ich dann mit Cognac und Wasser stundenlang vergeblich zu vertreiben suchte. Auch bei dieser literarischen Abendunterhaltung, wo ich doch gewissermaßen als Sachverständiger und Fachmann gelten konnte, bemerkte ich wieder diese Isolierung, die mich zum Eremiten bestimmt und welche darin besteht, daß ich in mir ein unergründliches Verlangen trage, das Menschenleben ernst nehmen zu können, während alle anderen es nach einer geheimen, mir unbekannten Spielregel, als ein amüsantes Gesellschaftsspiel betrachten und vergnügt mitspielen.

(1925)

In schlafloser Nacht[1]

Es war ein Mann, der war sehr gründlich. Alles
wollte er bis zur Evidenz beweisen, und bei
Nacht wollte er sogar bis zur Evipanz schlafen.
Das gelang ihm aber selten. Oft wurde er mitten
in der Nacht durch eine Evipanik geweckt und
schlief nicht mehr ein, bis er nochmals Evipan
genommen hatte. Und bald half auch das nicht
mehr viel, er schlief nur halb, und sah in Halbträumen
ein riesiges Evipanoptikum, dessen
Bilder ihn quälten. Statt sich nun in die
Heiterkeit eines klassischen Evipantheismus
zu retten, wurde er mißmutig, und man nannte
ihn allgemein nur noch Evipankraz den Schmoller.
Es war, als habe er die Büchse der Evipandora
geöffnet und mit dem Büchsenöffner eine
Evipanne erlitten. Er floh nach Evipanama und
soll dort von einem Evipanther gefressen
worden sein.

(1932)

---

1 Im Manuskript trägt diese Nonsens-Fingerübung über das Schlafmittel
Evipan keinen Titel.

Eduards des Zeitgenossen zeitgemäßer Zeitgenuß

Man nehme dieses Stückchen Prosa als das, was es ist: als einen Spaß, als ein Spiel am Feierabend, und suche nicht allzu eifrig nach einem Sinn. Es muß auch Spiel und Spaß und Unschuld geben, je und je für einen Augenblick. Der Ernst steht ja niemals so weit von uns und unsern Späßen, als uns lieb wäre. Hinter diesem Sprachscherz zum Beispiel steht als bitterer Ernst der darin spielerisch verhöhnte Niedergang unsrer Sprache, die schauerliche Inflation der Begriffe und der Worte. Für Menschen mit noch wirklich lebendigem Sprachgefühl ist mein »Zeitgenuß« kaum um eine kleine Abstufung dümmer und inhaltloser als der größere Teil jener deutschen Prosa, die in Zeitungen, Reden, Vorträgen, Reklamewesen usw. uns Tag für Tag überflutet.

»Entblöde dich, mich zu schlagen!« rief Eduards Frau.

»Kehre zu deiner eigenen Tür«, erwiderte er mürrisch, und als sie nochmals zu einer Rede Luft schöpfte, donnerte er gewaltig: »Geschweige denn!«, und sie geschwieg denn. Sie war ein Warnemündel, das konnte er ihr nie verzeihen. Trotz aller Warnungen nämlich hatte er sie an Eidesstatt angenommen, doch gelang es ihm selten, ihr den Vormund zu stopfen, denn obwohl landesfremd, brechte sie doch fließend Rad.

Immerhin, es mußte etwas geschehen. Er ging also, kaufte sich eine schöne Filmrolle, photographierte einen Star, den er entwickeln ließ, und der sowohl das Joch des Versailler Friedens bzw. Youngplanes als auch eine stattliche Rente abwarf.

»Gemacht«, lächelte er journalistig. Denn, dies hatte ihn schon seiner Mutter Treppenwitz gelehrt: um aus bösen Lagen zu entkommen, war es das beste, sich einer Journalist zu bedienen.

Am grün umbuschten, blau überhimmelten, gold umsonnten Busen der Natur erholte er sich von den geschlagenen

Wunden bzw. Schlachten, im ewigen Schweigen der Wälder, wo noch die Doppeladler in Scharen forsteten. Dort war es, wo er Else Cadmium kennenlernte. Ein Blick genügte, Kennen und Lernen war eins. Früh krümmt sich, wer ein Wurm werden will. Aber im tiefsten Grunde ihres weiblichen Mysteriums war Else eine glänzende Null. Sie hatte es einst zufällig entdeckt. »Sei du selbst!« rief sie sich damals ermunternd zu, und war im selben Augenblick verschwunden.

»Wer ich bin, Eduard, wird dir immer ein Geheimnis bleiben«, flüsterte sie. Da ging er zu einem Geheimniskrämer und ließ es sich ein schönes Stück von Georg Kaiser kosten.

Tief enttäuscht kehrte er wieder. »Dich werde ich mal unter die Hupe nehmen«, schrie er und überfuhr sie. Beim Anblick der überführten Sünderin jedoch überlief ihn eine kalte Dusche, und da ihm ohnehin das Vaterland zu teuer wurde, fuhr er nach den Neuen Hebräern, wurde jedoch bei der Umschiffung des Gesellschaftskapitals beinahe von einem gefräßigen Äquator gefressen. Ohne aber in dies allzufrühe Gras gebissen zu haben, ging er an Land und rief: »Abdallah!«

Ein Eingeborener versuchte ihn zu belehren: »Bitte, man sagt Abdullah.«

»Ach was«, meinte er kurz, »man sagt doch auch nicht Walhulla.« Dort auch war es, wo er die berühmte »Klage des Generals« dichtete, jene längst zum Lieblingsliede aller empfindsamen Kriegsminister gewordenen Verse:

> Da droben auf jenem Berge
> Da steht ein General
> Am Generalstab gebogen
> Und blicket hinab in das Tal.

Er hatte auch allen Grund dazu. Alle hatten ihn im Stich gelassen, und es gefiel ihm in diesem Stiche keineswegs. Nie hatte er sich so gelassen gefühlt. Über ihm hob das drohende Schicksal seine eherne Pranke wie über der Fledermaus die Flederkatze. Düster blickte der unenträtselbare Himmel der Zukunft.

Er ging zum Gastrologen und ließ sich die Relativität stellen; es sollte sich aber später erweisen, daß der Gastro gelogen hatte. Unter sorgfältiger Umdrehung des jeweils Dies-bezogenen, stets den irrationalen Gegebenheiten treu, verfocht er fluchtartig die Prinzipale der Interessengemeinheit.

So vollzog sich sein staunenerregender Aufstieg. Als er am Ende der Welt anlangte, wohin nur ein einziger vor ihm je den zagenden Fuß des Eroberers gesetzt hatte, dachte er an Herakles und sein tiefes Wort: »Säule mit Weile!«

Himmlisches Behagen strömte durch seine Verkehrsadern, seine Seele war voll aber ganz beziehungsweise Sang und Klang.

(1933)

Literarischer Alltag

Wer sich abseits gesetzt und weit von Stadt und Gesellschaft niedergelassen hat, in dessen Leben spielt die Post eine Rolle. Denn magst du noch so sehr die Einsamkeit und Sammlung suchen und lieben, das Leben läßt sich nichts ablisten, und die Leute, deren Besuchen und Ansprüchen du gern aus dem Wege gegangen wärest, finden sich nun eben allmorgendlich als Briefschreiber bei dir ein und tragen dir ein Stückchen Alltag, ein Stückchen Mühe, aber auch ein Stückchen Leben und Wirklichkeit in dein Haus und deine Luft, daß sie sich nicht zu sehr verdünne. Jetzt aber, in der schauerlichen Dämmerung des Kriegsendes, wie wunderlich klein und zufällig ist nun meine Briefpost geworden! Gerade jetzt, wo die Post so wichtig wäre, bleibt sie aus, gerade jetzt, wo man um so viele Freunde bangt, über so viele befreundete Schicksale in Sorge ist, ist der sonst oft lästig muntere tägliche Quell der Zufuhr an Wirklichkeit, an Nachrichten, an Menschlichem fast völlig versiegt. Ob mein treuster Freund und Verleger noch lebt, der in den Gefängnissen der Gestapo für seine Gesinnung und für seine Treue gegen mich so schwer gebüßt hat[1], ob irgendeinmal an den Wiederaufbau meines zerstörten und vernichteten Werkes zu denken sein wird, ob die Freundin noch am Leben ist[2], von der wir als letzte Nachricht nur wissen, daß sie aus Theresienstadt vor vielen Monaten mit vielen tausend andern »ohne Ziel« deportiert worden ist, oder wo mein Freund und Verwandter Ferromonte[3] geblieben ist, der Organist, Cembalist und Musikhistoriker, der zuletzt Sanitätssoldat in einem riesi-

1 Peter Suhrkamp (1891-1959).
2 Die Ärztin Dr. Anna Kramer, die noch 1945 vergast wurde.
3 Hesses Neffe Carlo Isenberg (1901-1945), der als Sanitätssoldat an der Ostfront starb.

gen Lazarett in Polen war – über dies und hundert andere, ähnlich bange und bedrängende Fragen warte ich Tag um Tag auf Antwort, Woche um Woche, Monat um Monat. Daß man sich einmal nach Briefen aus Deutschland, und seien sie durch noch so widerliche Hitlermarken und Zensurornamente verunstaltet, richtig und ernstlich sehnen würde, hätte man noch vor einem Jahre nicht gedacht.

Aber der Alltag geht weiter, und die brave Post feiert ja trotz allem nicht wirklich. Bleiben auch die wichtigen und ersehnten Briefe aus, so kommen doch unwichtige und unerwartete, und manchmal haben auch sie ihre kleine Bedeutung und regen zu Gedanken an.

So brachte mir gestern die Morgenpost unter anderem drei Sachen, die zwar ohne Wichtigkeit, doch immerhin auch Grüße aus der Wirklichkeit und dem Welt-Alltag waren und uns auch ein wenig zu necken und zu lachen gaben.

Der erste Brief, den ich öffnete, war ziemlich dick, und ich mißtraute ihm einigermaßen; denn so sahen meistens die Briefe aus, in denen mir junge oder alte Kollegen ihre Dichtungen zum Lesen, zum Beurteilen und zum Verlegersuchen zuschickten. Aber ich wurde beschämt, der dicke Brief enthielt keine Manuskripte, sondern ein mir wohlbekanntes kleines Buch, die Insel-Auswahl meiner Gedichte. Der Briefschreiber hatte es in einem Antiquariat gekauft, und es war ihm dadurch merkwürdig geworden, daß auf dem Vorsatzblatt nicht nur eine Widmung, sondern auch eine kleine Malerei von meiner Hand sich vorfand, ein ovaler Blumenkranz. Den hatte ich irgendeinmal für irgendeinen Menschen, dem ich damals eine Freude machen wollte, gemalt, und nun war mein Buch und mein Blumenkranz also beim Trödler gelandet, ein Fremder hatte sie gekauft, und er schickte mir das Büchlein, damit ich feststelle, ob die kleine Malerei wirklich von mir stamme. Nun ja, ich mußte mich dazu bekennen und dem neuen Besitzer die gewünschte Auskunft geben.

Während ich, um die Sache los zu sein, gleich die paar Zeilen schrieb, kam durch die offene Ateliertür mein derzeitiger Gast herein, ein befreundeter Maler[1], dem ich jeden Vormittag kleine Weile sitze. Wir begrüßen uns, und während er seine eine Staffelei aufbaut, seine Bluse und Schürze anzieht und seine Palette revidiert, fische ich mir aus dem kleinen Posthäufchen das unterste und größte Stück hervor, ein flaches, steifes Paketchen in Quartformat. Es sah ganz so aus, als könnte es eine Zeichnung oder eine Malerei enthalten, die Gabe oder Tauschgabe eines befreundeten Künstlers etwa, und das wäre mir lieb gewesen, denn in die Kontemplationen während des Modellsitzens mochte ich lieber eine angenehmere Vorstellung mitnehmen als die von meinem liebevoll gemalten, verschmähten und dem Trödler verkauften Blumenkranz, der ja eigentlich schon erledigt war, aber, wie ich nun merkte, doch ein Gefühl von Kränkung in mir hinterlassen hatte. Ich beeilte mich also, das Quartpaket aufzuschnüren, das von einem mir unbekannten Absender kam. Wenn es, wie ich glaubte ahnen zu dürfen, die Malerei, Zeichnung, Radierung oder Lithographie irgendeines jungen Künstlers enthielt, so konnte das einen erfreulichen Gegenstand für mein Sinnieren und vielleicht auch für ein Gespräch während der bevorstehenden Sitzung abgeben. Aus der Umhüllung kam jedoch nichts dergleichen zum Vorschein, sondern eine Mappe aus dickem Karton, in der ein Quartbogen weißen Papiers lag, einmal gefaltet, also mit vier Schreibseiten. Und dazu der Brief eines Unbekannten, der mich ersucht, ich möge freundlichst das Papier an ihn zurücksenden, und zwar in folgen-

1 Ernst Morgenthaler (1887-1962).

der Weise ausgefüllt: Auf den beiden ersten Seiten habe von meiner Hand eine zu diesem Zweck verfaßte kurze Auto- biographie von mir zu stehen, auf die folgende Seite solle ich meine Fotografie kleben und auf die letzte eine Widmung für den Empfänger schreiben.

Eine merkwürdige Post war das heute! Verblüfft über dies ungewöhnlich naive oder ungewöhnlich freche Ansin- nen, zeigte ich Mappe und Brief meinem Freunde, der sich eben an die Staffelei gesetzt hatte. Er warf einen verwun- derten Blick darauf, sah sich die dicke Kartonmappe dann nochmals genauer an, brach in Lachen aus und sagte: »Diese selbe Mappe ist auch schon bei mir gewesen mit einem ganz ähnlichen Brief, in dem ich um eine Zeichnung oder Male- rei, ein Bildnis und eine Widmung angegangen wurde. Die- ser Treuherzige ist ein eher gerissener Sammler, vielleicht ist nicht einmal die fehlerhafte Sprache und Orthographie sei- ner Briefe echt.«

Nun wußte ich doch, was ich mit dieser Mappe anzufan- gen habe. Wir lachten, und die Sitzung begann, der Maler kämpfte heldisch seinen Kampf mit den Tücken des Objek- tes, und ich in meiner Ruhestellung überließ mich Betrach- tungen, die mich bei der großen Wärme des Junitages bis nahe an die Grenze des Einschlummerns führten.

Später dann, als die Sitzung zu Ende war, mußte ich auch noch den Rest meiner Morgenpost durchsehen. Er enthielt aber nur noch eine einzige Überraschung. Ein Herr in der nahen Stadt wandte sich an mich mit der in gepflegtem Ita- lienisch abgefaßten Bitte, ich möchte ihn unverzüglich an- rufen, um eine Zusammenkunft zu vereinbaren, es handle sich um eine literarische Angelegenheit von großer Wich- tigkeit. Was war nun das wieder? Ach, wahrscheinlich hatte der Mann einen Sohn oder eine Tochter, deren Schülerver- se er mir als Talentprobe vorlegen wollte. Aber daß er sich dazu einen fremdsprachigen Autor aussuchte, war doch sonderbar.

Das Telefonieren gehört in unserem Hause zum Ressort der Frau, und so übergab ich den Brief meiner Frau. Sie rief den Briefschreiber an, und auch dort erschien nicht der Mann, sondern die Frau am Telefon. Als sie unsern Namen hörte, fragte sie gleich sehr interessiert, wann ich also zu der vorgeschlagenen Besprechung in die Stadt kommen könne. Sachte begann meine Frau ihre Abwehr. Sie trug der Dame vor, ich sei ein alter Mann und nicht mehr so recht mobil, und vermutlich handle es sich ohnehin um ein Mißverständnis, die Dame möge so freundlich sein und ihr erzählen, um was es sich denn überhaupt handle. Oh, rief die Partnerin drüben, von Mißverständnis keine Rede, sie habe sich erkundigt und wisse, wer ich sei, daß ich einen Namen habe und etwas von meinem Metier verstehe. Und die Angelegenheit sei nicht so alltäglich, daß man sie am Telefon mitteilen könne. Aber meine Frau blieb fest und wiederholte ihre Bitte. Nach kurzem Besinnen nun sagte die andere mit gedämpfter und erregter Stimme: Nun, ich kann Ihnen ja sagen, um was es sich handelt. Es handelt sich um einen Roman!

Worauf meine Frau: »Ah, ein Roman? Ob jemand einen Roman geschrieben habe, den ich lesen solle?«

Antwort: »Nein, keineswegs. Nicht lesen solle der Signore einen Roman, sondern schreiben. Sie habe in ihrem Hause Sachen erlebt, die wohl Stoff zu einem guten Roman geben könnten, und mich hätten sie, nach eingezogenen Erkundigungen, dazu erwählt, den Roman zu schreiben. Und wann sie nun also auf meinen Besuch rechnen könnten?«

Sie war sehr verwundert und enttäuscht, als ihr Antwort wurde: Der Signore habe zwar Romane geschrieben, aber niemals andere als selbsterfundene, und davon gehe er unter keinen Umständen ab. Man bedaure also sehr, und so weiter.

So alt also hatte ich werden müssen, um endlich einmal zu erfahren, daß auch mitten im gutbürgerlichen Leben der Dichter eine gesuchte, eine unentbehrliche Institution sei, daß es Lagen gebe, in denen man ihn rief und seiner dringend bedurfte, Lagen, die man am Telefon nicht erörtern durfte, die aber gebieterisch nach der Literatur und dem Literaten verlangten, so wie es Lagen gibt, die den Arzt, die Polizei oder den Advokaten verlangen. Es tat mir wohl, ich hörte es gern. Und wenn auch der Ertrag meiner heutigen Morgenpost nicht gerade reich genannt werden konnte, er war doch kein eindeutiges Minus. Beinahe hätte meine versöhnliche Stimmung mich verleitet, dem Sammler seine Mappe und sein Papier, wenn auch unbeschrieben, zurückzuschicken. Aber das unterließ ich dann doch.

(1945)

Zu einem Grimm'schen Märchen

Herr Korbes

Es war einmal ein Hühnchen und ein Hähnchen, die wollten zusammen eine Reise machen. Da baute das Hähnchen einen schönen Wagen, der vier rote Räder hatte, und spannte vier Mäuschen davor. Das Hühnchen setzte sich mit dem Hähnchen auf, und sie fuhren miteinander fort. Nicht lange, so begegnete ihnen eine Katze, die sprach »wo wollt ihr hin?«, Hähnchen antwortete

»Als hinaus
nach des Herrn Korbes seinem Haus.«
»Nehmt mich mit«, sprach die Katze. Hähnchen antwortete »recht gerne, setz dich hinten auf, daß du vornen nicht herabfällst.

Nehmt euch
wohl in acht,
daß ihr meine roten Räderchen nicht schmutzig macht.
Ihr Räderchen, schweift,
ihr Mäuschen, pfeift,
als hinaus
nach des Herrn Korbes seinem Haus.«
Danach kam ein Mühlstein, dann ein Ei, dann eine Ente, dann eine Stecknadel, und zuletzt eine Nähnadel, die setzten sich auch alle auf den Wagen und fuhren mit. Wie sie aber zu des Herrn Korbes Haus kamen, so war der Herr Korbes nicht da. Die Mäuschen fuhren den Wagen in die Scheune, das Hühnchen flog mit dem Hähnchen auf eine Stange, die Katze setzte sich ins Kamin, die Ente in die Bornstange, das Ei wickelte sich ins Handtuch, die Stecknadel steckte sich ins Stuhlkissen, die Nähnadel sprang aufs Bett mitten ins Kopf-

kissen, und der Mühlstein legte sich über die Türe. Da kam der Herr Korbes nach Haus, ging ans Kamin und wollte Feuer anmachen, da warf ihm die Katze das Gesicht voll Asche. Er lief geschwind in die Küche und wollte sich abwaschen, da spritzte ihm die Ente Wasser ins Gesicht. Er wollte sich an dem Handtuch abtrocknen, aber das Ei rollte ihm entgegen, zerbrach und klebte ihm die Augen zu. Er wollte sich ruhen und setzte sich auf den Stuhl, da stach ihn die Stecknadel. Er geriet in Zorn, und warf sich aufs Bett, wie er aber den Kopf aufs Kissen niederlegte, stach ihn die Nähnadel, so daß er aufschrie und ganz wütend in die weite Welt laufen wollte. Wie er aber an die Haustür kam, sprang der Mühlstein herunter und schlug ihn tot. Der Herr Korbes muß ein recht böser Mann gewesen sein.

Zu dem Grimm'schen Märchen »Herr Korbes«[1]

Schon vor Jahren ist Herr Korbes
auf so traurige Art gestorbes.
Sein Charakter wird verdächtigt,
doch mir scheint es unberechtigt
und er kann sich nicht mehr wehren.
Nein, wir halten ihn in Ehren,
weil er alles das erduldet,
was wir, wenn wir Korbes wären,
zu erdulden nie begehren,
und es traf ihn unverschuldet.

Manchmal kriegen wirs zu spüren,
sehen hinter allen Türen,
allen Fenstern, Betten, Mauern
Unglück warten, Unheil lauern
wie einst vor dem Tore draus
in des Herrn Korbes seinem Haus.

---

1 Anmerkung des Autors: »Das ist eines von den halbspaßigen Gedichten, deren Niederschrift mir zuweilen helfen muß, eine widerwärtige Nachtstunde zu ertragen und die meistens nur meine Frau zu sehen bekommt.« (Notiz in einem Brief vom März 1947).

[Der Sprung]¹

Wenn wir es unternehmen, den Lebenslauf des edlen Willibald des Jüngeren vom Ärmel der geschätzten Nachwelt zu überliefern, so sind wir uns sowohl der Schwierigkeit unsrer Aufgabe wie auch der Unzeitgemäßheit und Unbeliebtheit solcher Arbeiten recht wohl bewußt. Eine Epoche, welche den Erfindern des Atom-Nußknackers Ruhmeskränze flicht und den Andrang des Publikums zu den Sonntagsfahrten nach dem Saturn nur noch mit Hilfe großer Polizeiaufgebote bändigen kann, eine Epoche, welche einzig den materiellen Erfolg und die meßbare sportliche Leistung anerkennt und anbetet, wird weder den Großtaten der Säulenheiligen noch den Klavier-Stimmversuchen Gottwalt Peter Harnischens, geschweige denn unsrem Versuch, das Andenken Willibalds des Jüngeren vom Ärmel zu ehren, gerecht werden oder Interesse entgegenbringen. Indessen tröstet und stärkt uns der Gedanke, daß es Verehrern jener Stiliten, jenes Walt Harnisch oder unsres seligen Willibald vom Ärmel und Verächtern des Erfolges und des Fortschritts übel anstünde, wollten sie bei ihrem Tun an den Beifall der Rekordhelden oder der Sonntags-Mondausflügler denken. Nein, wenn es denn schon etwas wie ein Ehrgeiz sein sollte, was uns antreibt und beseelt, so ist es ein andrer, ein edlerer und höherer.

Die edle Kunst, welche Willibald sein Leben lang übte, hat nicht er etwa erfunden, er lernte sie schon als Knabe durch seinen Vater kennen, und auch dieser hatte schon bis in eine ferne Vorzeit zurück Vorgänger und Vorbilder gehabt. Er, Willibald der Ältere, hat die hohe Übung, die meistens mit dem Namen »Der Sprung« bezeichnet wird, aller-

---

1 Im Manuskript trägt dieser Text keinen Titel.

dings nicht so früh, sondern erst als Erwachsener kennen und üben gelernt. Das Wenige, das wir über sein Leben wissen, läßt sich in Kürze berichten. Er war der Sohn eines Offiziers, der ihn auf eine harte und soldatische Weise erzog und ebenfalls einen Offizier aus ihm machen wollte, doch dieses Ziel nicht erreichte, denn Willibald, durch des Vaters Härte und Strenge erbittert, stemmte sich mit zähem Trotz gegen dessen Pläne. Obwohl von Natur dem Vater ähnlich und sportlichen und soldatischen Übungen durchaus zugetan, weigerte er sich standhaft, den vom Vater ihm bestimmten Beruf zu ergreifen, und wandte sich in hartnäckigem Trotz gerade jenen Beschäftigungen und Studien zu, die er vom Vater verachtet und verspottet sah, der Literatur, der Musik, den philologischen Wissenschaften. Er setzte seinen Willen durch und wurde Lehrer. Bekannt wurde er als Verfasser des Liedes: »Wie doch so sehr erfreut der Lenz das Herz«, das jahrzehntelang viel gesungen wurde und eins der beliebtesten Stücke in allen Singbüchern für Mittelschulen war. Die späteren Generationen allerdings lehnten sowohl den Text wie die Melodie des Liedes ab, machten sich über seinen Stil, an dem ein Menschenalter sich erfreut hatte, lustig und ließen es aus den Schulbüchern verschwinden. Es ist uns nicht bekannt, ob Willibald der Ältere das noch erlebt hat, es hätte ihn wohl kaum angefochten. Denn nachdem er einige Jahre an höhern Schulen unterrichtet hatte, starb sein Vater, und kaum war dies geschehen, als Willibalds ablehnende Haltung dem Soldaten- und Offiziersleben gegenüber samt seinen aus Trotz überbetonten musischen Liebhabereien erlosch. Jetzt, wo die harte Autorität, gegen die er so zäh revoltiert hatte, dahingesunken war, folgte er freudig den ererbten Anlagen und Trieben, ließ Grammatik und Leier liegen, schlug die Offizierslaufbahn ein und brachte deren erste Stufen rasch hinter sich. Dann, einer Gesandtschaft im Osten zugeteilt, lernte er das Morgenland kennen, und dort ward ihm die Begegnung, die sein Leben bestimmen sollte. Er fand Gelegenheit, tanzenden Derwischen zuzuschauen, tat dies anfangs mit jener Haltung von etwas herablassender und skeptischer Neugierde, die so mancher Abendländer in jenen Ländern für geboten hielt, wurde aber von der Gewalt des Enthusiasmus und der weltvergessenden Hingabe, die diese frommen Tänzer beseelte, mehr und mehr ergriffen, und besonders war es einer von ihnen, ein junger Derwisch von hohem Wuchs und beinahe übermenschlicher Haltung, der seine Aufmerksamkeit fesselte und seine ganze Bewunderung und Liebe gewann. Er ließ nicht nach, bis es ihm gelang, die Bekanntschaft und schließlich die Freundschaft dieses Achmed zu gewinnen. Durch ihn nun lernte Willibald jene seltsame Übung kennen, in deren Dienst sein und später seines Sohnes Leben stehen sollte: das Springen über den eigenen Schatten. Seit er entdeckt hatte, daß Achmed sich häufig zu besonderen Übungen zurückzog, bei denen er sich sorgfältig vor jedem neugierigen Blick zu schützen wußte, ruhte er nicht, bis der Derwisch ihm sein Geheimnis preisgab. Auf Willibalds dringende Frage, was er denn so einsam und im geheimen treibe, bekam er zu seinem Staunen die kurze Antwort: »Ich springe über meinen Schatten.« »Aber das ist ja unmöglich«, rief Willibald, »das ist ja verrückt.« »Du wirst sehen«, war Achmeds Antwort, und er bestellte seinen Freund auf den andern Tag zu einer bestimmten Stunde an einen einsamen Ort hinter den Stallungen einer Karawanserei. Dort nun sah ihn der Abendländer über seinen Schatten springen, das heißt: er sah ihn mit solcher Gewandtheit und Schnelligkeit springen, daß er nicht imstande war zu entscheiden, ob nicht wirklich der Springer gewandter und rascher war als sein auf dem Sande mit ihm um die Wette springender Schatten. Der Schatten bekam keinen Augenblick Ruhe, und der Herr des Schattens schien ohne Schwere zu sein, er schwebte und wirbelte in unaufhörlichen blitzschnellen Sprüngen wie ein Falter oder eine Libelle, dem Springen, Wirbeln, Schwirren hingegeben. Ob nun der Schatten übersprungen wurde oder nicht, blieb nicht nur unentschieden, es war dem staunenden Zuschauer unwichtig geworden, er vergaß daran zu denken, er sah dem Springenden mit derselben Ergriffenheit und Bewunderung, mit derselben Ahnung von Wunder und Seligkeit zu, wie damals dem Tanz des Derwisch-Chors. Als Achmed seine Übung beendet hatte, blieb er mit geschlossenen Augen eine Weile stehen, scheinbar weder erhitzt noch betäubt noch ermüdet, mit dem Ausdruck innigen Glückes im Angesicht. Als er die Augen öffnete, dankte ihm Willibald mit einer tiefen Verbeugung, wie er sie für den Empfang beim Sultan gelernt hatte. Er fragte den Freund, woran er bei seinem Springen gedacht habe. »An wen?« sagte jener mit leiser Stimme. »An Ihn, der des Springens nicht bedarf.« Willibald verstand nicht gleich. »... nicht bedarf?« wiederholte er fragend. Und Achmed: »ER ist das Licht selbst und ohne Schatten.«

Bis zu jener Stunde war Willibald des Älteren Leben ein Leben der Ziele, der Strebungen und des Ehrgeizes gewesen, er hatte erst als Lehrer, als Dichter und Musiker sich um Anerkennung und Ruhm bemüht, dann als Offizier um Achtung und Wohlwollen seiner Vorgesetzten. Zur Stunde wurde es damit anders. Sein Ziel lag nicht mehr außerhalb seiner selbst, und sein Glück, seine Zufriedenheit waren nicht mehr von außen her zu steigern oder zu mindern. Sein Ziel war von Stund an, etwas von dem zu erlangen, was er als Glück und Licht in Achmeds Antlitz nach seinem Schattenspringen hatte leuchten sehen, seine Sehnsucht galt jenem Grad von Hingabe, den er zum erstenmal beim Wirbeltanz der Derwische und jetzt, stiller aber sublimierter, im frommen Tanzdienst des Schattenspringers mit Augen erblickt hatte.

Obwohl er an strenge körperliche Übungen mancher Art gewöhnt war, dauerte es lange Zeit, bis er zwar nicht seines Freundes Vollkommenheit, aber doch eine gewisse Geschicklichkeit erreichte.

(Geschrieben vermutlich während der fünfziger Jahre.)

Chinesische Legende

von Meng Hsiä[1] wird berichtet:

Als ihm zu Ohren kam, daß neuerdings die
jungen Künstler sich darin übten, auf dem
Kopfe zu stehen, um eine neue Weise des
Sehens zu erproben, unterzog *Meng Hsiä* sich
sofort ebenfalls dieser Übung, und nachdem
er es eine Weile damit probiert hatte, sagte
er zu seinen Schülern: »Neu und schöner
blickt die Welt mir ins Auge, wenn ich mich
auf den Kopf stelle.«

Dies sprach sich herum, und die Neuerer
unter den jungen Künstlern rühmten sich
dieser Bestätigung ihrer Versuche durch den
alten Meister nicht wenig.

Da dieser als recht wortkarg bekannt war und
seine Jünger mehr durch sein bloßes Dasein
und Beispiel erzog als durch Lehren, wurde
jeder seiner Aussprüche beachtet und weiter
verbreitet.

Und nun wurde, bald nachdem jene Worte die
Neuerer entzückt, viele Alte aber befremdet,
ja erzürnt hatten, schon wieder ein Ausspruch
von ihm bekannt. Er habe, so erzählte man,
sich neuestens so geäußert:

---

1 »Traumschreiber«; chinesisches Pseudonym für Hermann Hesse.

»Wie gut, daß der Mensch zwei Beine hat!
Das Stehen auf dem Kopf ist der Gesundheit
nicht zuträglich, und wenn der auf dem Kopf
Stehende sich wieder aufrichtet, dann blickt
ihm, dem auf den Füßen Stehenden, die Welt
doppelt so schön ins Auge.«

An diesen Worten des Meisters nahmen sowohl
die jungen Kopfsteher, die sich von ihm
verraten oder verspottet fühlten, wie auch
die Mandarine großen Anstoß.

»Heute«, so sagten die Mandarine, »behauptet
Meng Hsiä dies, und morgen das Gegenteil.
Es kann aber doch unmöglich zwei Wahrheiten
geben. Wer mag den unklug gewordenen
Alten da noch ernst nehmen?«

Dem Meister wurde hinterbracht, wie die
Neuerer und wie die Mandarine über ihn
redeten. Er lachte nur. Und da die Seinen ihn
um eine Erklärung baten, sagte er:

»Es gibt die Wirklichkeit, ihr Knaben, und an
der ist nicht zu rütteln. Wahrheiten aber,
nämlich in Worten ausgedrückte Meinungen
über das Wirkliche, gibt es unzählige, und jede
ist ebenso richtig wie sie falsch ist.«

Zu weiteren Erklärungen konnten ihn die
Schüler, so sehr sie sich bemühten, nicht
bewegen.

(1959)

»Mitten in der trüben Zeit, eine Dosis Heiterkeit«. Gelegenheits- und Scherzgedichte

»Ich habe das Spielerische in der Kunst immer gerne gehabt und habe schon als Knabe und Jüngling, häufig und mit großem Vergnügen, meistens nur für mich allein, eine Art von surrealistischer Dichtung betrieben, tue das auch heute noch, zum Beispiel in schlaflosen Morgenstunden, freilich ohne diese seifenblasenartigen Gebilde aufzuschreiben. Und bei diesen Spielen und beim Nachdenken über die naiven Kunstgriffe des Traumes und die unnaiven der surrealistischen Kunst, deren Genuß und deren Ausübung so viel Vergnügen macht und so wenig Anstrengung fordert, ist mir auch klar geworden, warum ich als Dichter auf die Ausübung dieser Art von Kunst verzichten müsse. Ich erlaube sie mir mit gutem Gewissen in der privaten Sphäre, ich habe Tausende von surrealistischen Versen und Sprüchen in meinem Leben gemacht und tue das noch immer, aber die Art von künstlerischer Moral und Verantwortlichkeit, zu der ich mit den Jahren gekommen bin, würde mir heute nicht mehr erlauben, diese Produktionsweise aus dem Privaten und Unverantwortlichen auf meine ernstgemeinte Produktion anzuwenden.«

(Aus »Nächtliche Spiele«, 1948)

Hermann Hesse, gezeichnet von H. U. Steger.

Liebeslied

Betty, schöne Kellnerin,
Lach nicht so gemein!
Du sollst meine Königin
Und mein Engel sein.

Ach, du weißt nicht, wie ich litt,
Als mit Worten und mit Gesten
Du mir ferneren Kredit
Weigertest vor allen Gästen!

Wenn du heut nicht reagierst,
Ja dich strenger zeigst und kälter,
Wisse, daß du dann verlierst
Deinen Freund und deine Gelder!
(1892)

Bruder Zecher

Hebt hoch die Gläser, stoßt an, daß es klingt,
Und jubelt, daß es zum Himmel dringt,
Und lasset die Sorgen dahinten.
Ich lasse leben den edlen Wein,
Ein andrer schließt Heimat und Liebchen mit ein,
So wie sich's gerade mag finden.

Herr Wirt, Herr Wirt, so kommt doch her!
Mein liebes Krüglein ist wieder leer;
Schenkt ein! Bald ruf ich Euch wieder.
Schreibt's zu dem andern! Heut hab ich kein Geld,
Ein andermal zahl ich, wenn's Gott gefällt –
Es lebe der Wein und die Lieder!

Laß gehen, wie's eben gehen mag!
Wer weiß, am Ende kommt noch ein Tag,
Da fallen vom Himmel die Gulden.
Mit Sorgen und Rechnen kommt man nicht weit,
Wenn's Gold und Silber vom Himmel schneit,
Dann zahl sogar ich meine Schulden.

Froh wie der Wein, so ist mein Gemüt,
Drum sing ich so gern ein lautlustiges Lied,
Eine klingende, fröhliche Weise;
Drum trink ich so gern aus dem vollen Glas
Und liebe beim Wein einen lustigen Spaß
In der Freunde lachendem Kreise.

Kommt früh der Tag zu den Scheiben herein,
So findet er mich oft beim Becher allein,
Und ich grüße ihn froh: »Guten Morgen!«

Des Abends ruf ich ihm munter nach
Und bleibe noch lang in der Kneipe wach,
Wenn andre schlafen und sorgen.

Und schließ ich am Ende die Augen zu,
So ist es noch lange Zeit zu der Ruh,
Da kann ich den Kater verschlafen.
Und drüber jubeln die Freunde fort,
Und mancher sagt noch ein freundlich Wort
Vom Bruder Zecher, dem Braven.

(1895)

[Ausgleich][1]

Die Erde ist rund, und das ist gesund;
Denn hätte sie Ecken und Spitzen,
    Wie könnten wir so bequem darauf sitzen?
Daß sie aber rund ist und wir länglich,
Darüber sei nur ja nicht bänglich;
Denn wären wir einerlei Statur,
So kugelten wir durch die ganze Natur.

(1896)

---

[1] Die in eckige Klammern gesetzten Titel stammen vom Herausgeber, da
   Hesse diese beiläufigen Verse in der Regel nicht mit Überschriften versehen hat.

[Im wunderschönen Monat Mai]

Im wunderschönen Monat Mai, als alle Knospen sprangen,
da hat es gleich am ersten Tag zu regnen angefangen.
Im wunderschönen Monat Mai, den alle Menschen segnen,
hat's bis zum einunddreißigsten nicht aufgehört zu regnen.

(1897)

Trio

Bedächtig treuer Weise
Üben ein Trio ein
Drei höfische Pudergreise.
Es schlagen im Nicken und Bücken
Den Takt bei allen drei'n
Die Zöpfe auf ihren Rücken.

(1899)

Moritat

Ein Ritter und sein Knappe,
Die reiten duster im Tal dahin.
Der Knappe trägt eine Mappe
Mit den dazugehörigen Akten drin.

Der Ritter ist schwarz gekleidet
Und trägt einen steifen Hut,
Um den ihn der Knappe beneidet,
Denn er steht ihm wirklich gut.

Er hat den Ritter erschlagen
Und sogleich den Todesfall
In den Akten eingetragen ...
Dann ritt er stumm aus dem Tal.

(1901)

Todesgedanken

Wenn ich erst tot sein werde,
Das wird ein Festtag sein!
Dann ziehen mich zwei Pferde
Auf einem Wägelein.

Dann gehen zylindergekrönte
Herren hinter mir her;
O saget, was verschönte
Wie sie ein Fest so sehr!

Dann gewährt mir die Regierung
(Sie tat vorher es leider nie)
Für meine gute Führung
Ein ewiges Freilogis.

Dann feiert auch gebührend
Der Pfarrer mich verlornen Sohn;
Wer fände es nicht rührend?
Es freut mich heute schon.

(1901)

Soirée

Man hatte mich eingeladen,
Ich wußte nicht warum;
Viel Herren mit schmalen Waden
Standen im Saal herum.

Es waren Herren von Namen
Und von gewaltigem Ruf,
Von denen der eine Dramen,
Der andre Romane schuf.

Sie wußten sich flott zu betragen
Und machten ein groß Geschrei.
Da schämte ich mich zu sagen,
Daß ich auch ein Dichter sei.

(1902)

Waldnacht

Gedicht eines Schwabinger Symbolisten

Der Wald –! Die Nacht –! Glühwürmer staunen;
Ein ferner Vogel geigt auf einer Flöte.
Die Äste knarren – – – Sagen raunen,
Indes ich vor dem Geist der Nacht erröte.

Ein ungeheures Weh schluchzt in den Tiefen,
Ein ungeheures Lachen gellt herüber – –
Ich geb' dem Monde einen Nasenstüber
Und denke derer, die im Schatten schliefen.

Ein gelber Schmerz mit silbergrünen Rändern
Schrillt mir durchs Herz wie eine stumpfe Säge ...
Der Weltgeist brütet auf den schwarzen Ländern;
Mein Busen zittert und mein Schlips sitzt schräge.

O namenlose Wonne, so zu stehen
Im wehen Mond und solche Qual zu leiden!
Mit blindem Blick ins Herz der Nacht zu sehen!!
Und stumm zu herrschen über violette Weiten!!!

(1902)

Mai

Jüngling fühle in der Brust
Minneleid und Minnelust,
aber glaube nicht zu haben
mehr Gefühl als andre Knaben!
(1906)

Aschermittwoch-Morgen

O noch niemals schlief ich so gut!
Zwar hatte ich kein Bette,
Und zum Kissen nur den spitzen Hut
Einer blonden Pierrette.

Meine Stube war ein Lindenbaum,
Der stand und fror im Winde;
Ich träumte gar einen weichen Traum
An seiner harten Rinde.

Nun bin ich wach und herzensfroh,
Was für selige Aventüren
Einem armen blöden Pierrot
Oft unverdient passieren.
(1907)

Lied auf der Landstraße

Bei einem Meister stand ein Bursch
In Arbeit zu Parise,
Der Meister der hieß Bastian,
Sein Töchterchen Elise.

»Elise«, sprach der Bursch, »wohlauf,
Heut ists ein schöner Tag,
Komm mit in Wald, ich zeige dir
Den Nachtigallenschlag.«

Der fremde Bursche wandert fort,
Es war ihm wohlgeraten.
Der Meister schimpfte hinterdrein
Auf seine Heldentaten.

Und als das Mädel schwanger war,
Da ward ihr, ach, so weh,
Und sie gebar ein Töchterlein,
Das hieß man Salome.

Sie sprach zu ihr: »Mein Töchterlein,
Merk auf, was ich dir sag,
Geh nie am Sonntag in den Wald
Zum Nachtigallenschlag!«

(1908)

[Unfreiwilliger Tribut]

Autogramm- und Fremdenbücher
Sind die Sarg- und Leichentücher,
Drin des Dichters Eigenart
Unter Zuckungen erstarrt.

(1910)

Circulus Vitiosus

Kunst bringt Gunst.
Doch Gunst verhunzt.

(1910)

[Ansichtskarte aus Venedig]

Wie liegt so schön und interessant
Die Stadt an der Lagune Rand!
Doch erst wenn sie im Mondschein prunkt,
Erreicht sie ihren Höhepunkt.

(1911)

Altwerden

All der Tand, den Jugend schätzt,
Auch von mir ward er verehrt:
Locken, Schlipse, Helm und Schwert,
Und die Weiblein nicht zuletzt.

Aber nun erst seh ich klar,
Da für mich, den alten Knaben,
Nichts von allem mehr zu haben –
Aber nun erst seh ich klar,
Wie dies Streben weise war.

Zwar vergehen Band und Locken
Und der ganze Zauber bald,
Aber was ich sonst gewonnen,
Weisheitsschatz und warme Socken,
Ach, auch das ist bald zerronnen
Und auf Erden wird es kalt.

Herrlich ist für alte Leute
Ofen und Burgunder rot
Und zuletzt ein sanfter Tod –
Aber später, noch nicht heute.

(1918)

[Ausweg]

Statt in dieser Welt, der schändlichen
Weil ich lieber im Unendlichen,
Wo, statt ängstlich sich zu meiden,
Sich die Parallelen schneiden.

(1920)

Albumblatt

Man soll das Leben ernst nehmen können
Mit allem seinem Staub und Rauch,
Mit allem seinem tollen Rennen –
Aber lachen können muß man auch!

Man soll in jeden Abgrund sehen,
Bloß der Feigling geht daran vorbei;
Aber man soll auch zu lachen verstehen,
Denn erst das Lachenkönnen macht frei.

(1920)

Nach fünf Wochen Kur

Turnen, Schwitzen und Massieren,
Frühaufstehen und Spazieren,
Alles tat ich brav und willig,
Nur die Rohkost geb ich billig.

(1922)

[Thermalkur im Verenahof in Baden bei Zürich]

Ubi aqua, ibi bene,
spricht die heilige Verene.
Wenn du genug von der Tortur hast,
so komm hierher und werde Kurgast.
Flüchte aus des Lebens Lärme
in die Wärme dieser Therme!

(1924)

Palmström

Palmström kannte einen Herrn
namens Christian Morgenstern.

Dieser bloße Name schon
war perfid und voller Hohn,

denn besagter Morgenstern
schien am Abend grad so gern.

Ferner war er ein Poet,
was der Bürger kaum versteht.

Dieser Morgenstern verfaßte
– (tat er's, weil er Bürger haßte?) –

stets Gedichte voller Hohn,
welche schon durch ihren Ton

jeden Gläubigen und Braven
unfehlbar ins Schwarze trafen,

da sie Tag und Nacht verkehrten,
ja, oft jedes Sinns entbehrten.

Alles schienen diese bösen
Spottgedichte aufzulösen,

was man treu bisher verehrt.
Wer sie las, stand tief verstört.

Weder Herz war, noch Verstand,
weder Thron noch Vaterland

heilig diesem Morgenstern,
dennoch hatt' ihn Palmström gern

Palmström dachte: Jedes Tier
lobt den Herrn mit zwei bis vier

Flügeln, respektive Beinen.
Ihrem Chor wird sich vereinen

auch dies arme Dichtervieh,
dem ja Gott sein Amt verlieh.

Auch in ihm, so toll er scheine,
triumphiert der Ewig-Eine.

Während Palmström also dachte,
sah ihn Morgenstern und lachte.

»Dieser«, sprach er, »dünkt sich weise,
duldet mich im Weltenkreise,

während doch zu dem Behuf
ihn mein Dichtergeist erst schuf.

Oder sollte (ach, wer kennt es!)
all mein Dichten letztenendes

auf nichts anderem basieren
als auf Palmströms Wunsch, zu existieren?«

(1926)

Ballade vom Klassiker

geschrieben nach meiner Wahl
in die Berliner Akademie

Frühe schon zum Klassiker berufen
fühlte sich der Jüngling Emil Bums,
nahte, Gott im Busen, sich den Stufen
des Apolln geweihten Heiligtums.

Selten sah man wahrlich einen Dichter
so von hehrer Streberei beseelt,
bald schon sah er sich vom Chor der Richter
als des Volkes Liebling auserwählt.

Niemals gab er sich die kleinste Blöße,
wich vom Pfade strengster Tugend nie,
sang von Gott und nationaler Größe,
was ihm ungeheuren Ruhm verlieh.

Leider war dem Hochflug nicht gewachsen
dieses Edeldichters schwaches Herz,
und auf einer Vortragstour durch Sachsen
ward er krank und schwang sich himmelwärts.

Eine Trauerfeier ohne gleichen,
der Bedeutung des Moments sich voll bewußt,
schmückte mit des Vaterlandes Eichen
des verewigten Sängers Heldenbrust.

Industrie, Finanz, Behörde, Presse
stand ergriffen um das offne Grab,

Gerhart Hauptmann warf und Hermann Hesse
eine Schaufel voll Papier hinab.

Unter andern herrlichen Trophäen
in des Volksmuseums Heiligtum
sieht man seine Schreibmaschine stehen,
sonntags viel bestaunt vom Publikum.

Nie wird dieser Mann vergessen werden,
Deutschlands letzter Klassiker vielleicht,
denn fürwahr, es findet sich auf Erden
keiner, der ihm nur das Wasser reicht.

Ja ich selbst, der ich den Bums erfunden,
der ihm Namen, Ruhm, Gestalt verlieh,
beuge mich beschämt und überwunden
vor so viel Talent, so viel Genie.

Und so wallt des Göttlichen Gedächtnis,
von der rauhen Wirklichkeit befreit,
seines Volkes edelstes Vermächtnis,
durch Jahrhunderte zur Ewigkeit.

(1926)

Zu Johannes dem Täufer sprach
Hermann der Säufer:

Alles ist mir ganz willkommen,
Laß uns weiter schlendern!
So hat's seinen Lauf genommen,
Nichts ist mehr zu ändern.
Schau, ich bin ein leeres Haus,
Tür und Fenster offen,
Geister taumeln ein und aus,
Alle sind besoffen.
Du hingegen hast noch Geld,
Zahle was zu trinken,
Voller Freuden ist die Welt,
Schade, daß sie stinken.

Andre Dichter trinken auch,
Dichten aber nüchtern,
Umgekehrt hab ich's im Brauch,
Nüchtern bin ich schüchtern.
Aber so beim zehnten Glas
Geht die Logik flöten,
Dann macht mir das Dichten Spaß.
Ohne zu erröten,
Preise ich des Daseins Frist,
Lobe aus dem Vollen,
Bin Bejahungsspezialist,
Wie's die Bürger wollen.

Wer des Lebens Wonnen kennt,
Mag das Maul sich lecken.
Außerdem ist uns vergönnt,
Morgen zu verrecken.
(1926)

Ein Brief

Mein hochgeehrter Herr von Klein,
Ihren schmeichelhaften Brief hab ich erhalten,
Der mich einlädt, in Ihrem werten Verein
Einen literarischen Abend abzuhalten.
Aber leider kann ich mich nicht verpflichten,
Noch im Januar kommenden Jahres zu existieren;
Das Existieren freut mich mitnichten,
Schon jetzt beginn ich die Lust daran zu verlieren.

Und was nun meine Dichtungen betrifft,
So wurde Ihnen darüber allzu Hübsches erzählt:
Für Ihren Verein wären sie das reine Gift.
Viele meiner Freunde habe ich damit gequält,
Denn sie meinen, es sei des Dichters Beruf,
In des Bürgers Interesse das Leben stramm zu bejahen,
Wie sie das von so manchem Dichter betätigt sahen,
Der berühmte Romane und herrliche Dramen schuf.
Was mich betrifft, so schrieb ich zwar auch solche Sachen,
In der Lebensbejahung war ich früher groß,
Doch hatte ich damals noch wenig vom Leben gesehen.
Heute muß ich darüber lachen,
Und wenn ich ehrlich sein will, muß ich gestehen:
Nein, mit dem allzuviel bejahten Leben ist nichts los.

Wenden Sie sich gütigst an andre Adressen,
Wie der Kürschner sie Ihnen zu Hunderten nennt;
An Kürschners Schreibtisch bin ich lange genug gesessen,
Nun ziehe ich vor, gleich dem verlorenen Sohn
Brüderlich zwischen den Schweinen zu sitzen,
Das heißt in der Bar zwischen all den widrigen Fritzen
Cognac zu schlürfen oder Flip oder eine Flasche Beaune.

Dabei ist mir verhältnismäßig wohl,
Ich liebe die Jazzmusik und den Alkohol,
Und mit diesem Bekenntnis zum Guten und Schönen
Hoffe ich Sie, sehr geehrter Herr Groß und Klein,
Samt Ihrem so verdienstvollen Verein
Wieder einigermaßen zu versöhnen.

(1926)

Schweinerei

Wenn alles nicht so müßte sein
Und alles etwas anders wäre,
Dann wäre ein rechtes Schwein zu sein
Mir eine hohe Ehre.
Alles ist anders, als es scheint,
Haben die Philosophen gemeint,
Haben aber das Schwein vergessen.
O selig, o selig, noch klein und rein
Und ein junges Schwein zu sein,
Mit dem Rüssel aus der Schüssel fressen,
Mit dem Rüssel in der Schüssel wühlen,
Geil zu blicken aus des Auges Schlitz,
Einer treuen Seele schlichtem Sitz,
Und sich ganz und gar als Schwein zu fühlen!
Niemals hab ich dieses Glück genossen,
Während doch so viele andre Säue
Ehrenvoll und ohne jede Reue
Säuisch sich gewälzt in allen Gossen.
Tausend nie erlebte Schweinereien
Ahn ich sehnsuchtsvoll im Traum der Nacht,
Und mir scheint, bei Gott, sie seien
Einzig nur für mich gemacht.
Leider ist mir armem Idioten
Dieses grenzenlose Glück verboten.
Hinter mir in wesenlosem Scheine
Hör ich Schweine grunzen, Schweine, Schweine.

(1926)

Schizophren

Das Lied ist aus,
Wollen Sie also gefälligst wenden,
Entgürten Sie Ihre Lenden
Und fühlen Sie sich hier, bitte, wie zu Haus!
Legen Sie ab Ihre werte Persönlichkeit
Und wählen Sie sich als Abendkleid
Eine beliebige Inkarnation,
Den Don Juan oder den verlorenen Sohn
Oder die große Hure von Babylon,
Es geschieht nur zur besseren Belügung,
Die Garderobe steht ganz zu Ihrer Verfügung.

Haben Sie vielleicht meine Eltern gekannt?
Sie zählten zu den Stillen im Land,
Doch waren auch sie von der Erbsünde gehetzt,
Sonst hätten sie mich nicht in die Welt gesetzt.
Indes spielt dies hier eigentlich keine Rolle,
Zur Fortpflanzung bediene ich mich der Knolle,
Es ist das höchste Glück auf Erden
Und kann auch elektrisch betrieben werden.
So werden Sie wohl freundlichst gestatten,
Daß wir beide uns höflich begatten,
Wie es sich ziemt zwischen Vater und Sohn.
Vielleicht bedienen Sie inzwischen das Grammophon,
Während ich im Ständeratsaale
Die amtlichen Begattungssteuern bezahle.

(1926)

Sterbelied des Dichters

Bald geh ich heim,
Bald geh ich aus dem Leim,
Und meine Knochen fallen
Zu den andern allen,
Der berühmte Hesse ist verschwunden,
Bloß der Verleger lebt noch von seinen Kunden.

Dann komm ich wieder auf die Welt,
Ein Knäblein, das allen wohlgefällt,
Sogar alte Leute schmunzeln
Aus wohlwollenden Runzeln.
Ich aber saufe und fresse,
Heiße nicht mehr Hesse,
Liege bei den jungen Weibern,
Reibe meinen Leib an ihren Leibern,
Kriege sie satt und drücke ihnen die Gurgel zu,
Dann kommt der Henker und bringt auch mich zur Ruh.

Dann kann ich wieder auf Erden
Von einer Mutter geboren werden
Und Bücher schreiben oder Weiber begatten.
Ich bleibe aber lieber im Schatten,
Bleibe im Nichts und ungeboren
Und ungeschoren, im Jenseits verloren,
Da kann man über alle diese Sachen
Lachen, lachen, lachen, lachen.

(1926)

Der Mann von fünfzig Jahren

Von der Wiege bis zur Bahre
sind es fünfzig Jahre,
dann beginnt der Tod.
Man vertrottelt, man versauert,
man verwahrlost, man verbauert
und zum Teufel gehn die Haare.
Auch die Zähne gehen flöten,
und statt daß wir mit Entzücken
junge Mädchen an uns drücken,
lesen wir ein Buch von Goethen.

Aber einmal noch vor'm Ende
will ich so ein Kind mir fangen,
Augen hell und Locken kraus,
nehm's behutsam in die Hände,
küsse Mund und Brust und Wangen,
zieh ihm Rock und Höslein aus.
Nachher dann in Gottes Namen
soll der Tod mich holen. Amen.

(1927)

Belehrung

Mehr oder weniger, mein lieber Knabe,
Sind schließlich alle Menschenworte Schwindel,
Verhältnismäßig sind wir in der Windel
Am ehrlichsten, und später dann im Grabe.

Dann legen wir uns zu den Vätern nieder,
Sind endlich weise und voll kühler Klarheit,
Mit blanken Knochen klappern wir die Wahrheit,
Und mancher lög und lebte lieber wieder.

(1927)

Leicht betrunken

Gewissermaßen und beziehungsweise
ist alles, was wir schwatzen, gleich den Blumen –
sie welken still am Busen unsrer Muhmen,
doch weiter geht des Lebens hastge Reise.

Es leben Tiere schlafend und verborgen,
in Höhlen still ihr eignes Fett verzehrend,
von ihnen spricht der Zoolog belehrend;
doch leben sie genügsam, ohne Sorgen.

Von uns jedoch geht eine alte Sage,
daß unser Dasein Höheres bedeute.
Vermutlich ist es dies, was unsre Lage
so trostlos komisch macht für uns und andre Leute.

(1927)

Brief von einer Redaktion

»Wir danken sehr für Ihr ergreifendes Gedicht,
Das uns so tiefen Eindruck hinterlassen hat,
Und wir bedauern herzlich, daß es nicht
So recht geeignet scheint für unser Blatt.«

So schreibt mir irgendeine Redaktion
Fast jeden Tag. Es drückt sich Blatt um Blatt.
Es riecht nach Herbst, und der verlorne Sohn
Sieht deutlich, daß er nirgends Heimat hat.

Für mich allein denn schreib ich ohne Ziel,
Der Lampe auf dem Nachttisch les ich's vor.
Vielleicht leiht auch die Lampe mir kein Ohr.
Doch gibt sie hell, und schweigt. Das ist schon viel.

(1927)

Pfeifen

Klavier und Geige, die ich wahrlich schätze,
Ich konnte mich mit ihnen kaum befassen;
Mir hat bis jetzt des Lebens rasche Hetze
Nur zu der Kunst des Pfeifens Zeit gelassen.

Zwar darf ich mich noch keinen Meister nennen,
Lang ist die Kunst und kurz ist unser Leben.
Doch alle, die des Pfeifens Kunst nicht kennen,
Bedaure ich. Mir hat sie viel gegeben.

Drum hab ich längst mir innigst vorgenommen,
In dieser Kunst von Grad zu Grad zu reifen,
Und hoffe endlich noch dahin zu kommen,
Auf mich, auf euch, auf alle Welt zu pfeifen.

(1927)

[Vermutung]

Jenes Ding, nach dem so viele Fragen fragen,
jenes Ding, von dem so viele Sagen sagen,
dessen Wichtigkeit so oft man unterstrich,
ist es nicht vielleicht das Ding an sich?

(um 1930)

[Rauchopfer]

Als heute eilig und gewandt sich
Herr Hesse im Hotel verlor,
Fand er auf 126
Die schönste Überraschung vor.

Errötend liest er teure Namen
Von Marken, die er gerne raucht,
Indeß er dem, von dem sie kamen,
Des Dankes Zoll entgegen haucht.

(um 1930)

Von einem alten Meister der Gichtkunst[1]

Immer neuer Regen kommt gequollen.
Steif sind die Gelenke und geschwollen.
An den Fingern wachsen froh die Knollen.
Alles sprießt. Wir schöpfen aus dem Vollen …

(1932)

---

1 Hesse litt seit etwa seinem 50. Lebensjahr unter Gicht.

Chor der Lemuren[1]

Es gloxen uns, die aus dem Sein Vertriebnen
aus lauem Blattlicht an die Blumenkelche,
Nachlaß der Toten an die Hinterbliebnen.

So starren unterm Horngebirg die Elche
uns an mit dem unendlich fernen Blick.
Wir kennen sie, nur wissen wir nicht welche.

Es thronen Ahnen goldgeschmückt und dick,
die wir mit schuldbewußtem Kult beräuchern,
weil sie uns mahnen an verlornes Sein.

Wir bringen Kränze dar von heiligen Sträuchern,
und Lämmerblut und zimtgewürzten Wein,
doch ihre stumme Pracht läßt uns nicht ein
in die Gefilde, denen wir vergebens
Traumopfer bringen: in das Land des Lebens.

(1933)

---

1 Anmerkung des Autors: »Geschrieben etwa 1933. Unter den Gedichten Josef Knechts [des Protagonisten in Hesses »Glasperlenspiel«] waren anfangs auch einige surrealistische. Eines davon habe ich zufällig
wiedergefunden (im Anklang an den Blumennamen Gloxinie).«

Karikatur von H. U. Steger, 1952

Gärtner träumt

Was hat die Traumfee in der Wunderbüchse?
Vor allem ein Gebirg von bestem Mist!
Dann einen Weg, auf dem kein Unkraut wüchse,
Ein Katzenpaar, das keinen Vogel frißt.

Ein Pulver auch, mit dem bestreut alsbald
Blattläuse sich in Rosenflor verwandeln,
Robinien jedoch zum Palmenwald,
Mit dessen Ernte wir gewinnreich handeln.

O Fee, und mache daß uns Wasser flösse
An jedem Ort, den wir bepflanzt, besät;
Gib uns Spinat, der nie in Blüten schösse
Und einen Schubkarrn, der von selber geht!

Und Eines noch: ein sicheres Mäusegift,
Den Wetterzauber gegen Hageltücken,
Vom Stall zum Hause einen kleinen Lift,
Und jeden Abend einen neuen Rücken.

(1933)

Des Löwen Klage[1]

Einsam steh' ich, ich kann's nicht fassen,
Bäume rauschen, Blumen lächeln gelassen,
Mir aber ist alle Lust der Welt,
Ist jeder Schritt verdorben, vergällt.
Tigerlein, Spielkamerad, Brudergesicht,
Hörst du mich nicht?

Ach was soll ich ohne Tiger machen,
Ohne dich sind auch die schönsten Sachen
Keinen Dreck noch Mausschwanz wert.
Jede Maus und Eidechse sollst du haben,
Alles was das Herz begehrt,
Maulwurf will ich dir und Käfer graben,
Sollst mit mir in allen Tabu-Räumen
Wunderbar verbotene Träume träumen.

Aber laß mich nicht so einsam stehen
Hier im Walde, wo die Farne wehen,
Wo die Spinne durch den Ginster kriecht
Und es oft so gut nach Vogel riecht.
Hab ich denn auf immer dich verloren?
Hörst du nicht auf meine Klagelieder?
Bist du als mein Zwilling nicht geboren?
Bruderherz, geliebtes, kehre wieder!

(1933)

---

1 Zwei Katzen Hesses hießen Löwe und Tiger.

Entgegenkommen

Die ewig Unentwegten und Naiven
Ertragen freilich unsre Zweifel nicht.
Flach sei die Welt, erklären sie uns schlicht,
Und Faselei die Sage von den Tiefen.

Denn sollt es wirklich andre Dimensionen
Als die zwei guten, altvertrauten geben,
Wie könnte da ein Mensch noch sicher wohnen,
Wie könnte da ein Mensch noch sorglos leben?

Um also einen Frieden zu erreichen,
So laßt uns eine Dimension denn streichen!

Denn sind die Unentwegten wirklich ehrlich,
Und ist das Tiefensehen so gefährlich,
Dann ist die dritte Dimension entbehrlich.

(1936)

Ich nehme, du nimmst etc.

Weil diese Welt im Argen liegt,
Beziehungsweise lag,
Nimmt jeder alles, was er kriegt,
Beziehungsweise krag,
Nimmt Abschied, Rücksicht, Teil, Partei,
Nimmt Blätter vor den Mund,
Nimmt Anstoß und nimmt an, es sei
Der ganze Erdenrund
Für ihn zum Nehmen nur bestimmt,
Bis der ihn selber zu sich nimmt.

(ca. 1930er, 1940er Jahre)

Statt Heil Hitler zu sagen, singt man in Germanien zuweilen auch den Vers[1]

Selig, wer sich vor der Welt
Ohne Haß verschließt,
Einen Freund am Busen hält
Und ihn dann erschießt.

(1940)

---

1 Parodie der vorletzten Strophe des Goethe-Gedichts »An den Mond«.

[Trugschluß]

Man warnt vor dem Beruf des Dichters,
auch vor dem Flöten, Trommeln, Geigen,
weil Leute ähnlichen Gelichters
so oft zu Trunk und Leichtsinn neigen.

(um 1940)

[Warnung]

Wer innerhalb gewisser Grenzen
die edle Poesie betreibt,
bedenkt oft nicht die Konsequenzen,
die er auf sich herniederschreibt.

(um 1940)

[Dekadenz]

Ob es wirklich Zwerg der Kater ist,
der so unbeherrscht am Fenster schrie?
Was Charakter noch beim Vater ist,
ist beim Sohne Hysterie.

(1941)

[Für die Katz]

Wenn man so beim Fische-Essen,
beispielsweise: Felchen, sitzt,
kann man dessen nie vergessen,
der hernach die Köpfe frißt.

(1942)

[Überraschung]

Das Leben schenkt in kleinen Döschen
Uns was erheitert und gefällt.
Wer hat zum Beispiel mir die Röschen
Auf meinen Arbeitstisch gestellt?

(1947)

[Vorschlag]

Wer seinen Dienst am Dienstag nie
auf Donnerstag vertagt,
der tut mir leid, er ahnt nicht wie
der Mittwoch dann behagt.

(1947)

[Kopflos]

Man nehm den Deckel nur vom Topfe
und sieh, wie froh der Dampf entweicht!
Wie lebt nach abgeschnittnem Kopfe
das schwere Leben sich so leicht!
Kein Schnupfen mehr, kein Nasentropfen,
kein Zahnweh und kein Augenbrand,
noch Stirnkatarrh noch Schläfenklopfen,
es ist wie im Schlaraffenland.
Zwar gibt es ohne Kopf kein Denken,
doch ist es darum nicht so schad,
man kann mit Wein die Kehle tränken,
es ist das beste Gurgelbad.
Und ach, wie lebt es sich so stille:
kein Wort, kein Lärm, kein grelles Licht!
Und nie mehr sucht man seine Brille
und nie mehr macht man ein Gedicht.

(1947)

Der Alte spricht

Stets behalte du im Auge
Und bedenke, teures Kind,
Daß wir Menschen ja genaugenommen
arme Affen sind.

(1948)

[Vergeltung]

Wenn durch das Zimmer eine Mücke fliegt,
sich, wenn bedroht, in jede Lücke schmiegt,
dann sieht, wer sich zu sehr im Glücke wiegt,
daß letzten Endes doch die Tücke siegt.

(um 1950)

[Eheglück]

Frau B. entbehrte nicht des Reizes,
[blieb] auch charakterlich ein Held,
Doch war ihr Mann ein Hals des Geizes
und gab ihr keinen Pfennig Geld.

(um 1950)

Ein Wallfahrer-Lied

Von Vögeln gesungen

Die Woge wogt, es wallt die Quelle,
es wallt die Qualle in der Welle,
wir aber wallen durch die Welt,
weil nur das Wallen uns gefällt.
Wir tuns nicht, weil wir wallen sollen,
wir tun es, weil wir wallen wollen.
Wer nur der Tugend willen wallt,
kennt nicht des Wallens Allgewalt.
Sie wallt und waltet über allen,
die nur des Wallens willen wallen.

(1952)

[Engel mit Mängel]

Trotz ihrer schon erwähnten Mängel
War Irma doch ein liebes Kind
Sie glich zuweilen einem Engel
Wie sie aus Wachs zu haben sind.

(1953)

[Not-Wendigkeit]

Die Jugend ist entflohn,
man ist nicht mehr gesund.
Es drängt die Reflexion
sich in den Vordergrund.

(1956)

[Dickes Fell]

Wenn einer sich dem Schnee, dem Regen,
dem Sturm, der selbst die Eichen neigt,
samt allen andern Schicksalsschlägen
charakterlich gewachsen zeigt ...

(1957)

[Anleihe]

Wen ein so lieber Gruß entzückt,
die Dankesschuld ihn niederdrückt,
und weil ihm selber nichts mehr glückt,
er sich mit fremden Federn schmückt.
Der eigene Sang, er klingt so ledern,
und wozu gäbe es die fremden Federn?

(1957)

Bildnis eines zu alt gewordenen Literaten

Noch sieht man ihn als letzte Säule
auf etwas schwachem Sockel ragen,
noch ist er fähig, manche Eule
behutsam nach Athen zu tragen.

Zwar leidet er an Gicht und Spasmen
und wird allmählich dürr und klein,
doch fallen ihm die Pleonasmen
noch immer dutzendweise ein.

So sucht er, immer neu verwundert,
im Kinderspiel sein Greisenglück,
und blickt aufs neunzehnte Jahrhundert
wie auf ein Paradies zurück.

(1957)

Trost-Spruch

Wenn wir trotz ihrer Schlechtigkeit
die Welt am Busen liebend hegen,
so tun wir's der Gerechtigkeit
und jener Ideale wegen,
die wie bei Schillern durch Aeonen
in eben jenem Busen wohnen.

(1957)

[Die Salbenschwalben]

Über die drei Apothekerbrüder
Johann, Valentin und Ottokar Schwalbe

Die Schwalbes wurden allenthalben
gepriesen wegen ihren Salben.
Man nannte sie die Salbenschwalben
und ihre Salben Schwalbensalben.

(1958)

[Meinen Kritikern]

Ich bin kein Katholik und kein Buddhist,
nicht Jud noch Muselmann. Ich bin ein Dichter,
ein Maler und auch Gärtner, kurz ein schlichter
Feld-, Wald- und Wiesenpantheist.

(1959)

[Psychologie]

Der Hummer liebte die Languste,
was aber unerwidert blieb,
die Liebe sank ins Unbewußte
und wurde dort zum Todestrieb.

Ein Psychologe untersuchte
den Fall und fand ihn gar nicht klar,
der Hummer lief davon und fluchte,
er fand zu hoch das Honorar.

Der Psychologe nun verübelte
ihm dies Verhalten, wenn auch stumm,
doch sein gescheites Köpfchen grübelte
noch länger an dem Fall herum.

Auch ohne Arzt genas der Hummer
und fand ein andres Liebesglück,
der Arzt führt aber seinen Kummer
auf einen Geldkomplex zurück.

(1959)

[Bilanz]

So manches muß der Mensch sich sagen,
Was sich der Mensch nicht gerne sagt,
Es wird verschwiegen, unterschlagen,
Vertuscht, verschoben und vertagt.
Was er durchaus nicht wissen wollte,
Ist's, was der Mensch sich sagen sollte.

(1959)

Antwort an Freunde,

die mir ein sehr schwieriges Gedicht
im neuen Stil geschickt
und gefragt hatten,
ob ich es etwa verstehe.

Manchem mag
Doch jedem nicht
Gott gegeben
Verstehen gelblicher
Verse dunkles Violett.

Zwölf sind der Töne,
Mancher versteht
Zwölfergesang
Mit oder ohne Adorno,
Nicht aber
Unterzeichneter,
Dessen Augen
Erstaunen blendet.

(1960)

Zwei Schwänke von Matteo Bandello
von Hesse aus dem Altitalienischen
nacherzählt

Der Vorsatz gilt soviel als die Tat

Heute, Verehrteste, will ich Euch einen Schwank aus Ferrara erzählen, den zur Zeit des Marchese Niccolo von Este der famose Gonnella ausführte.

Ein Herr aus dem fürstlichen Gefolge begab sich um die Ostern zur Beichte. Sein Beichtvater war der Guardian von San Franzesko. Unter anderem bekannte ihm nun jener Herr, daß er sich längere Zeit mit Mordgedanken gegen einen seiner Feinde getragen habe. Schließlich aber habe er ihn nicht nur nicht umgebracht, sondern ihm sogar verziehen und sich mit ihm ausgesöhnt. Zum Erstaunen des Beichtenden wurde der Pater sehr ernst und sagte: »O mein Sohn! Welch schweres Verbrechen hast du auf deine Seele geladen! Wisse, daß ich dir dafür keine Absolution erteilen kann; sondern du mußt deshalb zum gnädigen Herrn Bischof selbst gehen.« Der andere glaubte nun, der Guardian habe sich geirrt, und wiederholte, er habe ja den Mord keineswegs begangen, sondern nur eine Zeit lang im Sinn gehabt. »Nur allzu gut«, antwortete der Beichtvater, »hab ich dich verstanden. Nicht ich bin im Irrtum, sondern du. Wenn du wie ich in Bologna studiert hättest, würdest Du den Satz kennen: Voluntas pro facto reputatur. Also geh nur zum Bischof und lasse dich von ihm absolvieren, hernach werde ich deine kleineren Sünden dir vergeben.«

Wütend verließ der Höfling die Kirche, ging aber nicht zum Bischof, sondern erzählte den unsinnigen Spruch des eingebildeten Guardian seinen Kameraden. »Der hat in Bologna einen schönen Kohl studiert«, sagte ein Sachverständiger. Unter denen, die es hörten, war auch Gonnella, von dem Ihr alle wisset, daß er ein fröhlicher und witziger Mann war. Und auch er erklärte, daß ein Pater, der nicht einen Gedanken von einem zur Tat gewordenen Vorsatz unterscheiden könne, ein Schafskopf sei und in Bologna wohl mehr andere als kanonische Studien betrieben hätte. Indessen kam die Sache auch dem Marchese zu Ohren und dieser sagte zu Gonnella: »Was hältst denn du von diesem dummen Mönch, lieber Gonnella. Man sollte ihm dafür mit einem recht derben Schabernack kommen.« Dies schrieb sich Gonnella hinter die Ohren, und bald konnte er auch dem Marchese einen fertigen Plan vorlegen, welcher diesem vorzüglich gefiel. Sogleich wurden alle Vorbereitungen getroffen.

Eines Morgens kleidete sich Gonnella prächtig wie ein Fürst, nahm ein stattliches Ehrengeleit mit und begab sich zur Messe nach San Franzesko. Nun müßet Ihr wissen, daß dieser Gonnella viele merkwürdige Gaben besaß, worunter auch diese, daß er mit Leichtigkeit (wenn es not tat, einen ganzen Tag lang) sein Gesicht so meisterhaft verstellen konnte, daß kein Mensch ihn mehr zu erkennen imstande war. Außerdem sprach er den Dialekt jeder beliebigen Stadt Italiens so geläufig, als wäre er dort geboren und aufgewachsen. – Er hatte dem Guardian das Gerücht zutragen lassen, der Fürst von Bissignano sei, auf dem Wege nach Milano, hier in Ferrara. Er reise im Auftrag des Königs von Neapel mit hochwichtigen Bestellungen zum Herzog Filippo Visconti. In der Kirche ließ nun der verkleidete Gannello durch einen Schreiber des Marchese dem Guardian mitteilen, der Fürst von Bissignano, Gast des Marchese, wünsche ihn nach der Messe zu sprechen. Als der gute Guardian das hörte, nahm er die vier oder fünf ältesten Brüder zu sich und wartete das Ende der Messe ab. Dann näherte er sich dem vermeintlichen Fürsten, der eine schwere goldene Halskette trug und prächtig inmitten seines ehrerbietigen Gefolges stand, und hieß ihn willkommen. Gonnella erwiderte seinen Gruß höflich und begann: »Ehrwürdiger Vater! Ich bin, gleich dem ganzen Fürstenhaus der Sanseverini, deiner heiligen Kirche sehr ergeben und meine Ahnen liegen alle in Kirchen deines Ordens begraben. Da ich nun jährlich vier Seelenmessen für die Toten zu feiern pflege und morgen einer dieser Jahrestage wiederkehrt, bitte ich dich, morgen die Vesper, die Lektionen und die Totenmesse absingen zu lassen. Ich werde selbst beiwohnen und dir ein meinem Rang entsprechendes Geschenk geben.«

Der Guardian dankte und versprach, er werde alles tun und sorgen, daß sämtliche Brüder an der Totenmesse teilnehmen. Darauf ließ der angebliche Fürst den Sekretär mit dem Pater verhandeln, der diesem zwanzig Dukaten versprach. Außerdem lud er ihn mit allen Brüdern zu einem Mahle ein, das nach beendigter Messe morgen stattfinden und bei dem nichts Gutes fehlen sollte, das in Ferrara zu haben sei. Nur habe sein Fürst die Gewohnheit, etwas spät Mahlzeit zu halten. – Der Guardian war höchst vergnügt und freute sich samt seinen Mönchen auf das große Geschenk und auf das opulente Essen.

Andern Tags ließ er im Kloster keinerlei Mahlzeit vorbereiten, sondern besorgte alles für die Feier Nötige und wartete auf die Herrschaft. Die Messe wollte er zu besonderer Feierlichkeit in eigener Person singen. Der Pseudo-Fürst, da er wußte, wie lange die Meßfeierlichkeiten dauern würden, versah sich und sein Gefolge mit allerlei Kuchen, Konfekt und Wein, um bequem aushalten und die Verspätung der Mahlzeit leicht ertragen zu können. Dann kam er mit seinen Leuten zur Kirche und fand alles schon bereit. Er entschuldigte sich noch beim Pater, daß er so spät komme, er habe wichtige Korrespondenzen an den König in Neapel erledigen müssen. Nun begann das kirchliche Amt und dauerte gewaltig lange. Der Fürst bedankte sich und begab sich in den Palast des Marchese, da er es kaum erwarten konnte, diesen über seinen Streich lachen zu hören. Sein Sekretär aber ließ sich vom Guardian zwei Mönche mitgeben und bat ihn zu warten, bis diese nebst der Dienerschaft mit den Vorräten zum versprochenen Festmahl zurückkämen. Die beiden Mönche wurden so langsam als möglich in den Palast und dort in ein Zimmer geführt, wo man sie warten hieß. Sie warteten denn auch und ahnten nicht, daß sie eingesperrt waren, bis sie endlich nach geraumer Zeit anfingen ungeduldig zu werden.

Unterdessen saß der Guardian mit seinen Mönchen im Kloster und wartete ebenfalls. Es wurde spät und später, im Kloster war heute für keine Mahlzeit gesorgt, und die Mönche wurden allmählich vor Hunger wütend. Gonnella hatte inzwischen dem Marchese alles erzählt und sich an einem reichlichen Mahle gütlich getan. Nun ließ er die beiden eingesperrten Mönche vorführen und sprach zu ihnen: »Meine Väter, geht und saget Eurem Guardian, daß ich den guten und festen Vorsatz hatte, ihm und Euch eine reiche und fette Festmahlzeit zu spenden. Sagt ihm aber auch, daß ich wohl weiß, was er neulich als Beichtvater gesagt hat: voluntas pro facto reputatur. Ich denke, damit ist meine Pflicht erfüllt und die Sache erledigt, möget Ihr von meinem guten Vorsatze satt werden!«

Die Mönche zogen ab und berichteten dies alles dem Guardian und den Brüdern. Diese kamen darüber so außer sich, daß sie vor Wut und Hunger den Guardian beinah zerrissen hätten. Namentlich erzürnte es sie, daß Gonnella es war, der ihnen so mitgespielt hatte; doch was wollten sie machen! Sie mußten ihren Zorn hinabschlucken und nahmen an jenem Tage unter heftigem Knurren mit Brot und Käse vorlieb.

Der Kleidertausch

Vor nicht langer Zeit befand sich in Mailand ein ganz junger Doktor der Rechte, der den Weibern nicht weniger eifrig als den Justinianischen Texten nachging. Er liebte eine junge, vornehme verheiratete Frau und genoß in häufigem Beisammensein mit ihr die Vergnügungen der Liebe. Ihr Gatte, bei dem die verschmitzte Frau leicht ihren Willen durchsetzte, hatte mit einem seiner Nachbarn einen Prozeß und stand deshalb in engem und vertraulichem Verkehr mit dem Doktor; so konnten die Liebenden, ohne Verdacht zu erregen, einander sprechen und bedurften zu ihren Verabredungen keines Boten. Kein Mensch im Hause wußte etwas von ihrer Liebe, außer einer Kammerjungfer der Dame. Es geschah nun eines Tages, daß der Doktor sein Maultier bestieg und sich auf den Weg machte, seine Freundin zu besuchen. Unterwegs traf er ihren Gatten an, der zu Pferde spazieren ritt. Kaum erblickte dieser den Doktor, als er auch schon sich an ihn hängte und mit ihm von seinem Prozeß zu reden begann. Der Herr Advokat, dem anderes wichtiger war als der Prozeß, verlor über denselben nur wenig Worte und sagte dann rasch: »Ich konnte niemand begegnen, der mir gelegener käme als Ihr. Ich will nämlich eine von meinen Geliebten besuchen und besann mich gerade, wo ich mir einen Mantel verschaffen könnte; der Eure wäre mir eben passend, falls Ihr ihn mir leihen wollet. Wir treten hier in die Kirche San Nazzario ein, ich gebe Euch meine Toga, Ihr mir Euren Mantel, dann wartet Ihr, bis ich zurückkomme, was höchstens ein halbes Stündchen dauern wird. Inzwischen könnt Ihr in der Kirche umhergehen, die, wie Ihr wisset, dunkel ist, und mich erwarten.« »Befehlt nur« sagte der gute Mann, »ich bin von Herzen bereit Euch mit Größerem als bloß einem Mantel zu dienen.« Also stiegen

sie ab und traten beide in San Nazzario ein, das, wie Ihr
wisset, am Corso der Porta Romana liegt. Dort zog der
Doktor seine damastene Toga aus und gab sie dem guten
Kerl, von dem er dafür seinen Degen und spanischen Mantel
erhielt. Als der Rechtsgelehrte seinen Freund in der Toga
sah, die ihm mehr als eine Elle lang am Boden nachschleppte,
lachte er und sagte: »Ihr könnt sicher hier in der Kirche
herumgehen, bis ich wiederkomme, gewiß wird niemand
Euch erkennen.« Der Doktor ist nämlich einer der größten
Männer von Mailand, jener Gatte aber ist ein wenig kleiner
als ich, Bandello, bin. Ihr könnt Euch denken, wie er in der
langen Toga aussehen mußte! Nach geschehenem Tausch
blieb der Gatte in der Kirche und der nun hofmännisch
gekleidete Andere hieß einen seiner Diener ihn begleiten
und befahl dem zweiten, mit dem Maultier auf ihn zu warten. Dann begab er sich zu Fuß zur Gattin dessen, den er in
der Kirche gelassen hatte und erzählte ihr die Kleiderge-
schichte, worüber sie gewaltig lachte. Sie begaben sich in
das Zimmer und begannen sich nach Art der Verliebten
gütlich zu tun. Da diese Lust ihnen die Zeit kurz erscheinen
ließ, achteten sie der Uhr nicht und blieben zwei Stunden
beisammen. Der Gatte des Weibes, der mit seiner Toga in
der Kirche wartete, sah die Zeit längst verstrichen und den
Doktor nicht wiederkommen, deshalb beschloß er wegzu-
gehen und sein nicht weit entferntes Haus aufzusuchen. Vor
der Kirche draußen sagte er zu dem, der mit des Doktors
Maulesel dastand: »Sag Deinem Herrn, wenn er kommt, daß
ich nach Haus gegangen bin und ihn dort erwarte, damit er
sein Kleid wieder hole.« Dann stieg er auf sein Roß und ritt
nach Haus, wobei er auf dem ganzen Wege Angst hatte, es
möchte ihn jemand in seinem schönen Anzug erkennen. Im
Auftrag der Dame stand die eingeweihte Kammerjungfer an
einem Fenster Wache; als diese den Herrn kommen sah,

sagte sie es den Liebesleuten, worauf diese ihren Küssen ein Ende machten und die Treppen hinab in den Garten gingen. Dort begannen sie unter einer Laube auf und ab zu wandeln. Als der Hausherr kam und im Garten seine Frau mit dem Doktor antraf, sagte er, ohne etwas Arges zu denken: »Ihr ließet mich schön warten.« Worauf der Andere: »Ich kam in die Kirche und fand Euch dort nicht, so kam ich, ohne meinen Esel zu besteigen durch die Seitengasse hierher und traf die gnädige Frau im Garten, die höchlich erstaunt war, mich in Eurem Mantel zu sehen. Eben, da Ihr eintratet, war ich im Begriff, ihr die Ursache dieses Kleidertausches zu erzählen.« »Dann haben wir uns eben«, antwortete der Wackere, »unterwegs verfehlt, weil ich über den Corso hierher kam.« Weiter machte er sich keine Gedanken. Und seine Frau sagte zu ihm: »Wie ich sehe, haben wir da einen sauberen Advokaten, der statt zu studieren, arme Frauen betrügen geht.« Dann ließ sie dem Doktor zuliebe Süßigkeiten und köstliche Weine bringen, doch wurde bei der Mahlzeit mehr gelacht als gegessen. Sie ließen das Maultier des Advokaten kommen. Er begab sich nach Hause und hat noch oft mit der Dame über diese Geschichte mit den vertauschten Kleidern gelacht. Es schien mir nicht erlaubt, die Namen der Beteiligten, besonders der Dame, zu nennen, damit der Doktor nicht um sein Vergnügen und ich nicht um seine Freundschaft komme, denn er hat mir diesen Schwank mehrmals zum Besten gegeben. Aber wenn Ihr wieder nach Mailand kommt, verspreche ich Euch, die Geschichte vom Doktor selbst Euch erzählen zu lassen. Er wird Euch sicherlich den Namen des Mannes und seiner Frau nennen, wenn Ihr ihm nur versprechet reinen Mund zu halten.

Anekdotisches,
aufgezeichnet von Hermann Hesse

»In der Welt zu leben, als sei es nicht die Welt, das Gesetz zu achten und doch über ihm zu stehen, zu besitzen, ›als besäße man nicht‹, zu verzichten, als sei es kein Verzicht – alle diese beliebten und oft formulierten Forderungen einer hohen Lebensweisheit ist einzig der Humor zu verwirklichen fähig.«

(Aus »Der Steppenwolf«)

Beim Hausputz ausquartiert.

Wer von schüchterner Gemütsart ist, hat es nicht leicht, er muß verzweifeln oder sich an den Wein halten [...]. Graubünden ist ja erstaunlich reich an guten Weinen, und im obersten Rheintal wachsen einige Trauben, die sich vor denen des unteren Rheines nicht zu schämen brauchen. Freilich ist es mit den Weinsorten wie mit den Leuten – sie wandern und mischen sich. An meinem Wohnort am Bodensee[1] zum Beispiel wächst ein Getränk von unheimlicher Art, und doch ist diesen Herbst unsre ganze Ernte, ein Schiff voller Weinfässer, an einen Großhändler in Trier verkauft worden. Ich werde jahrelang keinen Mosel mehr trinken.

(Aus »Winternotizen aus Graubünden«, 1905)

Ich habe kein Verständnis für Evolutionstheorien. Ich kann nicht finden, daß ein Jüngling mehr als ein Knabe, ein Mann mehr als ein Jüngling sei, sonst muß auch wieder ein Greis mehr als ein Mann und schließlich ein »Vollendeter«, also ein Toter, mehr als ein Lebender sein.

(Aus einem Brief vom Januar 1908 an Eduard Engels, Redakteur des »Schwabenspiegels«)

---

1 Hesse wohnte damals in Gaienhofen am badischen Ufer des Bodensees.

Umfragen

Schauspieler, Dichter, Parlamentarier, auch schon Großindustrielle sind allmählich daran gewöhnt, im Interesse der Wissenschaft und namentlich im Interesse der Zeitungen und Journale, die gern unbezahlte Feuilletons bringen, allwöchentlich mit irgendeiner aktuellen »Umfrage« beehrt zu werden. Warum dieser angenehme Sport nicht in weiterem Umfange betrieben wird, hat mich oft gewundert. Man könnte ihn auch recht wohl industriell nutzbar machen, etwa durch Fragen wie: »Benützen Sie Odol, und wie wirkt sein Gebrauch oder Nichtgebrauch auf Ihre geistige Arbeit« oder »Fahren Sie Rad, und welche Marke benützen Sie?« Das Tragen von Schlafröcken, von steifen oder weichen Kragen, die Neigung zu süßen Speisen, zu Gewürzen, der Gebrauch von Schlafmitteln, Mineralwassern, der Nachmittagsschlaf, das Frühaufstehen – welches Feld für neue, wichtige Umfragen! Und schließlich erhalten wir dann endlich auch die Umfrage: »Sehr geehrter Herr! Im Interesse der psychologischen Forschung erlaubt sich unser Blatt folgende gewiß interessante und folgenreiche Rundfrage: Wie denken Sie über die Umfrage überhaupt? Wirkt sie auf Ihre Tätigkeit anregend oder hemmend? Halten Sie sie für volkserzieherisch wertvoll? Wirkt das Eintreffen einer neuen Umfrage jeweils belustigend oder betrübend auf Ihre sehr geehrte Psyche?«

(Aus »März«, München vom 15.3.1910)

Aus Kunst und Wissenschaft

In jener Abteilung über Kunst und Wissenschaft, in der uns
die Zeitungen über den letzten Schnupfen Nansens und über
die Schulden Gabriele d'Annunzios zu unterrichten pflegen,
die von Gelehrten und Artisten vielfach als wohlfeile Re-
klamegelegenheit benützt wird und deren Existenz völlig
auf dem leeren Neuigkeitshunger des Herrn Bildungsmeier
beruht, in dieser angenehmen Abteilung unserer Zeitungs-
feuilletons, die immer hundert Blätter redlich und unge-
prüft aneinander nachdrucken, lesen wir dieser Tage: »Bei
Köln wurde ein antiker Marmorkopf aufgefunden. Das Porträt ist aus Edelmetall und künstlerisch ausgeführt.«

Also ein Marmorkopf aus Edelmetall: Das druckt ein
Blatt dem andern nach, und es liest diese Offenbarungen
der Herr Bildungsmeier mit Befriedigung, denn der Herr
Bildungsmeier ist seiner Lektüre wert und hat dieselbe grim-
mige Abneigung gegen Ernsthaftigkeit und Konzentration
wie sein Leibfeuilleton.

(Aus »März«, München vom 15.8.1911)

Matthias Claudius sagte einmal:

Wenn ich die Stiefel ausgezogen haben will, dann sage ich
»Johann, zieh mir die Stiefel aus.«
  Klopstock würde sagen:
  »Du, der du weniger bist als ich und dennoch mir gleich,
nahe dich mir und befreie mich, dich beugend zum Grun-
de unsrer Allmutter Erde, von der Last des staubbedeckten
Kalbfelles.«

Ein kleiner Verwandter von mir, der den in seinem Städt-
chen sonst nicht üblichen Namen Thomas trägt, sagte zu
seiner Mutter:
  »Gelt, Mutter, es gibt drei Thomase auf der Welt: den
Thomas Mann, den ungläubigen Thomas und mich.«
  (Anekdoten, einigen Briefpartnern mitgeteilt)

Ein falscher Hermann Hesse. Nach einer Mitteilung des
Verlages S. Fischer mißbraucht ein Schwindler den Namen des
Schriftstellers Hermann Hesse. Er benutzt Visitenkarten, auf
denen er sich sowohl als Dr. Walter Emil Diller als auch als
Hermann Hesse bezeichnet und sich als Rezensent und Pressever-
treter und als Verfasser der bekanntesten Romane Hermann
Hesses ausgibt. Auch den Namenszug des Dichters versucht
er nachzuahmen. Es sei vor dem Mann gewarnt der die Fäl-
schungen zu Betrügereien benutzt.

(Aus »Salzburger Volksblatt« vom 19.7.1922)

Ich habe mich für Geister nie interessiert und habe darum
auch nie einen angetroffen, bin aber überzeugt, daß ich es

nur zu wünschen brauchte, so würden sie in Scharen kommen. Ich glaube aber nicht, daß sie interessanter sind als andere Leute.

(Aus einem Brief vom 17.1.1926 an Hilde Jung-Neugeboren)

Leute mit glücklichem Familienleben sind als Freunde wenig tauglich.

(Aus einem Brief vom Januar 1926 an Käthe Keller)

Je größer der Komiker ist, je schauerlicher und hilfloser er unsre Dummheit auf die komische Formel bringt, desto mehr muß man lachen! Wie gern doch alle Menschen lachen! Weit von den Vorstädten her laufen sie in der Kälte, zahlen Geld, warten lang, kommen erst um Mitternacht nach Hause, nur um eine Weile lachen zu können.

Humor, ein Kristall, der nur in tiefen und dauernden Schmerzen wächst. Die Gesunden klatschen sich dabei auf die Schenkel und wiehern und sind dann immer verdutzt und ein wenig beleidigt, wenn sie von Zeit zu Zeit Nachrichten lesen wie diese, daß der sehr beliebte und erfolgreiche Komiker X sich unbegreiflicherweise in einem Anfall von Schwermut ertränkt habe.

Humoristen haben, sie mögen schreiben, was immer sie wollen, alle ihre Überschriften und Themata nur zum Vorwand, in Wahrheit haben sie alle und immer nur ein einziges Thema: die wunderliche Traurigkeit und Beschissenheit des Menschenlebens und das Staunen darüber, daß dies jämmerliche Leben trotzdem so schön und köstlich sein kann.

Tragik und Humor sind ja keine Gegensätze oder sind vielmehr nur darum Gegensätze, weil die eine den andern so unerbittlich fordert.

(Gedanken aus »Die Nürnberger Reise«, 1927)

Die Zukunft der Lyrik wird um so besser sein, je weniger die Universitäten sich mit ihr beschäftigen.

(Antwort auf eine Umfrage der Wiener Universitätsbibliothek über die Zukunft der Lyrik, vom Oktober 1930)

Wenn jemand den Autor einer echten Dichtung fragt: »Hättest du nicht lieber einen anderen Stoff wählen sollen?« – so ist das gerade, wie wenn ein Arzt zu dem Patienten mit der Lungenentzündung sagen wollte: »Ach, hätten Sie sich doch lieber für einen Schnupfen entschieden!«

(Aus »Notizen zum Thema: Über Dichtung und Kritik«, 1930)

Kurzgeschichte

Am Bahnhof stand ein Mann am Pfeiler.

»Strebepfeiler«, sagte er zu ihm.

»Lebemann«, erwiderte der Pfeiler. Da kam die Eisenbahn und hielt bei den beiden. Der Mann stieg ein, setzte sich und sagte: »Laufbahn.«

»Fahrgast«, antwortete die Bahn und lief.

Der Pfeiler sah den beiden nach. »Lebwohl Lebemann«, rief er und strebte weiter.

(um 1931)

(Notiz vom 16.12.1940 an seine Frau Ninon bei der Rückkehr von einer Reise)

Dieser Tage bekam ich ein merkwürdiges Dokument zu lesen. Jemand sandte mir ein durch Schmuggel herübergekommenes Exemplar von den gedruckten Vorschriften, welche in Deutschland »streng vertraulich« jeweils von der Behörde den Zeitungsredaktionen zugestellt werden. Da hieß es, meinen 65. Geburtstag könne man zwar erwähnen, aber man müsse dabei betonen, daß die Arbeit dieses Dichters von einer »Moderichtung bestimmt gewesen ist«. Man dürfe anerkennen, daß ich trotzdem wirklich ein begabter Dichter sei, aber keineswegs der Führer der Jugend, der ich vor zwanzig Jahren scheinbar gewesen sei.

Das ist angenehm. So weiß man im voraus, was in sämtlichen deutschen Blättern stehen wird, und braucht keins mehr zu lesen.

(Aus einem Brief vom Frühjahr 1942 an Alice Leuthold)

Die gestrige Abendpost, die Ihren Brief und die Rundschau brachte, war noch mit manchen andern Gaben beladen, mit denen ich Sie nicht langweilen werde, aber ein Brief war dabei, der hätte Ihnen Spaß gemacht. Er kam aus Bayern und begann mit einem Vierzeiler:

O nütze der Jugend goldene Stunden,
Sie wissen nichts von Wiederkehr,
Einmal entschlüpft, einmal entschwunden,
Zurück kehrt keine Jugend mehr!

Die ersten Zeilen des langen, sehr amüsanten Briefes lauten: »Um Sie an meine Person zu erinnern, ist es in erster Linie nötig, viele Jahre zurückzugreifen; wir schrieben damals 1928, als ich Gelegenheit hatte, Sie mit Ihrem Herrn Neffen auf dem Oktoberfest im ›Winzerer Fähndl‹ kennen zu lernen; ich befand mich in Begleitung meines Vaters und Onkels; bald kam eine nette Unterhaltung in Gang, während der Sie mir Ihre werte Visitenkarte entgegenstreckten; damals ahnte ich nicht, daß ich eine derart prominente Persönlichkeit vor mir hatte.« Die Schreiberin schildert sich, damit ich sie wiedererkenne, so: »Meine Wenigkeit war klein, schwarz und mollig und voll Übermut; so, nun haben Sie ein Bild von mir.« Ein herrlicher Brief! Und so begegnet mir denn nach Jahrzehnten wieder die Spur jenes Hochstaplers, der früher viele Jahre lang in Berlin, München und an vielen Orten den Hesse spielte, sich mit Mädchen bis nahe zur Verlobung, jedenfalls aber bis zu einem größeren Geldpump einließ, und Visitenkarten hatte, auf der unterm Namen stand: Verfasser von P. Camenzind, Unterm Rad, Demian etc. etc. etc., Mitarbeiter der Frankfurter Zeitung, Berliner Tageblatt, Simplicissimus etc. etc., ich habe einst durch Suhrkamp, der diesen Krull zu stellen suchte, eine seiner Karten zu sehen bekommen, sie sah so aus, daß jeder von uns beim Anblick laut gelacht hätte, aber der Mann kannte sein Publikum und hat manche Jahre lang von seinen Visitenkarten gelebt, und mir in Kreisen, in die ich sonst kaum gedrungen wäre, einen sehr zweifelhaften Ruf eingetragen. Er muß doch ein Charmeur gewesen sein, daß er der kleinen Molligen noch heute im Kopfe steckt.

(Aus einem Brief vom 28.4.1946 an Joachim Maass)

Eines Abends, als es Zeit zum Schlafgehen war, fand seine Frau [meinen Bruder] damit beschäftigt, sich sorgfältig die Haare zu kämmen.

Als sie fragte, was das bedeuten solle, sagte er mit schelmischem Blick: »Weißt du, man kann nie wissen, wer einem im Traum begegnen wird.«

(Eine Anekdote über seinen Bruder Hans, die Hesse erst 1953, 18 Jahre nach dem Tod seines Bruders erfuhr und aufzeichnete.)

In der Gazette de Lausanne stand ein hübsches witziges Feuilleton über den Nobelpreis, und darin stand ein schöner Druckfehler: Es sollte gesagt werden, ich sei in einer Familie von lauter Missionaren aufgewachsen, gedruckt aber wurde »une famille de millionaires«.

(Aus einem Brief vom Januar 1947 an Gunter Böhmer)

Wenn man mit Verrückten zu tun hat, ist die beste Methode: man stelle sich vernünftig.

(Aus Bruno Hesse, »Vater im Gespräch«)

Das Dümmste, was man sich mit Anstrengung ausdenken mag, wird durch die Wirklichkeit immer noch weit übertroffen.

(Aus einem Brief vom September 1947 an Peter Suhrkamp)

Mancher schreibt sein Opus nicht in Alexandrinern, sondern in Archillesversen ...

(Notiz vom 24.3.1957)

Dieser Tage mußte ich einem zwanzigjährigen Dichter schreiben, der mir ein Büchlein mit ein paar Gedichten und der Bitte um eine Antwort geschickt hatte. Eins der Gedichte, die nicht ohne Reiz waren, hört so auf:

> Still wartet
> Der hustende
> Kellner.

Ich schrieb ihm dazu unter andrem:
»Still wartet der hustende Kellner«, ist ein schlichter, aber einwandfreier Prosasatz. Wenn man ihn in drei Zeilen zerlegt, wird er nicht dichterischer, und der Einzige, der dabei etwas gewinnt, ist der ohnehin viel zu reiche Papierfabrikant.

(Aus einem Brief vom Oktober 1956 an Edmund Natter)

Was die Palmblätter betrifft, an die mein Buch Dich erinnert[1] hat, so gab es in meiner Knabenzeit einen Witz:
Was ist der Unterschied zwischen einem Konfirmanden in Stuttgart und einem in Kamerun?
Antwort: Der Stuttgarter bekommt Palmblätter von Gerock geschenkt, der Kameruner einen Gehrock von Palmblättern.

(Aus einem Brief vom 2.1.1960 an Theo Bäschlin)

---

1 »Morgenländische Erzählungen«. Palmblätter. Nach der von J. G. Herder und A. J. Liebeskind besorgten Ausgabe neu herausgegeben von Hermann Hesse. Insel Verlag, Leipzig 1914. Neuausgabe 2012 als insel taschenbuch 4142.

Was ist eine Fuge?

Auf die Frage antwortete ein schwäbischer Musikschüler:
»E Fug isch, wo mer, wenn mer drauskommt, nimmer neikommt.«

(Undatierte Notiz aus dem Nachlaß)

Von allen Humoren ist der unfreiwillige doch der lieblichste.

(Aus einer Rezension vom 30. 5. 1910)

Postkarte

an jemand, der Hesse ein Buch mit hübschen surrealistischen Dichtungen gesandt hatte

Sehr geschätzter Herr
Mein Urteil über den literarischen Surrealismus, nach dem Sie fragen, ließe sich in Kürze etwa auf folgende Formel bringen:
Obwohl der Präsident des internationalen Ein- bzw. Ausschusses den üblichen Breitegrad längst überschritten zu haben Miene macht, glüht dennoch in den Seelen der ihm blind Ergebenen unwandelbar, aber zielbewußt der radikale Unglaube an die ewige Ordnung.

Ein Satz von Heidegger, bzw. H.H.

Die Zahl im Zustandekommen des Zustandes des Innewerdens ihrer Zahlheit hört auf als Zahl zu zählen.

(Notiert nach dem Genuß von etwas Heidegger-Lektüre 1961 in Sils Maria)

Anekdotisches über Hermann Hesse

Karikatur von H. U. Steger, 1952

53

Aus Briefen und Tagebüchern der Mutter

Den 13. August 1880. Hermann steckt einen eisernen Nagel in den Mund, Adele [seine Schwester] springt herzu, reißt den Nagel heraus und ruft: »Ja, ja! wenn du au voll sterbe tätst! Meinst denn, i woll's Kleinste sein, und alle unsre ganz Kleinen tot?«[1] Hermann sagt: »Des macht nix! Wenn i ins Gräble runter sterb, so nemm i halt a paar Bilderbücher mit!«

Basel, Ende April 1881. Neulich sagt er: »Möcht nur wissen, wie man aus Öl eppis werden kann!« Und als ich fragte, wie er's meine, hieß die Antwort: »Ha, der Samuel hat den David mit Öl zum König gemacht, aber jetzt kann doch Öl mich nicht zum König machen!«

Basel, 20. August 1881. Soeben wurde ich unterbrochen durch Geschrei von unten ... Es heißt: Hermann wirft Steine! Ich zitiere ihn her; er schreit schon von weitem: »Keine Pansch, keine Pansch!« Ich versichere ihn, er kriege keine, er solle kommen. Ich halte ihm vor, wie gefährlich das Steinewerfen ist, wie er Herrn Runkels Fensterscheiben oder gar unser liebes Baby[2] treffen könnte. Er hört gelassen zu und sagt dann ganz treuherzig: »Aber gelt, Mama, der David ist doch lieb gewesen, wo er den Stein geworfen hat?!«[3]

---

1 Zwei ihrer Geschwister waren als Kleinkinder gestorben.
2 Hesses jüngere Schwester Marulla.
3 David gegen Goliath.

An [ihren Bruder] Hermann in Amerika. Den 27. März 1882. Hermännle hatte morgens heimlich die Kinderschule geschwänzt, wofür ich ihn ins Gastzimmer einsperrte. Er sagte nachher: »Das hilft euch nicht viel, wenn ihr mich dahin tut, ich kann da zum Fenster hinaussehen und mich unterhalten.« Neulich sang er abends im Bett lang eigene Melodie und eigene Dichtung, und als Dadi hineinkam, sagte er: »Gelt, ich singe so schön wie die Sirenen und bin auch so bös wie sie?«

Flucht aus Maulbronn

Wißt ihr's noch, ihr Freunde von Anno dazumal, wie zu Beginn der französischen Nachmittagslektion Hesse vermißt wurde, wie nach einer halben Stunde, als immer noch kein Hesse erschienen war, jemand die forschende Frage des Repetenten Mettler mit der klassischen Meldung beantwortete: ›Zu mir hat er oben an den Schranken gesagt, er gehe gen Westen. Dann ist er in den Wald hinein. Er hat auch ein Bändchen Schiller und den Ploetz bei sich gehabt.‹ Wie dann, je mehr die Zeit fortschritt, die Aufregung und die bange Sorge um den Entschwundenen im Kloster wuchs, wie wir mit Einbruch der Dämmerung in vier Abteilungen unter Führung der Lehrer ausrückten und bis tief in die Nacht hinein die Wälder um Maulbronn nach allen Himmelsrichtungen durchstreiften, unablässig ›Hesse!‹ rufend und mit geheimem Grauen, in Befürchtung des Schlimmsten, an den nachtschwarzen Bäumen emporblickend? Und während wir vom erfolglosen Suchen ins Kloster zurückkehrten, hatte sich unser leichtbekleideter Freund in der kalten Vorfrühlingsnacht auf freiem Feld bei Kürnach in einen Strohhaufen verkrochen, von wo er sich am Morgen halbverfroren auf die Landstraße zurückfand. Dort stieß er auf einen uniformierten Vertreter der höheren Gewalt, den er fragte, wo es nach Maulbronn gehe. Als dieser ihm den Weg bezeichnete und der Frager daraufhin ohne Besinnen die diametral entgegengesetzte Richtung einschlagen wollte, wußte der wackere Mann, wen er vor sich hatte.

(Wilhelm Haecker in »Schwäbischer Merkur«, Stuttgart vom 1.3.1938)

Martin Knapp
Beim Friseur in Korntal um 1910

Ich saß beim Friseur Zeutter jun. in Korntal und ließ mir die Haare schneiden. Manche Friseure reden während der Arbeit gerne mit ihren Kunden – so auch Zeutter. Das damalige Gespräch blieb mir wie folgt in Erinnerung:

ZEUTTER: Sie, Herr Knapp, da drobe am Wald wohnt doch der Missionar Hesse – kenned Sie den?

M. K: Ja, den kenn ich gut.

ZEUTTER: Sie, der hat doch an Sohn?

M. K.: Ja, der hat einen Sohn.

ZEUTTER: Sie, Herr Knapp, was *treibt* denn der eigentlich?

M. K.: Ja, wissen Sie, der ist Schriftsteller, der schreibt Gedichte, Romane u. s. w.

ZEUTTER, *aufs höchste erstaunt und erschreckt*: Ja erlaubt denn dees sei Babbe?!

Hesse kam auf einer Reise durch Italien in einem Speisesaal neben einen ihm gänzlich unbekannten deutschen Landsmann zu sitzen, der von Literatur zu reden anfing und dabei den Roman »Peter Camenzind« bis in die Sterne lobte. Als es sich im Verlauf der weiteren Unterhaltung schließlich nicht mehr umgehen ließ, gab sich Hesse als Verfasser dieses Werkes zu erkennen.

Nun aber geschah etwas Unerwartetes. Der Landsmann fiel in sich zusammen, blinzelte den Gesprächspartner verblüfft und enttäuscht an, reckte sich dann, musterte sein Gegenüber von oben herab und erklärte: »Nein, das ist nicht möglich.« Er war wie aus den Wolken gefallen. Nein, so konn-

te und durfte der, der den Camenzind geschrieben hatte, dessen Sprache man unter tausend Wonnen in sich hineingeschlürft, nein, so konnte und durfte der nicht aussehen, nicht dermaßen einfach, schlicht, klein und mager und ohne irgend etwas Besonderem an sich. Wenn mich mein Gedächtnis nicht trügt, sagte er schließlich sogar: »Wenn Sie tatsächlich der Verfasser des ›Peter Camenzind‹ sind, dann will ich auch von dem Buch nichts mehr wissen. Verzeihen Sie, daß ich so aufrichtig rede, aber ich kann mir nicht anders helfen.«
(Wilhelm Schussen, »Ein Blatt aus der Anekdote meines Lebens«, in »Ludwigsburger Kreiszeitung« v. 31.3.1951)

Lyriker und Sergeant

In Hermann Hesses Gedichtbuch steht ein Gedicht »An die Schönheit«. Wie uns der Verfasser erzählte, ist dieses Gedicht vor Jahren gleich manchen anderen bei mehreren deutschen Redaktionen herumgereist und überall refüsiert worden. Wäre der Dichter Sergeant gewesen, so hätte er es leichter gehabt. Wenigstens hat der Sergeant B in Südwestafrika, der das Gedicht aus Hesses Buch abschrieb, für sein eigenes ausgab und nach Hause schickte, viel Erfolg damit. Es wird von zahlreichen Blättern abgedruckt. Geändert hat der Sergeant nur den Titel, der bei ihm »Der deutschen Frau« lautet. Eine der vielen Zeitungen, die das naive Plagiat abdruckten, bemerkt dazu: »Ernste Stunden, wie sie unsern Kriegern in Südwest beschieden waren, holen das Beste aus des Herzens Tiefen.«

(Aus »März«, München vom 3.7.1908)

An Hermann Hesse

Du duftest rings von Einfachheit,
Ein immerblau bescheiden Veilchen –
An der siebenundfünfzigsten Kinderzeit
Verträumst du immer noch ein Weilchen.

Manierlich hast du Welt und Kunst
Zu sanftem Lächeln eingeschwäbelt –
Rings brüllt der Sturm und stöhnt die Brunst,
Bei dir wird minnerein geschnäbelt.

Du bringst gesunde Hausmannskost
Auf sauber ausgeriebnen Tellern –
Du weißt den brausenden Jugendmost
Appetitlich einzugottfriedkellern.

Jedoch Pardon – Du bist nicht so,
Du bist kein Kind, kein nur naives
Du hast auch etwas vom Rokoko
Oder gar etwas boccacesk Lascives.

Und wird Dir selber manchmal schwül
Vor Deiner halbmannbaren Keusche,
So rettet sich Dein Kraftgefühl
In einen Deiner Bauernräusche.

Soviel Gemüt bei soviel Schneid
Ist keinem sonst von uns gelungen,
Aus blassem, gelbem Futterneid
Hab ich Dir dieses Lied gesungen.

(Carl Albrecht Bernoulli in »Der Samstag«,
Basel vom 30.10.1909)

Die Hesse, so wird eine liebliche Waldtaube genannt, die man aber wild nicht mehr antrifft. Ihrer Zierlichkeit wegen wurde sie ein beliebter Käfigvogel, der den Besucher damit ergetzt, daß er im Käfig immer noch sich gebärden tut, als wäre er im freien Walde ... Er verschafft dadurch dem ... Stadtbewohner die Sensation der Natur, und wird solches erhöht von ganz kleinen Drüsen ... aus denen sie einen Geruch absondern, der leise an Tannenduft erinnert.

(Aus Franz Blei, »Das große Bestiarium«, Rowohlt, Berlin, 1922)

Wir druckten in *Vivos voco* vor dem Erscheinen der Buchausgabe Teilstücke aus dem »Demian« ab. Diese Vorabdrucke waren genau wie die bald darauf bei S. Fischer erscheinende Erstauflage des Buches mit dem Pseudonym Emil Sinclair gezeichnet. Es ging dem Dichter darum, die eigene Urheberschaft zu verbergen und dem Publikum vorzutäuschen, daß es sich um das Erstlingswerk eines jungen Unbekannten handle. Er meinte, daß auf diese Weise die jugendlichen Leser, die er sich wünschte, unbefangener an das Buch herangehen würden.

Nun bekam Hesse von Leipzig aus von allen Beiträgen, die er lieferte, Fahnenabzüge zur Korrektur geschickt. Seine Aufsätze, Glossen und Buchberichte waren entweder mit vollem Namen oder mit H. H. unterzeichnet. Und mit H. H. am Fuße einer jeden Fahne erteilte er selbst auch das Imprimatur. Die ominösen Buchstaben, von ihm handschriftlich eingesetzt, standen nun auch als Druckfertigkeitserklärung am Schlusse der letzten Fahne des Sinclair-Auszuges. Der Korrektor aber kannte die inneren Zusammenhänge nicht; er betrachtete die Einzeichnung als Korrektur und fügte im

Satz das H. H. unter der letzten Zeile dieses Beitrags noch ein. Die ersten fertigen Hefte gingen unverzüglich an die Adresse des Herausgebers nach Montagnola ... Am Tag darauf prasselte ein von Ausdrücken der hellen Wut berstendes Telegramm in den Redaktionsraum der Leipziger Ritterstraße und verbot jeglichen Versand des Heftes mit dem das Pseudonym preisgebenden Druckfehler ... Mit Eifer und Vorsicht wurden in über 3000 fertig broschierten Heften die bösen Buchstaben H. H. ausradiert. Wir hatten volle drei Tage damit zu tun. Zuletzt schrieben wir einen Brief nach Montagnola, daß wir mit Aufbietung aller Kräfte in gemeinsamem Eifer ihn, den Dichter, d. h. sein Signum dreitausendmal vernichtet hätten und zuversichtlich hofften, daß er nun ganz und gar tot wäre. Die Auslieferung wurde freigegeben. Ich erhielt ein Exemplar des Demianbuches mit der Widmung: »Zum Dank für dreitausendfache Vernichtung des Dichters gewidmet von ihm selbst.«

(Aus Karl Rauch, »Der Schatten des Vaters«,
Bechtle Verlag, Esslingen, 1954)

Dauernd im Wunderlichen lebend, ist er auch dauernd zu Scherzen aufgelegt. Einmal, als wir nach einem Spaziergang aus dem Wald traten (wir hatten die Taschen aus einem besonderen Grund voller Steine), schaute er, sein Kinn schief und haßerfüllt hervorstreckend, zu seinem eigenen Haus empor und knurrte: »Auch wieder so ein Schieber, der sein Haus dort oben aufgestellt hat, während unsereiner sich mit Steinen schleppen muß!« Und das kam so unvermittelt und drollig, daß man laut lachen mußte. Hesse versteht es ausgezeichnet, sich die Zeit zu vertreiben. Er ist reich an Einfällen, wie er sich auf dieser schlechten Welt ein kleines

Vergnügen ablisten könne. Er kann stehenbleiben, aufmerksam das Kinn vorschieben und fragen: »Können Sie einen Satz machen mit Dachziegel?« Und wenn er den prächtigen Satz hersagt, in dem er das Wort »Dachziegel« so wunderfein hineingearbeitet hat, dann freut er sich wie ein Spitzbube.

Das ist der Spieltrieb bei Hesse; derselbe, der ihn so emsig Aquarelle malen und auf alle Wunderlichkeiten des Lebens achten läßt, etwa auf den Tessiner Bauern, der in der Eisenbahn immer nur zwei Worte vor sich hin sprach: »Coraggio!« und dann wieder: »Pazienza!« Derselbe Spieltrieb, der ihn auch Gott als einen lächelnden Bastler erleben läßt. Er ist wie Lao-Tse ein Greis-Kind, ein knabenhafter Weiser, dessen Freunde, die im Vergleich mit ihm so veräußerlicht leben, dauernd aus einem Verhältnis ins andere fallen, einmal, als hätten sie an ihm einen Vater, einmal einen Sohn. Hesse ist immer selbstironisch und die von ihm erreichte Lebensstufe nur Schein. Die Jugend ist in Hesse lebendig geblieben, und diese Jugend guckt durch alles hindurch, spielt aus ihm als eine fortwährende Schelmerei. Es gibt keinen schalkhafteren, keinen spitzbübischeren Mann als Hesse. All die geistigen Abenteuer, alles, was er an Geisteswissenschaften durchgearbeitet, indische Weisheit, chinesische Lebensklugheit, Psychoanalyse, abendländische Philosophie, Weltliteratur, der unermeßlich weite Horizont, den seine Lektüren ihm vermittelten, das alles ist ein Reichtum, den seine knabenhaft gebliebene Seele nur um so reizvoller erscheinen läßt.

(Aus R.J. Humm, »Auf Besuch bei Hermann Hesse«, in »Annabelle«, Zürich, Nr. 70, 1943)

Einige gute Bekannte werden heuer 60, z. B. Sieck am 18. 4.
(der *Simplicissimus* bringt ein gutes Porträt von Gulbrans-
son mit einem Jubelkantus von mir). Für Hesse (2. 7.) läßt
sich bei seiner offiziellen Unbeliebtheit leider nichts Ähnliches machen. Zum Privatgebrauch hab ich einen Vierzeiler geschnitzelt:

> Die ganze deutsche Presse
> notiert für Hesse Baisse.
> Ja, gäb' es noch den Mosse,
> dann hätte Hesse Hausse! ...
>
> *(Aus einem Brief von Hans Erich Blaich [Dr. Owlglass]*
> *an Erich Schairer vom 10. 4. 1937)*

In unserm Dorf [Carona] ist jedes Jahr ein Madonnenfest
mit vielen Buden und anderen Volksbelustigungen. Hugo
Ball, Hermann Hesse, Lisa Tetzner und ich, schlenderten
durch den Rummel. Hermann Hesse fiel besonders eine
weiße Maus auf. Sie saß auf einem Kasten, der an einem
Männerbauch hing und zog für junge Burschen und Mädchen mit einer zierlichen Behendigkeit kleine Kuverts mit
»Blicken in die Zukunft« aus dem Kasten. »Kann ich die
Maus wohl kaufen?« fragte Hermann Hesse. Der Besitzer
der Maus, ein wohlbeleibter großer Mann, schaute aus seiner Höhe verächtlich auf Hermann Hesse herunter. »Kaufen?« wiederholte er. »Kaufen? Soviel Geld werden Sie nie
haben. Die Maus ernährt drei Familien.«

> *(Kurt Kläber in »Die Tat«, Zürich vom 13. 2. 1952)*

Gunter Böhmer
Mein Dieb

Ich hatte ein kleines Mädchen und dessen Brüderchen zu konterfeien, quecksilbrige Sprößlinge eines Zürcher Arztes. Ich mußte also, wie die Schweizer Hausschneiderinnen, »auf Stör« gehen, und Hesse rief bei meiner Abreise: »Corragio, wagen Sie es und kommen Sie befreit zurück!«

Ich balgte mich einen Nachmittag und einen anschließenden Vormittag lang mit den Tücken des Porträtierens, den Stillhaltelisten und Mit-Mal-Gelüsten der rauflustigen kleinen Modelle herum, und das vorläufige Kunst-Resultat trieb ihrer Mutter die Ergriffenheits- oder Enttäuschungstränen, dem Vater den Stolz in die Augen. Er geleitete mich dankend an die Haustür und steckte mir dort ein Honorar zu, das man bescheiden oder fürstlich nennen konnte.

Beim Besteigen des vollbesetzten Gotthardzuges begrüßte mich mit Hallo eine Gruppe schwarzbärtiger, sangesfreudiger, knoblauchduftender Italiener, sie boten mir sofort in liebenswerter Gastfreundschaft aus ihren Proviantsäkken Pollo, Brot und Wein an. Ich trank einen Becher voll – die Hitze war mörderisch –, hängte meine Jacke an einen Haken und sank in tiefen Schlaf, von wirren, picassesken Porträtträumen beunruhigt. Ich schrecke auf, stürze ans Gangfenster, reiße die Jacke an mich, greife nach der Brieftasche – es kann nicht wahr sein: – weg! Gehetzt, doch möglichst unauffällig suche ich Boden, Sitzplatz und Gepäcknetz ab, die Bärtigen sind in ein unablenkbares Gespräch verwickelt, trotzdem muß ich sie inkommodieren. Sie verstehen mich nicht, nicht mehr, der Zug fährt weiter, ich stolpere das Trittbrett hinunter und stehe fassungslos auf dem Perron – ohne Honorarbrieftasche.

»Kommen Sie befreit zurück«, war Hesses Aufforderung gewesen!

In der Wartezeit auf den Anschlußzug zeichnete ich eine eingeschlafene Kellnerin, weiß aber nicht mehr, ob ich mein Fiasko schon von dort aus an Hesse berichtet habe oder ihm die Sache später mündlich erzählte.

Weder Brieftasche noch Paß tauchten je wieder auf, aber es kam folgender Brief:

»Sehr geehrter Herr. Tut mir leid, daß ich Ihnen das Geldchen geklaut habe, wußte nicht Bescheid, Sie sahen so wohlhabend aus. Das Ihre ist längst verjubelt, Kleinigkeit bei den heutigen Preisen. Doch konnte ich soeben einen anderen um zwei Scheine erleichtern, die ich beilege. Der Betreffende an den Betroffenen.«

Ich besah die beiden absolut echten Hundertfrankenscheine und betrachtete konfus und ungläubig die vertraute mise-en-page und gestanzte Maschinenschrift des Briefblättchens und brauchte den Poststempel nicht mehr zu enträtseln, sondern eilte sofort dankerfüllt und hundertfach »befreit« zum »Betreffenden«: den Diebesstellvertreter Hermann Hesse.

(Aus G. Böhmer »In Hesses Nähe« in »Über Hermann Hesse«, Bd. 2, Frankfurt am Main 1977)

Ein Fräulein, literatur-interessiert, liest im Katalog eines Verlages, daß Hermann Hesses »Glasperlenspiel« neu aufgelegt sei. Voller Freude macht sie sich auf den Weg zur nächsten Buchhandlung und verlangt den langgesuchten Roman. Wie verblüfft ist sie jedoch, als man ihr antwortet: »Da sind Sie falsch, mein Fräulein, da müssen Sie schon in unseren Spielwarenladen gehen!«

Bestellung einer Buchhandlung beim Suhrkamp Verlag: »Bitte senden Sie uns drei Exemplare von Hermann Hesses Kasperlespiel.«

Als Hermann Hesse 1946 den Literaturnobelpreis erhalten hatte, wurde er von den internationalen Journalisten bestürmt, die vorher von seiner Existenz kaum je ein Wort vernommen hatten. Einem Amerikaner gelang es, zu ihm vorzudringen und ihn mit vielerlei Fragen zu belästigen, auf die der Dichter jedoch höchst einsilbig antwortete. Schließlich bemerkte der Journalist, Hesse sei doch allzu bescheiden in Anbetracht seiner Verdienste um die Weltliteratur.

»Sie irren, guter Mann«, antwortete lächelnd der Dichter. »Wirklich bescheidene Menschen gibt es gar nicht. Es gibt nur ungeschickte Schmeichler.«

Der Schriftsteller Hermann Hesse wurde einmal von einem Manne, den er nur oberflächlich kannte und mit dem er auch keinen Umgang zu haben wünschte, zum Essen eingeladen.

»Nein«, lehnte der Schriftsteller ab, »ich kann leider nicht kommen!«

»Aber warum denn nicht, Herr Hesse?«

»Es gibt Tage, an denen ich ununterbrochen arbeite, und der Donnerstag ist einer davon!«

»Gut, dann kommen Sie eben am Freitag!«

»Das geht auch nicht, denn da faulenze ich so gründlich, daß mir keine Minute freie Zeit bleibt!«

(Aus »Anekdoten um Hermann Hesse«)

Der Dichter Hermann Hesse wohnte einer Gesellschaft bei, die ihm recht wenig behagte. Ein Freund nahm ihn bei passender Gelegenheit beiseite und fragte: »Ich bin erstaunt, daß Sie heute so redselig sind. Ich dachte, die Leute wären Ihnen unsympathisch!«

»Gewiss«, erwiderte Hesse, »das sind sie auch. Ich rede nur, damit ich sie nicht zu hören brauche.«

(Aus »Der Mittag«, Düsseldorf vom 24.1.1955)

Hesse war nicht nur in der Kunst des Gedankenlesens ein »Spielmeister«, er war es auch in der Musik des Lachens. Die höchst differenzierte Stufung seiner rhythmischen und klanglichen Lachfigurationen reichte von einem fast unhörbar sirrenden Pianissimo bis zum tiefsten, in langsam pausierenden Stößen modulierten Baß-Solo, er konnte schalkhaft glucksend, jugendlich hell, knabenhaft verlegen, harmlos fröhlich, spontan befreit, ironisch kichernd, charmierend weich oder mit herzlicher Tonfülle lachen, und nicht allein die Augen, selbst seine Hände, Arme und Beine ließ er mitlachen. Nur eines konnte er nicht: auslachen, und nie lachte er unecht, gezwungen oder ohne Überzeugung. Verletzte nur im allergeringsten eine scheinbar witzige Bemerkung, Geste oder Handlung sein überwaches kritisches Zartgefühl, so blieb er abweisend ernst und brachte sofort mit versteinerter Miene eine eben noch unter allzu simpel losgelassenen Lachsalven sich biegende Tischgesellschaft zum erschrocken hüstelnden Verstummen. Und wenn auch die Skala seines Gelächters mit den Jahren unmerklich verhaltener, abseitiger wurde, sich in ein immer innigeres, wissenderes, hintergründigeres und leise schmerzlich umschattetes Lächeln auflöste – er blieb das Medium ferner, magischer Heiterkeiten auch in seiner Spätzeit …

Während Hesses Strohhüte im Laufe der Gezeiten in riesige, traumkahnhafte Gebilde ausuferten, verkümmerte bei den meinen die Krempe zu einer Minimalbreite, auf der gerade noch eine Heuschrecke Platz finden konnte ... Hesse pflegte erstaunlicherweise des öfteren seine Hosenbeine, vielleicht befürchteter Ameisen oder anschwellender Schlammfluten wegen, unmittelbar über den Fußknöcheln mit Schnüren zuzubinden, so daß der dadurch entstandene, abstehende, sich wellenförmig kräuselnde Saum in mir das unabweisbare Bild einer Cirkusreiterin auslöste, deren Röckchen einige Etagen zu tief gerutscht war. Trieb uns ein tessinisch, d. h. unvorhersehbar plötzlich niederbrausender Wolkenbruch oder Hagelschlag von der Gartenarbeit weg im Galopp zurück ins Haus ... begann H. H. mit triumphierendem Lächeln, zungeschnalzend und armeschwingend, durch seine Nagelschuhe und den rutschbahnglatt polierten Parkettfußboden gleichermaßen animiert, wie ein Derwisch zu tanzen, indem er die Beine abwechselnd rechtwinklig in die Luft warf, wobei jene koketten Hosenvolants die Komik der Szene zwerchfellerschütternd steigerten.

(Gunter Böhmer in seinem Nachwort zu Hesses
»Stunden im Garten«, 1976)

1952 hatte der damalige deutsche Bundespräsident Theodor Heuss gegen den Widerstand des württembergischen Kultusministers durchgesetzt, daß der 75. Geburtstag Hermann Hesses mit einem Festakt im Württembergischen Staatstheater begangen wurde. Daraufhin weigerte sich der Kultusminister, an dieser Feier »für einen Nestbeschmutzer unserer theologischen Seminare« teilzunehmen. Dem empörten Überbringer dieser Nachricht antwortete Hesse:

»Ich denke wie er und nehme auch an keiner Hessefeier teil.« Den Plan, in den württembergischen Schulen aus diesem Anlaß eine H. H.-Gedenkstunde zu veranstalten, kommentierte der Dichter: »Es wäre hübscher gewesen, man hätte den Kindern einen Nachmittag freigegeben. Dann wäre ich ein Wohltäter, so nur ein Unterrichtsgegenstand.«

(Aus H. Hesse, »Gesammelte Briefe« Bd. 4, 1986)

Einmal wollte [Alfred Kerr] mir über Hermann Hesse etwas erzählen, den er nicht mochte, konnte sich aber nicht auf den Namen besinnen. Er versuchte mich darauf zu bringen.

»Ach, dieser alte Schwabe, der sich immer als Schweizer aufspielt!«

Ich wußte nicht, wen er meinte.

»Na – dieser harmlose Schriftsteller! Dieser un-glaublich harmlose Schriftsteller! Dieser entsetzlich harmlose Schriftsteller!«

Noch immer tappte ich im dunkeln.

»Dieser skandalös harmlose Schriftsteller!« schrie er fast.

»Hermann Hesse?« fragte ich zweifelnd.

»Ja – Hermann Hesse!« sagte er tief befriedigt, mit blinzelnden Augen.

(Aus Willy Haas, »Die literarische Welt«, Paul List Verlag, 1957)

Hesse lacht gern, kann auf eine bäurisch geruhsame Art und mit ausführlichen, exakt illustrierenden Handbewegungen selbst sehr drollig sein, und mein Vater war das dankbarste Publikum. Auch seinerseits erzählte er, packte Schulgeschichten aus und hegte die Asche seiner Zigarre, während Hesse ein weiteres Schöppchen roten Landweins kommen ließ. Urgemütlich und plauderhaft, gesellig, ja galant, so kennen wir den »Steppenwolf«, dessen Weltscheu und Einsamkeitsbedürfnis verfliegen, sobald er mit Freunden um den Tisch sitzt. Und Freunde waren sie, Hesse und mein Vater, Brüder im Geiste, die nichts aufeinander kommen ließen und sich mannhaft zur Wehr setzten, sobald man den einen gegen den anderen ausspielen wollte.

(Aus: Erika Mann, »Das letzte Jahr«, S. Fischer Verlag, Frankfurt am Main 1956)

Zum 2. Juli möchte ich Ihnen vor allem dafür danken, daß sie so lange durchgehalten haben. Sie glauben nicht, wie sehr Sie uns Nachfolgende dadurch verantwortlich gemacht haben, die wir zuweilen gestimmt sind, die Flinte ins Korn zu werfen, wie das der Beruf so mit sich bringt ...

Lassen Sie mich etwas Anekdotisches erzählen, das mich Ihnen mindestens einmal wöchentlich nahe bringt. Sie haben einmal an eine Frau geschrieben: »Ihr Kummer ist doch kein Baby, das man auf dem Schoß wiegen kann«, oder so ähnlich. Diesen kleinen Nebensatz möchte ich oft genug plazieren, und zum mindesten dient er mir häufig als Richtschnur, wenn ich Briefe zu beantworten habe. Eine beiläufige Bemerkung, gewiß, aber was gehört dazu, daß auch eine beiläufige Bemerkung am Leben bleibt. Wirklich, da packt mich der Ehrgeiz, es Ihnen nachzutun. Bitte erhalten Sie sich uns noch recht lange. Wir haben Vorbilder nötiger denn je.

(Aus einem Gratulationsschreiben von Hans Erich Nossack vom 29.6.1962 zu Hermann Hesses 75. Geburtstag)

Je und je

Freuden der Jugend sind verweht,
Schmerzen des Alters, ihr vergeht,
Eines sind Lust und Weh
Je und je.

Mutter, von der ich ging,
Mutter, an der ich hing,
Mutter, zu dir ich geh
Je und je.

Demian, Siddhartha, Narziß,
Steppenwolfs Spur und Biß,
Im Nebel, im Staub, im Schnee
Je und je.

Perlen aus Glas zum Spiel,
Perle um Perle fiel
In der Liebe dunklen See
Je und je.

(Satirisches Gedicht von Paul Eichler über eine unver-
wechselbar Hesse'sche Redewendung)

Haben Sie schon »Jenseits von Gut und Böse« gelesen?
Nein, jetzt lese ich erst »Diesseits« von Hermann Hesse.

Haben Sie schon »Jenseits von Gut und Böse« gelesen?
Nein, jetzt lese ich erst »Diesseits« von Hermann Hesse.
Aus »Der Floh«, Wien vom 14.6.1908

Hermann Hesse stellte einmal unwillig fest, daß ein Verleger
eine seiner Jugenderzählungen ohne seine Einwilligung in
einem Sammelband abgedruckt hatte, und schickte diesem
daher einen Beschwerdebrief. Der Verleger antwortete, wahrscheinlich erinnere sich der Dichter nicht mehr daran, daß
er ihm vor dreißig Jahren alle Rechte an dieser Erzählung
gegen ein Honorar von zehn Mark abgetreten habe und daß
ein eigenhändiger Brief Hesses das bestätige. Ärgerlich forderte Hesse daraufhin, diesen Brief sehen zu können, aber
der Verleger mußte zugeben, daß er dazu nicht imstande
war, weil er das wertvolle Schriftstück an einen Autogra-
phensammler verkauft hatte, und zwar für einen Preis, der
fünfzigmal das damalige Honorar ausmachte. »Gut, ich
ziehe meine Beschwerde zurück«, entgegnete Hesse, »aber
geben Sie mir wenigstens mein Beschwerdeschreiben wieder!« »Auch das ist leider unmöglich«, antwortete der Ver-

leger, »das habe ich schon an einen anderen Sammler ver-
kauft ...«
(»Folgen des Dichterruhms«, aus »Dichten und Trachten«,
Suhrkamp-Jahresschau, Frühjahr 1963)

Bei meinem letzten Besuch im Oktober 1961 – ich war
gekommen, um eine Monographie für den Rowohlt-Verlag
zu besprechen – wirkte er unverändert, ungezwungen,
frisch und heiter, obwohl er um die Hand einen großen
Verband trug, da er sich beim Holzhacken tief in den Handrücken geschlagen hatte. Wieder saßen wir um den runden
Tisch, die geliebten Katzen schlichen am Fenster entlang
und in der Ferne sah man am abendlichen Himmel die kla-
ren Konturen des Monte Generoso. Sehr amüsiert erzählte
Hesse, ein Gymnasiallehrer habe ihm zu einem der letzten
Geburtstage eine Glückwunschadresse mit den Unterschrif-
ten sämtlicher Schüler gesandt. Kurz danach hätte er aber
einen Brief von einem Schüler erhalten, in dem ihm dieser
mitteilte, er jedoch habe nur aus Solidaritätsgefühl unterzeichnet, im übrigen aber lasse er Hesse wissen, daß diese
Unterschrift keineswegs seiner persönlichen Meinung ent-
spräche.
(Aus Bernhard Zeller, »Besuch bei Hermann Hesse«, 1984)

Hardy Cole, Hermann Hesse um 1930

Nachwort

»Humor ist immer Galgenhumor.«
Der Steppenwolf

»Hesse hat keinen Humor … Humor hat er nicht«, schrieb Kurt Tucholsky in seinem Aufsatz »Der deutsche Mensch« anläßlich der ersten Biographie Hermann Hesses, die Hugo Ball 1927 zu dessen 50. Geburtstag vorgelegt hatte. »Dieser deutsche Mensch«, fährt Tucholsky fort und läßt es offen, ob er mit den Deutschen auch die von ihnen bevorzugten Schriftsteller meint, »hat den tierischen Ernst einer Kuh, eines Hundes, eines Möbelstücks. Dergleichen lacht nicht. Von Selbstironie, diesem seltenen Artikel will ich gar nicht reden.«

Tucholsky in Ehren, seinen Witz, seinen Weitblick, seine Zivilcourage. Aber so einfach ist die Sache mit Hermann Hesses Humor nun wohl doch nicht. Es gibt mancherlei Spielarten von Humor. Diejenige Tucholskys ist nur eine davon. Selbst wenn er den »Kurgast« und die erzählenden Texte des vorliegenden Bandes nicht gekannt haben sollte – was ja möglich ist, obwohl die meisten, sei es in Sammelbänden, sei es in Zeitungen und Zeitschriften, bereits publiziert waren –, ist das Apodiktische seines Befundes doch verwunderlich, bedenkt man Tucholskys sonstiges Witterungsvermögen, das selbst seine zeitbedingtesten Äußerungen noch heute so lesenswert macht, als reagiere er darin auf aktuelle Zustände. Hier hat er danebengetroffen und dies auch schon bald danach eingeräumt in einem lange Zeit unveröffentlichten Schreiben vom 4.10.1927 aus Paris, worin er Heinrich Wiegand, dem besten Hesse-Kenner unter den damaligen deutschen Journalisten, auf seinen mit Gegenbeweisen gespickten Leserbrief antwortet:

»Herzlichen Dank für alle Ihre Hinweise – ich habe mir Ähnliches, als ich den Artikel [»Der deutsche Mensch«] im Druck sah, auch gesagt. Hoffentlich ist scharf genug herausgekommen, daß das, was ich gegen den ›deutschen Menschen‹ gesagt habe, à propos Hesses gesagt worden ist – *nicht* gegen ihn. Dazu habe ich zu viel Achtung vor ihm – und ich weiß auch, daß er Selbstironie hat –, wenn auch eine fast verzweifelte, ätzende, unglückliche. Ich weiß auch, daß es so furchtbar gefährlich ist, von Humor zu sprechen, weil die Spießigkeit nicht weit entfernt liegt – aber ich glaube, daß es ein Zeichen von Lebenskraft und von Menschenkenntnis ist, manchmal die Zügel lass zu halten und eben zu *wissen*, daß alles nicht so doll ist hienieden. Und wer dann noch Ja sagt: der hat Humor. (In Deutschland sind solche Herren meistens Mitglieder der Schlaraffia.)

Alles, was Sie Gutes für Hesse sagen, unterschreibe ich, seit ich in einer Schweizer Revue seine letzten Gedichte[1] gelesen habe. Diese völlige Erneuerung, diese Jugendkraft, diese blutvolle Verzweiflung, die aus den Versen spricht – bravo! Der ist einer, der in diesem Alter so etwas schreibt!« Gemeint waren damit die vier im Juli 1927 von der »Neuen Schweizer Rundschau« vorabgedruckten Gedichte aus dem lyrischen Tagebuch »Krisis«, worin sich Hesse in rückhaltloser Selbstpreisgabe einen Reim auf seine private wie auch die zeitgeschichtliche Misere jener Jahre zu machen versuchte.

Wäre es je zu einer Begegnung zwischen Tucholsky und Hesse gekommen, die zwar einige Briefe miteinander gewechselt, sich aber nie persönlich kennengelernt haben, dann wären wohl beide überrascht gewesen. Denn jeder von ih-

1 »Reaktion auf einen Zeitungsangriff«, »Wie schnell das geht«, »Schlaflose Nacht«, »Ein Brief«, 1928 in einer limitierten Sonderausgabe von tausend Exemplaren bei S. Fischer erschienen.

nen war im alltäglichen Umgang geradezu das Gegenteil dessen, was man aus ihren Büchern vermuten würde. Tucholsky, der schneidige Satiriker und Humorist, hätte sich dabei, ähnlich dem ihm wesensverwandten Wilhelm Busch, als ein eher gütiger und menschenfreundlicher Melancholiker entpuppt, Hesse dagegen, der schwermütige Musikant der Einsamkeit, als ein überraschend schlagfertiger, geselliger, stets zu Schalk und doppelbödigem Scherz aufgelegter Diskussionspartner. Dieser Widerspruch ist keineswegs so unbegreiflich, wie er manchen Zeitgenossen erschien, welche die beiden noch erlebt haben, sondern das Resultat eines befreienden Komplementärverhaltens, welches sie davor bewahrt hat, an ihrer Schwermut zu ersticken. Denn unfreiwillige Melancholiker waren sie beide, Hesse in seinen Gedichten und Tucholsky live. Und Grund genug dazu hatten sie weiß Gott, bedenkt man das Aufgebot an Phantasie, Zuwendung und Witz, womit sie auf die Mißstände ihrer Zeit reagierten, und das erbärmliche Resultat, das die Deutschen ihnen im Verlauf der Geschichte dafür bescherten. Haben sie doch von den alternativen Impulsen ihrer Schriften so gut wie keine, es sei denn aggressive Notiz genommen. Dabei Humor zu bewahren, setzt erhebliche Reserven voraus, die um so stärker beansprucht werden, je gemeiner die Antworten sind, derer man sich zu erwehren hat. Entsprechend angriffslustig ist der Humor Tucholskys. Die Effekte Hesses dagegen sind defensiver Art. Er legt es weder auf kabarettistische Pointen an noch auf entlarvende Provokationen. Das Spektakuläre ist ihm ebenso fremd wie alles Forcierte. Seine Komik geht – wie die des Clowns – eher auf eigene Kosten und entzündet sich am Mißverhältnis zwischen der vorgeblichen Anormalität des eigenen Naturells und der bedrohlichen Normalität und Lebenstüchtigkeit seiner Zeitgenossen. »Ein Mensch gilt für gesund

und normal«, notiert Hesse im »Kurgast«, »dem man lange auf die Zehen treten kann, ohne daß er es merkt, der die elendeste Musik, die kläglichste Architektur, die verdorbenste Luft beschwerdelos erträgt, der aber auf den Tisch haut, sobald er beim Kartenspiel ein bißchen verliert. Ich habe in Wirtshäusern schon sehr häufig Menschen von gutem Ruf, die für durchaus normal und ehrenwert gelten, wegen eines verlorenen Spiels ... so fanatisch, so grob, so säuisch fluchen und toben sehen, daß ich sehr das Bedürfnis fühlte, beim nächsten Arzt die Internierung dieser Unglücklichen zu beantragen.«

Wie ehedem Eulenspiegel zieht Hesse die dialektische Konsequenz aus solchen Beobachtungen und stellt die Wertmaßstäbe geradeso auf den Kopf, wie er sie verdreht findet. Sein Schauplatz dafür ist die Provinz »Normalien«, die sich aus einer Irrenanstalt mehr und mehr zu einem autonomen und gewaltig expandierenden Staatswesen entwickelt hat, worin das Krankhafte als gesund, das Unsinnige als vernünftig und das Deformierte als natürlich gilt. Auch dort ist »die wichtigste staatsbürgerliche Tätigkeit das Bezahlen der Steuern«, und zu Krisen kommt es nur dann, wenn »die Bevölkerung in einmütiger Empörung ihr gesamtes Vermögen auf die Steuerämter trägt und diese unter Bedrohung und eventueller Anwendung von Gewalt zur Annahme zwingt«. Denn so viel Vaterlandsliebe hätte das Schlimmste zur Folge, das einer Bürokratie passieren kann, daß nämlich die gesamte Beamtenschaft entlassen werden müßte, weil der Staat nun Alleinbesitzer allen Vermögens wäre »und nichts mehr zum Einziehen da ist«.

Die beiläufige und derlei Verhältnisse mit größter Selbstverständlichkeit vermerkende Art der Berichterstattung macht die Komik solcher Schilderungen aus. Je ernster die Miene des Berichtenden und je realitätsnäher die Absurdität der geschilderten Verhältnisse, desto witziger der Effekt. Ob wir nun über Normaliens »förderativ-diktatorischen« Regierungsstil unterrichtet werden oder über das Land der Massageten, die sich sowohl durch ihre sportlichen Rekorde im Rückwärtshüpfen zu profilieren suchen als auch durch ihre christlichen Spitzenleistungen, wofür die Anzahl der pro Priester gelesenen Messen ausschlaggebend ist, oder ob wir mit den Gepflogenheiten jenes Vaterlandes vertraut gemacht werden, in welchem sich beschäftigungslose Zivilisten mit einem »Existenzbewilligungsschein« auszuweisen haben, immer ist durch pointiertes Überspitzen realer Verhältnisse ein zeitkritischer und aufklärerischer Impuls wirksam. Er zielt in die Richtung des Politischen, Sozialen und Gesellschaftlichen ebenso wie auf die Hesse besonders vertrauten Absurditäten des kulturellen Lebens. Für diesen Bereich, in welchem ein Dichter nur dann etwas gilt, »wenn er Gesammelte Werke geschrieben hat und schon lange tot ist«, bedurfte es weder der Verfremdung noch parodistischer Karikierung, so hautnah und alltäglich muß er sie erfahren haben. Deshalb haben Darstellungen wie »Der Autorenabend« oder der »Briefwechsel eines Dichters« geradezu dokumentarischen Charakter. Die hier oder in Geschichten wie »Literarischer Alltag«, »Abstecher in den Schwimmsport« und »Ein Hermann Hesse-Abend« festgehaltenen Begebenheiten sind so authentisch, daß es dem Erzähler unredlich vorgekommen wäre, seine eigene Person durch die eines Protagonisten zu ersetzen, wie es noch im »Briefwechsel eines Dichters« der Fall war, obwohl er auch den dort überlieferten tragikomischen Hindernislauf eines jungen Schriftstellers bei Redakteuren und Verlegern getrost in Ich-Form hätte schreiben können, denn kaum etwas darin ist erfunden. So entspricht die Zeitschrift »Dichterlust«, welche da für Gotteslohn die ersten Talentproben des jungen Hans Schwab abdruckt und Briefe nur dann beantwortet, wenn die Autoren dem Blatt nicht zumuten, für ihre Veröffentlichungen auch noch honoriert zu werden, der Wiener Monatsschrift »Das deutsche Dichterheim«, wo Hesse 1896 seine ersten Gedichte publiziert hat. Der Verlagsbuchhändler Biersohn, der sich von seinen Autoren die Herstellungskosten ihrer Bücher finanzieren läßt, ist niemand anderes als Hesses erster Verleger E. Pierson in Dresden, bei dem u. a. auch Arthur Schnitzler als Selbstzahler debütierte. An Piersons Praktiken erinnert sich Hesse noch im November 1949 in einem Brief an Gotthilf Hafner: »Pierson war ein bescheidener kleiner Gauner; er ließ sich von den Autoren die Druckkosten bezahlen, verkaufte, soviel er eben konnte und bezahlte die den Autoren in Aussicht gestellten Tantiemen nicht.« Und alle die kuriosen Erfahrungen, die sein Doppelgänger Hans Schwab nach dem überraschenden Erfolg seines Romans »Paul Weigel« mit den plötzlich wie verwandelten Redakteuren und Verlegern machen muß, die ihm nun aus den Händen reißen, was sie vorher weit von sich gewiesen hatten, entsprechen Hesses eigenen Erlebnissen als Verfasser des »Peter Camenzind«.

Wer sich die Zeit dazu nähme, könnte aus Hesses Korrespondenz wohl Episode für Episode als realitätsgetreu belegen, was uns in dieser Geschichte wie groteske Einfälle vorkommen mag, vom Vorschlag eines Redakteurs, den gar zu schlichten Verfassernamen etwas extravaganter zu verfremden, bis zum erpresserischen Plagiatsvorwurf eines geschäftstüchtigen Kollegen. Auch Hans Schwabs Weigerung, seinem Verleger Photos für die Buchwerbung zu überlassen, findet seine Entsprechung bei Hesse, wie aus einem Brief Samuel Fischers vom 3.1.1904 hervorgeht: »Es tut mir leid, daß Sie den Abdruck Ihres Portraits, wie es scheint, als eine Indiskretion auffassen. Hätte ich ahnen können, daß Sie

grundsätzlich gegen den Abdruck Ihres Portraits etwas ein-
zuwenden haben, so hätte ich es gewiß unterlassen. Ich habe
aber die Erfahrung gemacht, daß Autoren meines Verlages,
deren Portrait ich im Prospekt nicht abdrucke, sich vernachlässigt fühlten. Also reden wir nicht mehr darüber, es wird
geschehen, wie Sie es wünschen.« Ebenso begegnet man in
dieser Korrespondenz der Abneigung des auf Romanerfol-
ge bedachten Verlegers, Gedichtbände zu publizieren, so
daß Hesse, der sich zeitlebens mehr als Lyriker denn als
Romancier verstand, auch noch als arrivierter Autor seine
Gedichtsammlungen fast zwei Jahrzehnte lang anderen Verlegern überlassen mußte. Erst in den 1920er Jahren nahm
sich endlich auch S. Fischer seiner Lyrik an, und dies mit
deutlich geringerem Erfolg als die anderen Verlage.

So hautnah erlebt, daß Hesse in diesem Genre erstmals
die Ich-Form verwandte, ist der bereits erwähnte Bericht
vom »Autorenabend«. Diese Dichterlesung hat 1912 in
Saarbrücken stattgefunden, »und es ist alles wörtlich wahr«,
erinnert er sich noch 1957 in einem Brief an Karl Dettinger,
»Philisterhaus mit goldenem Stuhl und Papagei, Vorlesung
im halbleeren Sälchen überm Riesensaal mit Bierkonzert
und alles«. Was ihn bei dieser kuriosen Begebenheit so heil-
sam über die wirklichen Kulturbedürfnisse des Publikums
belehren sollte, ging auf eine Vorankündigung seines Lese-
abends in der Saarbrücker Lokalpresse zurück, die Hesse
vermutlich nie zu Gesicht bekam, sonst hätte ihn wohl
kaum überrascht, was ihn hier erwarten sollte. Kombiniert
mit einer Anzeige: »Wollen Sie lachen? Dann gehen Sie in
die Tonhalle und hören Sie sich die Humoristische Künst-
ler-Kapelle Fritz Grothe an«, war dort in derselben Tonhalle für den 22.4.1912 eine Dichterlesung Hermann Hesses
angekündigt, was dann zu der folgenreichen Verwechslung
geführt haben mag, wie sie die Erzählung schildert.

Den umgekehrten Fall einer offensichtlich verbraucher-
gerechten Darbietung seiner Poesie erlebte Hesse 1925. Im
Gegensatz zu Saarbrücken war er von dieser Veranstaltung
erst durch die zufällige Lektüre einer Annonce im Insera-
tenteil einer Züricher Zeitung unterrichtet worden, »die
mich sofort fesselte. Es war da ein Hermann-Hesse-Abend
von einem literarischen Verein veranstaltet, dessen Besuch
sehr empfohlen wurde. Da ich hierbei doch gewissermaßen
als Sachverständiger und Fachmann gelten konnte, ging ich
schleunigst hin, fand das Haus und den Saal und an der
Saaltüre einen Kassierer, den fragte ich, ob Herr Hesse selber auftrete. Er verneinte und versuchte sich zu entschuldigen, aber ich beruhigte ihn mit der Bemerkung, daß ich
nicht den mindesten Wert auf die Mitwirkung jenes Herrn
lege.« Die Komik solcher Schilderungen liegt darin, daß
Hesse sich voll mit dem zu identifizieren vorgibt, was er
eigentlich überhaupt nicht will, und damit seine Antipoden
zu immer groteskeren Bloßstellungen des Mißverhältnisses
zwischen seinen eigenen und ihren Erwartungen zu ermu-
tigen scheint. Er nimmt es in Kauf, daß auf seine Kosten
gelacht wird, nach der Devise seines Lieblingsphilosophen
Lao Tse, derzufolge man das, was man verhindern will, erst
einmal recht stark werden lassen muß. Dies ist ein Grund-
muster, das in den meisten der »humoristischen« Texte Hesses anzutreffen ist, im »Kurgast« ebenso wie in vielen seiner Scherzgedichte und Erlebnisberichte, deren Komik aus
dem Zusammenprall von Ideal und Wirklichkeit resultiert.

Die Ironie, mit der sich solche Gegensätze entladen, hat
aber bei Hesse nichts Verletzendes. Denn immer stellt er sich
auch selbst in Frage, angesichts der Vitalität dessen, was »die
sogenannte Wirklichkeit« uns zumutet. Am besten hat wohl
André Gide dies durchschaut, der in seinem Vorwort zur
französischen Ausgabe der »Morgenlandfahrt« schrieb: »Es

gibt bittere Sorten von Ironie, Ergießungen der Galle und der bösen Säfte. Die andere, so reizvolle Spezies jedoch, über die Hesse verfügt, scheint mir ein Ergebnis seiner Fähigkeit zu sein, aus sich herauszutreten, sich ohne Rücksicht auf sich selbst und ohne Selbstgefälligkeit zu beurteilen. Das gilt auch für den Humor. In seinem ›Steppenwolf‹ sagt er: ›Sie sollen lachen lernen. Aller höhere Humor fängt damit an, daß man die eigene Person nicht mehr ernst nimmt.‹ Diese Art Ironie ist eine Form der Bescheidenheit, eine Haltung, die um so liebenswürdiger erscheint, von je höheren Gaben und inneren Werten sie begleitet ist.«

Schon 1904 begegnen wir dieser Haltung in Hesses wohl erfolgreichster früher Erzählung »In der alten Sonne«, besonders in der hier daraus entnommenen Passage »Bei den Habenichtsen«. Mit einem durch Sympathie gemilderten Scharfblick wird darin das tragikomische Zusammenleben einiger von der Gesellschaft ausrangierter Existenzen geschildert. Schrullige Obdachlose mit ebenso unterschiedlichen Vorgeschichten wie konträren Naturellen stoßen dabei wie Naturkräfte aufeinander und werden ohne moralische Wertung in einer realitätsnahen Komik dargestellt, die von keiner Erfindung zu übertreffen ist.

Eigenschaften wie diese kommen bei Hesse besonders dort zur Geltung, wo der Autor selbst ganz aus dem Spiel bleibt, wie in der Nachdichtung »Casanovas Bekehrung«. Nachsichtige Menschenkenntnis und ein verschmitzter Blick für alles Scheinheilige haben sich in der Geschmeidigkeit und rokokohaften Eleganz dieser Episode auf eine besonders glückliche Weise verbunden. Ähnliches gilt für Geschichten wie »Doktor Knölges Ende« und »Die Fremdenstadt im Süden«. Auch hier nimmt sich der Erzähler ganz zurück und begnügt sich damit, sonderbare Symptome der Zeit aufzugreifen, um mit Hilfe einer verblüffend realitätsnahen Phantasie ihre Eigengesetzlichkeit auszumalen und sich in Zukunftsvisionen zuspitzen zu lassen, deren absurde Errungenschaften nur noch von der Wirklichkeit übertroffen werden können. So ist die 1925 prognostizierte »Fremdenstadt im Süden« von der Tourismusbranche mittlerweile noch überboten worden mit Urlaubsparadiesen, so zahlreich wie fließbandgefertigte Industrieprodukte, und ganz in der von Hesse vorgegebenen Ausstattung. Detail für Detail ist heute überprüfbar, was damals noch als Hirngespinst eines Misanthropen abgetan werden konnte. Der Effekt des Wiedererkennens steigert die Komik der Lektüre hier ebenso wie in der Geschichte von »Doktor Knölges Ende«, wo wir die Ideale einer zivilisationsmüden »Zurück zur Natur«-Bewegung bis zur Degeneration des Menschen zum Affen auf die Spitze getrieben finden.

»Ein Stück Heimatkunde« war der ursprüngliche Titel einer später unter der Überschrift »Schwäbische Parodie« veröffentlichten Persiflage auf gewisse Publikationen lokalpatriotischer Historiker, die hinter einer Fassade von hochtrabender Gelehrsamkeit die kuriosesten Stilblüten und akademischen Schildbürgerstreiche verzapfen. Diese mit Jean-Paul'schem Anspielungsreichtum ad absurdum geführte Variante auf eine 1926 tatsächlich erschienene »Calwer Heimatkunde« zeigt eine weitere, die parodistische Facette von Hesses Humor, die auch in manchen Scherzgedichten und seiner Heidegger-Stilprobe zu finden ist. Am 3.9.1928, drei Tage nach der Erstveröffentlichung, schrieb ihm ein Schriftstellerkollege dazu:

»Sehr verehrter Herr Hermann Hesse, nachdem ich Ihnen mancherlei zu danken habe, muß ich mich bitter über Sie beklagen.

Ich liege an den Folgen einer Operation in einem Sanatorium, und der Arzt hat mir streng untersagt, stark zu lachen.

Ich begann nun Ihre Parodie ›Ein Stück Heimatkunde‹ im Berliner Tageblatt zu lesen und sah gleich, daß das nicht gut ausgehen würde. Aber gierig, wie ich bin, konnte ich mich der Lektüre des ganzen Aufsatzes doch nicht entziehen, worauf ich mich frisch verbinden und für die Nacht eine besonders starke Dosis Schlafmittel nehmen mußte. In ausgezeichneter Hochachtung. Ihr Lion Feuchtwanger«

Einen Schritt weiter ins scheinbar Absurde und Surreale führt die Feuilletonismus-Parodie »Eduards des Zeitgenossen zeitgemäßer Zeitgenuß«, und von dort ist es nicht mehr weit bis zu den Sprachulken und Wortspielen aus dem »Evipanoptikum« seiner schlaflosen Nächte, dem »Wallfahrerlied« und all den Scherz- und Gelegenheitsgedichten, die Hesse der Privatsphäre zugerechnet und deshalb allenfalls einem engeren Kreis von Freunden, wenn nicht nur seiner Frau mitgeteilt hat.

»Ich habe«, schrieb er 1948 in seinem Traumprotokoll »Nächtliche Spiele«, »tausende von surrealistischen Versen und Sprüchen in meinem Leben gemacht und tue das noch immer, aber die Art von künstlerischer Moral und Verantwortlichkeit, zu der ich mit den Jahren gekommen bin, würde mir heute nicht mehr erlauben, diese Produktionsweise aus dem Privaten und Unverantwortlichen auf meine ernstgemeinte Produktion anzuwenden.«

Wir müssen das hinnehmen, viele Leser gewiß mit Bedauern. Denn die wenigen erhaltenen Beispiele dieses Genres haben einen Charme, der Hesses Sympathie zu Kollegen wie Joachim Ringelnatz, Christian Morgenstern oder Karl Valentin nun auch auf direktere Weise als in seinen Empfehlungen ihrer Bücher offensichtlich macht. Meist sind es spontan und ohne Überschrift notierte Vierzeiler, heitere Reaktionen auf durchaus nicht immer heitere Anlässe, doch ohne den verzweifelten Humor der »Krisis«-Gedichte, die einem früheren und kampflustigeren Lebensklima entstammen.

Hesse hat dem humoristischen Element in seinem Werk wenig Bedeutung beigemessen. So sucht man dreiviertel der hier vorgestellten Texte vergeblich in den von ihm selbst besorgten Ausgaben seiner Gesammelten Schriften. Dasselbe gilt übrigens auch für die meisten seiner politischen, zeit- und kulturkritischen Aktivitäten, die erst nach seinem Tod ans Tageslicht kamen und erstaunlich aktuelle Kontrapunkte zu den scheinbar so zeitenthobenen Hauptwerken schaffen. Es ist, als ob er diese uns heute so wichtig scheinende aufklärerische, analytische und spielfreudige Seite seines Wesens für belanglos gehalten hätte. Und doch ist es gerade das Kraftfeld solch polarer Spannungen, dem Hesses Werk seine Suggestion und Glaubwürdigkeit verdankt.

Geben wir zum Schluß dieser Betrachtungen nochmals André Gide das Wort, der – anders als Tucholsky – 1947 in einem von Klaus Mann überlieferten Gespräch hervorhob: »Hesse verfügt über alle jene Eigenschaften, die ich in der Kunst am höchsten schätze: elegante Form zusammen mit Tiefe. Empathie verbindet sich bei ihm mit artistischer Diskretion und Disziplin. Hinzu kommt sein wundervoller Humor, eine seltene Tugend, gerade bei deutschen Schriftstellern! Die meisten von ihnen nehmen sich selbst zu ernst. Nicht so Hermann Hesse. Er bringt es fertig, über sich selbst zu lachen, ohne Zynismus oder Bitterkeit, sondern mit heiterer Würde und echter Selbstironie.«

Frankfurt am Main, 1986/2018   *Volker Michels*

Quellenangaben

Erzählende Texte:

Autorenabend: Geschrieben 1912. Erstdruck in »Simplicissimus«, München, vom 13.7.1914. Aufgenommen in H. Hesse, »Bilderbuch«, Berlin 1926.

[Bei den Habenichtsen]: Aus der Erzählung »In der alten Sonne«, entstanden 1904. Erstdruck in »Süddeutsche Monatshefte«, München vom Mai/Juni 1905. Erstmals in Buchform in H. Hesse, »Nachbarn«, Berlin 1908.

Aus dem Briefwechsel eines Dichters: Erstdruck in »Die Gegenwart«, Bd. 76, Leipzig 1909. Aufgenommen in H. Hesse, »Die Kunst des Müßiggangs«, Kurze Prosa aus dem Nachlaß. Frankfurt am Main 1973.

Schwäbische Parodie: Geschrieben im Sommer 1928. Erstdruck u.d.T. »Ein Stück Heimatkunde« im »Berliner Tageblatt« vom 31.8.1928. Aufgenommen in H. Hesse, »Traumfährte«, Zürich 1945.

Casanovas Bekehrung: Erstdruck in »Süddeutsche Monatshefte« I, 3, München 1906. Aufgenommen in H. Hesse, »Legenden«, Frankfurt am Main 1975.

Weinstudien: Geschrieben im Mai 1905. Erstdruck in »Neue freie Presse«, Wien, vom 14.5.1905. Aufgenommen in H. Hesse, »Kleine Freuden«. Kurze Prosa aus dem Nachlaß. Frankfurt am Main 1977.

Doktor Knölges Ende: Geschrieben im Juli 1910. Erstdruck in »Jugend«, München 1910. Aufgenommen in H. Hesse, »Die Kunst des Müßiggangs«, a.a.O.

Wenn der Krieg noch zwei Jahre dauert: Geschrieben Anfang November 1917. Erstdruck pseudonym unter dem Namen Emil Sinclair unter dem Titel »Im Jahre 1920« in »Neue Zürcher Zeitung« vom 15. und 16.11.1917. Aufgenommen in H. Hesse, »Sinclairs Notizbuch«, Zürich 1923.

Gespräch mit einem Ofen: Geschrieben 1918/19. Erstdruck pseudonym unter dem Namen Emil Sinclair in »Vivos voco«, Bern/Leipzig vom Januar 1920. Aufgenommen in H. Hesse, »Sinclairs Notizbuch«, a.a.O.

Bericht aus Normalien: Geschrieben im Juni 1948. Manuskript u.d.T. »Normalien. Briefe aus einer Heilanstalt«. Erstdruck in »Schweizer Monatshefte«, Zürich vom November 1951. Erstmals in Buchform in H. Hesse, »Beschwörungen«. Späte Prosa/Neue Folge. Frankfurt am Main 1955.

Bei den Massageten: Geschrieben 1927. Erstdruck im »Berliner Tageblatt« vom 25.9.1927. Aufgenommen in »Materialien zu Hermann Hesses Steppenwolf«, Frankfurt am Main 1972.

Die Fremdenstadt im Süden: Geschrieben 1925. Erstdruck im »Berliner Tageblatt« vom 31.5.1925. Aufgenommen in »Materialien zu Hermann Hesses Steppenwolf«, a.a.O.

[Die Übervölkerung der Erde]: Teildruck aus »Rückkehr aufs Land«. Geschrieben 1927. Erstmals gedruckt in »Kölnische Zeitung« vom 1.5.1928. Aufgenommen in H. Hesse, »Die Kunst des Müßiggangs«, a.a.O.

Abstecher in den Schwimmsport: Geschrieben 1928. Erstdruck unter dem Titel »Post am Morgen« im »Berliner Tageblatt« vom 21.1.1929. Aufgenommen in H. Hesse, »Die Kunst des Müßiggangs«, a.a.O.

[Ein Hermann Hesse-Abend]: Teildruck aus der Betrachtung »Ausflug in die Stadt«. Geschrieben 1925. Erstdruck in der »Frankfurter Zeitung« vom 17.1.1926. Aufgenommen in »Materialien zu Hermann Hesses Steppenwolf«, a.a.O.

In schlafloser Nacht: Geschrieben an Weihnachten 1932. Typoskript ohne Titel aus dem Nachlaß. Erstdruck in H. Hesse, »Bericht aus Normalien«, Frankfurt am Main 1986.

Eduards des Zeitgenossen zeitgemäßer Zeitgenuß: Geschrieben im Januar 1933. Erstdruck in »Simplicissimus«, München, vom 25.6.1933. Aufgenommen in H. Hesse, »Die Kunst des Müßiggangs«, a.a.O.

Literarischer Alltag: Erstdruck in »Neue Zürcher Zeitung« vom 16.6.1945. Erstmals in Buchform in H. Hesse, »Kleine Freuden«, Frankfurt am Main 1977.

Zu einem Grimm'schen Märchen: Geschrieben 1947. Erstdruck in H. Hesse, »Bericht aus Normalien«, Frankfurt am Main 1986.

[Der Sprung]: Undatiertes Manuskript aus dem Nachlaß. Geschrieben vermutlich während der 1950er Jahre. Erstdruck in H. Hesse, »Die Kunst des Müßiggangs«, a.a.O.

Chinesische Legende: Geschrieben 1959. Erstdruck in »Neue Zürcher Zeitung« vom 17.5.1959. Aufgenommen in H. Hesse, »Die Kunst des Müßiggangs«, a.a.O.

»Mitten in der trüben Zeit, eine Dosis Heiterkeit«. Gelegenheits- und Scherzgedichte:

23 dieser Gedichte wurden aus der Edition H. Hesse, »Die Gedichte«, Frankfurt am Main 1977, entnommen. Es handelt sich um die Titel: *Soirée, Waldnacht, Palmström, Ballade vom Klassiker, Brief von einer Redaktion, Pfeifen, Ein Brief, Zu Johannes dem Täufer sprach Hermann der Säufer, Leicht betrunken, Schweinerei, Der Mann von fünfzig Jahren, Sterbelied des Dichters, Schizophren, Belehrung, Altwerden, Gärtner träumt, Mai, Moritat, [Kopflos], Ein Wallfahrer-Lied, Bildnis eines zu alt gewordenen Literaten, [Psychologie], Antwort an Freunde.*

40 weitere Gelegenheitsgedichte (meist ohne Überschriften) aus dem Nachlaß erscheinen hier erstmals in dieser Vollständigkeit. Es handelt sich um die Titel: *Liebeslied, Bruder Zecher, [Ausgleich], [Im wunderschönen Monat Mai], Trio, Todesgedanken, Aschermittwoch-Morgen, Lied auf der Landstraße, [Unfreiwilliger Tribut], Circulus vitiosus, [Ansichtskarte aus Venedig], [Ausweg], Albumblatt, Nach fünf Wochen Kur, [Thermalkur im Verenahof], Vermutung, [Rauchopfer], Von einem Meister der Gichtkunst, Chor der Lemuren, Des Löwen Klage, Entgegenkommen, Ich nehme, du nimmst etc., Statt Heil Hitler zu sagen, [Trugschluß], [Warnung], [Dekadenz], [Für die Katz], [Überraschung], [Vorschlag], Der Alte spricht, [Vergeltung], [Eheglück], [Engel mit Mängel], [Not-Wendigkeit], [Dickes Fell], [Anleihe], Trost-Spruch, [Die Salbenschwalben], [Meinen Kritikern], [Bilanz].*

Zwei Schwänke von Matteo Bandello:

Der Vorsatz gilt soviel als die Tat (»Voluntas pro facto reputatur«): Manuskript aus dem Nachlaß, um 1901. Erstdruck in H. Hesse, »Bericht aus Normalien«, Frankfurt am Main 1986.
Der Kleidertausch: Manuskript aus dem Nachlaß, um 1901. Erstdruck in H. Hesse, »Bericht aus Normalien«, Frankfurt am Main 1986.

Anekdotisches, aufgezeichnet von Hermann Hesse und Anekdotisches über Hermann Hesse:

Quellennachweise am Ende der jeweiligen Texte.

Bildnachweise

Für die Wiedergabe des Hesse-Porträts von Hardy Cole sowie der Karikaturen von Hans Ulrich Steger:
© Hermann Hesse-Editionsarchiv: Volker Michels, Offenbach.

Weitere Nachweise über das Archiv des Insel Verlags.

Inhalt